宮廷體制鬥爭 × 草根平民崛起 × 亂世金戈鐵馬 × 外族入主中原……
從歷朝興建之初，探知衰亡的必然！

皇族的血與權

建國的歷史

張程

FOUR ORIGINS OF DYNASTIES

琉璃與權杖交織的金色王朝；揭竿起義，血性的赤色王朝；
群雄逐鹿，金戈鐵馬的烏色王朝；北方蒼茫，草原民族的綠色王朝；

權力興衰的遞變

從各朝建國的起始，就能知道末路是什麼樣子！

目錄

目錄

後記

前言： 王朝胚胎的遺傳與變異 ── 中國式王朝的肇建故事

現在越來越多的準父母們關注嬰兒的胎教問題，這在我們觀察中國歷史王朝的命運方面，提供了新的思路。

王朝更替頻繁是中國古代歷史的一大特點。為什麼會頻繁、多次地改朝換代呢？為什麼一些王朝「其興也忽焉，其亡也忽焉」呢？為什麼沒有「不亡之國」，王朝命運往往多舛呢？我們往往可以從王朝執行的各種政策中找到一些原因，也可以從重要歷史人物的言行中找到另外一些原因。但很少有人從王朝初建的過程中尋找原因。就好像很多孩子的後天問題是天生缺陷造成的一樣，中國王朝也有許多「從娘胎裡帶出來的毛病」。

當蒙古帝國的鐵騎在橫掃歐亞非三大洲，滅國無數的時候，蒙古貴族不會把偏安東南的南宋小王朝放在心上。在他們看來，南宋小朝廷與中亞那些迅速滅亡的遊牧民族國家沒有本質上的區別，遲早會成為蒙古帝國的戰利品。後來，南宋確實是不堪一擊、迅速滅亡了，高高在上的蒙古貴族成為了天下的主人。但他們遲遲不能，也不願意接受南宋所代表的，相對先進的政治和文化智慧 ── 這些是他們之前鄙視的東西。這是元朝不到百年而亡的重要原因。

又比如明朝的開國皇帝朱元璋小的時候最痛恨貪官汙吏。在鳳陽農民的眼中，正是那些貪官汙吏鬧得天下民不聊生。小小年紀的朱元璋也因此家破人亡，四處要飯。當昔日的小貧農、小叫化子成為了明朝洪武皇帝以後，他的眼中就容不下任何貪汙腐敗的行為。因此我們就會看

到，整個明朝成為了中國史上治貪措施最為嚴厲，貪汙腐敗卻最為嚴重的朝代。

　　正是這些先天的缺陷和毛病，困擾著王朝後天的發展，或多或少地塑造了王朝的命運。因此，我們考察王朝命運的時候，不妨將考察的視線向前移，移動到那些王朝的胚胎正在孕育的時刻。某些有關王朝命運的難題可以從王朝的胚胎中找到解答的鑰匙。我們將考察的視線向前移，就好像現在越來越多的研究人員和學生重視研讀西方流行理論的「原典」（那些經典理論最初寫成的語言版本）一樣，可以刨除掉後天發展出來或者翻譯過程中出現的干擾因素。

　　有些人可能會發問，難道眾多的改朝換代事件背後不存在一些規律性的內容嗎？

　　存在。與胚胎發育一樣，中國歷史文化也有自己的基因，歷代王朝自然從中繼承了許多遺傳基因，帶有許多共同的現象和規律。比如每個王朝都有命運的巔峰和低谷，比如始終有效的分久必合合久必分的規律，比如每個王朝的建立都離不開開國君主的靈魂作用等等。而正如生物在共性遺傳的同時也會發生變異一樣，中國王朝的命運也會發生若干變異現象。並不是每個王朝建立的過程都是相同的，前一個王朝建立的道路也不可能被後一個王朝完好複製。讀者眼前的這本書描述的就是各式各樣的王朝建立過程。

　　中國式的王朝肇建過程大致可以分為四類：

　　第一類是透過宮廷陰謀建立的王朝。比如新、晉、隋、宋等朝代。高高聳立的宮牆和巍峨的宮殿不能杜絕宮廷陰謀乃至血腥政變的發生，更不能隔斷這些政治黑暗的傳播。哪一個朝代沒有一兩樁宮廷詭計，哪一家皇室不發生一兩件「家醜」？其中某些宮廷事件導致了改朝換代的劇烈結果。最典型的就是王莽透過一系列的陰謀詭計掏空了西漢王朝的

根基，篡位建立了新朝。歷史上欺負老王朝「孤兒寡母」的事情多了去了。這雖然很讓人不齒，但反過來想，操縱權謀和詭計的人大概都是原先體制內的權力高手，熟悉政治操作，經驗豐富並且勢力根深蒂固。他們的所作所為能夠讓朝代更替和平地實現，對歷史的發展有著客觀的好處。

中國歷史上，這第一類的王朝數量最多。

第二類是在農民起義的熊熊烈火中誕生的新王朝。比如漢、唐、明等朝代。一定程度上，清朝也算是沾了農民起義的光。中國的農民是耐性最好、最安分的農民。只要有一口飯吃，有一張床睡覺，他們是不會造反的。一旦造起反來，他們的所作所為往往驚天地、泣鬼神，非把原來的王朝砸個稀巴爛不可。可中國的農民又是最沒組織的農民，缺乏政治目標和實際運行手段，對前途沒有明確的設想，掌握不了改朝換代的主動權。因此，農民打天下，坐擁天下的卻還是原來社會的菁英分子。中國歷史上農民出身的皇帝只有朱元璋一位，其它的開國皇帝除了少數地痞流氓外，都是在原先的王朝中有頭有臉的人物。

第三類是透過王朝戰爭、軍閥混戰建立起來的新王朝。比如秦、曹魏、劉宋和人們不太熟悉的西遼等。秦朝的建立不是秦始皇一個人的功勞，而是秦國在幾百年時間中逐步崛起，消滅無數諸侯國的結果；曹魏的建立是曹操辛辛苦苦，東征西討，統一了大半個中國後才交給兒子曹丕完成的。群雄逐鹿，鹿死誰手？最終問鼎中原、南向稱帝的人總有他們的過人之處。在經過了太多的腥風血雨之後，他們是否也在品嘗著難以言喻的孤獨與寂寞？這第三類王朝一般出現在亂世之後。

最後一類王朝是由少數民族建立的，比如「五胡亂華」時期的北方各國，比如五燕、北魏、遼、金等。最著名的就是蒙古人建立的元朝和滿族人建立的清朝了。中國古代有一個奇怪的歷史現象：所有少數民族

王朝都是來自北方，具體說是來自長城以北的少數民族建立的。北方少數民族多慷慨奮進之士，歷史又總會在關鍵時刻賜予他們傑出的領袖。更重要的是，中原王朝的農業文明和北方少數民族的遊牧文明在短期的力量對比、在軍事實力對比上常常處於劣勢。這些都為那些善於抓住時機的少數民族領袖們送上了入主中原的機會。

本書分門別類對這些王朝的建立進行了全新的詮釋，希望能夠從中發現一些共性的遺傳因素和那些「變異」的精彩內容。其中有一幕幕王朝興衰的歡歌壯語，有一場場人生的悲喜成長。一個人的崛起與沒落和一個王朝的成長與輝煌有著密切的關係，一個王朝的孕育和初生與一個王朝的衰敗和滅亡也有同樣密切的關係。歷史規律是枯燥的，但其中的英雄和故事是生動精彩的。

中國式王朝肇建的過程帶有什麼樣的「原罪」呢？如何看待不同王朝不一樣的開國過程呢？希望本書能做出一個富特性的解答。

金之卷：宮廷陰謀誕生的國家

第一章　不太血腥的建國之路

東晉元熙二年（西元四二〇年）初春，宋王劉裕在封國的都城壽陽（今安徽壽縣）召集群臣宴飲。

新年已過，宋王的宴會邀請著實讓大臣們摸不著頭緒。但劉裕大權獨攬，群臣們不敢不來，其中很多人還連夜從京城建康（今江蘇南京）匆忙趕來。

世事無常、天意弄人。四十年前的劉裕只是一介販夫走卒；在賭場輸了錢又還不起高利貸，被人扒光衣服當街示眾。那時，劉裕特別希望某個達官顯貴能夠青睞自己，哪怕是給自己一個跑腿當差的活做。如今，地位顛倒，全天下的達官顯貴們都反過來在臺下畢恭畢敬地期待著劉裕的垂青。

劉裕的嘴角掠過一絲苦笑，舉起酒杯。

臺下群臣像事先操練過一樣，齊刷刷地舉起酒杯，高唱：「恭祝宋王福壽天享！」

劉裕碰了一下杯緣，放下酒杯，慢悠悠地感嘆道：「諸位大臣，桓玄篡位的時候晉室鼎命就已經發生移動。我首倡大義，興復帝室，南征北戰，平定四海，功成名就。於是我接受皇上的九錫之禮。現在，我也進入了遲暮之年，身分尊貴至此，生怕物極必反，不能久安。因此我計劃辭去爵位，回京師養老。」

劉裕以再造晉朝的功臣，天下的救世主自居，回顧一生成就，感嘆自己已進遲暮之年。同時又擔心自己已經位極人臣，一人之下，萬萬人之上，但也不是什麼好事，很容易物極必反。因此，劉裕宣稱要退休養老。

▲ 劉裕畫像

在皇權鼎盛時期，如果有人膽敢說出這樣的話，那是大逆不道、誅滅九族的大罪。然而現在，大臣們非但不敢覺得劉裕的感嘆有什麼不妥，還滿臉堆笑，頻頻點頭。當聽到劉裕流露出退隱政壇的意思時，大家紛紛爭相拍馬屁，盛讚宋王的功德，表示天下不可一日無劉裕，群臣一天都不能缺少劉裕的指導。整個宴會變成了向劉裕表忠心的效忠場。

參加宴會的中書令傅亮也唯恐失去這次表現自己的機會，搜索枯腸地遣詞造句來盛讚劉裕。可在心底，傅亮暗自感慨說，劉裕真的是老了，都已經需要專門召集群臣來獻忠心了。在傅亮看來，劉裕大動干戈地召開這次會議專門考驗群臣完全是多餘的。皮之不存毛將焉附。傅亮這些人不緊靠著劉裕，怎麼會有今天，又怎麼繼續保持「進步」呢？可惜，傅亮遣詞造句的本領不高。他剛想出來什麼好詞，不是讓其他大臣給搶先說了，就是根本插不上嘴，結果急得滿頭大汗。

劉裕顯得很高興，很有耐心地聽完了群臣們的效忠，還頻頻舉杯慶祝。他和大臣們嘻嘻哈哈了一番，等天晚了，也就宣布宴會散了。

　　傅亮懊惱地離開了酒席，準備出宮。在這次傾吐忠心的宴會上，傅亮沒能說上一句有份量、動聽的話，自認為失去了一次能得到劉裕青睞的絕好機會。離宮之時，他不甘心地回頭張望。這一望，改變了兩個人的命運。傅亮分明看到側行遠去的劉裕嘴角上掛著意味深長的苦笑……

　　劉裕的確是老了，的確是在苦笑。他不僅笑天意弄人，更是笑自己今天多此一舉。如果劉穆之在，那該有多好啊？劉穆之是劉裕起兵發家時期的謀主，可惜在劉裕北伐建功立業的時候病死了。共同的出身和對權力的渴望，促使劉裕和劉穆之在長期險惡的政治鬥爭中肝膽相照，休戚與共。劉穆之知道劉裕的渴望和脾性，往往能夠為劉裕事先準備好可供選擇的行動方案。而現如今只有點頭獻媚的群臣，劉裕只能仰天長嘆：「再也不會出現劉穆之那樣知道我的心意的人了啊！」

　　劉裕一生征戰，遍體鱗傷，身體情況並不好，況且現在已經是五十八歲的高齡了。他將時間賜予的精力、鮮血和生命都獻給了東晉王朝的新式軍隊，獻給了南方的北伐事業。而新皇帝司馬德文，正值盛年，又昏庸無能。劉裕不甘心自己一輩子的心血全都讓令人失望的司馬家族坐享。然而劉裕無能為力，自己一定會在生命的長跑中輸給新皇帝司馬德文。

　　散席後陷入深思的除了劉裕，還有傅亮。傅亮徘徊在壽陽城裡，苦苦思索著劉裕的感嘆，思索著那個意味深長的苦笑。他深信這其中包含著被其他人所忽視的光芒。傅亮百思不得其解之時，突然想到還有一個人有過與劉裕類似的感嘆，那就是魏武帝曹操。曹操當年在〈明志令〉中曾當眾宣布戎馬一生後欲歸政於漢獻帝，但是後來又明確表示自己與權力的緊密結合促使他只能進一步加強自己的權力。這是權臣為了維護自己的利益 —— 包括生命安全 —— 那唯一的出路。他們不能也不會放棄到手的權力。劉裕也不會是個例外，那麼他要怎麼做呢？

深思至此，傅亮猛然意識到，一扇巨大的機遇之門正向自己敞開。
「如果真是這樣……」

傅亮連忙折回宋王府，求見劉裕。當時王府的宮門已經關閉，傅亮
也就不顧禮節，重重地叩響門環，高聲求見。劉裕已經歇息，聽到中書
令傅亮求見，知其中必有緣由，於是下令開門召見。

傅亮見到劉裕後真的是千言萬語湧上心頭。憋了好一會，才說出一
句話：「臣請求暫時回建康。」劉裕心裡真是又驚又喜，不必多言已是心
有靈犀，便單刀直入，問道：「你需要多少人馬相送？」傅亮胸有成竹地
回答：「只需數十人便足矣。」劉裕馬上布置，酌數十人隨傅亮去建康辦
理公務，聽候差遣。

傅亮得到劉裕的首肯後，心潮澎湃無以言表，馬上告辭出宮。出門
的時候，夜已深。他躊躇滿志，激動萬分，仰望滿天繁星，感嘆道：「我
之前不相信命運，今天終於相信了。」

幾天後，傅亮帶著草擬好的禪位詔書，入宮去見司馬德文。他將詔
書遞給司馬德文，讓他謄抄一份。司馬德文馬上就明白了是怎麼回事。
片刻的驚訝之餘，欣然允諾。他邊抄邊對左右侍從說：「桓玄篡位的時
候，晉朝其實已經亡國了。多虧劉公出兵平定，才恢復晉朝。我們司馬
家族得以繼續君臨天下近二十年，全靠劉公之力。今日禪位之事，我心
甘情願。」司馬德文抄謄完詔書，交給傅亮，然後主動帶著后妃等眷屬
搬出宮去。

傅亮馬上宣布皇上禪讓的消息。一個新的王朝──宋誕生了！

宋朝建立的方式被稱為「禪位──受禪」，指的是古代帝王之間
一方和平自願地將最高權力轉讓給另外一方。我們姑且簡單稱之為禪
讓。與金戈鐵馬的武力搏殺不同，禪讓是在傳國玉璽交接的一剎那間結
束一個帝國，同時誕生另一個新帝國。那一瞬間使一位帝王變身布衣，

也使一個臣子成了「萬國衣冠拜冕旒」的天子。身分瞬間置換，山河隨即變色。

讓出最高權力的舉動叫做禪位，接受最高權力叫做受禪。雙方在受禪臺上舉行隆重的禪讓典禮。從夏朝建立到宣統遜位，三千多年的歷史長河中，除了北魏、遼、金、元、清五個少數民族建立的王朝和商、周、秦、兩漢和明這幾個王朝是透過金戈鐵馬的暴力方式建立的，其他王朝在法律上都是以和平繼承前朝統治的方式建立的。禪讓這種權力轉移的方式有其漫長的歷史以及高頻率發生的特點，值得我們關注和深思。

張鳴先生在〈騙術與禪讓〉一文中說道：「禪讓是中國古代傳說中，只有聖賢之君才能操練的一種繼承之法。傳說畢竟是傳說，按顧頡剛的說法，古史是累層堆積起來的，傳說中實行禪讓的堯舜，這兩個人事實上有沒有還是個問題，更何況禪讓？即便是有，按另一些人的說法，也不過是因為這些賢君，其實不過是部落酋長，或者部落聯盟的領袖，工作操勞有餘，實惠不足，所以樂於讓出來。」

張鳴先生指出了原始禪讓的深層含義。第一，禪讓是少數人的遊戲，並不是所有的人都能參與禪讓，具有受禪的資格。作為古代權力結構演變的過渡形態，禪讓和受禪是少數權力既得者的遊戲。在整個過程中，真正發揮作用的是四岳等部落首領的意見。而其中的「大老」，比如堯舜的決定、部落聯盟首領的個人意見則至關重要。可見在禪讓過程中，民主程度非常有限。這可能會讓那些將禪讓與民主緊密連繫在一起的讀者失望了。

第二層意思是在禪讓盛行之時，禪讓所附帶的與其說是利益，不如說是麻煩。也就是說，遠古的權力擁有者是真正的公僕。堯當上部落聯盟的首領，和大家一樣住茅草屋，吃糙米飯，煮野菜作湯，夏天披件粗麻衣，冬天只加塊鹿皮禦寒，衣服、鞋子不到破爛不堪絕不更換。老百

姓擁護他，因為他的確操行出眾，真的為百姓做了實事好事。當權力意味著付出，當在位意味著服務的時候，相信之後熱衷禪讓的政治人物都會望而卻步。

禪讓和受禪的這齣戲一再上演，只是因為政治人物需要利用人們對禪讓這個詞字面上意思產生的好感和莫名的擁護，來為權力轉移遮掩裝飾。自古以來權力轉移的方式有很多，讀者一般熟知的有三種：第一，以暴力革命來實現改朝換代。但是這種形式以無數人的鮮血洗滌神州大地，代價過於慘重。第二，體制內的權力者所推崇的平和的世襲方式。這是中國歷史上最普遍採取的方式，以血緣關係為唯一標準。遺憾的是，世襲方式雖然震盪小，但是產生的絕大多數新權力者的資質與素養實在不敢恭維。還有一種是近現代呼聲最高的是民主選舉。遺憾的是，這種方式也存在著諸多弊端。

除了這三種方式，靠政治陰謀上臺也是一種選擇。各個階層的人都在內心對它青睞有加。在人類歷史中，很多次的權力交接是透過政治陰謀手段完成的。政治陰謀的優點在於能以少流血甚至不流血的方式完成政權交替，最大限度的保持國家政治經濟的穩定，最大限度的維持政治經濟的連續性與平穩性。而這種手段成功的關鍵是往陰謀者臉上貼金，增加繼位者在血緣、操行、能力和功績等方面的光彩。其原因主要有兩點：一來這些因素可以影響人心所向；二來這種做法畢竟符合現有體制表面上的遊戲規則。

先讓我們來看看政治陰謀手段在歐洲的實行情況。歐洲的王位繼承和改朝換代與中國相比其實更為頻繁和複雜。其中的陰謀不勝枚舉。由於歐洲王朝承認女性繼承權，因此野心家、篡位者就特別喜歡利用與權力擁有者的女兒、姐妹甚至遺孀聯姻的方式來達到取得權力的目的。如果在位的掌權者實在沒有這些女性血緣關係，野心家和篡位者們就會努

力使自己搖身變成掌權者的堂兄弟、表兄弟、侄子、外孫、外甥等等。他們不惜背棄自己真正的祖先，目的是能在血緣上向現存王朝靠攏。如果實在不行，還有一招就是請教皇出來為自己加冕。這種做法可以利用宗教的力量，給自己加上神聖的光環，其目的也不外乎是權利。當然了，如果能擁有血緣和宗教雙重優勢就最好了。

在中國非常講究正統，更加講究男權，名不正則言不順。因此中國的野心家和篡位者們就發明了禪讓制度。雖然中國與歐洲文化不同，爭奪權力的方式各異，但是本質並無二致。

禪讓遊戲背後的關鍵詞當然是實力。

當初，曹丕受禪後，非常客氣地對劉協說：「天下之珍，吾與山陽共之。」意思就是說，天下的珍寶財富，我都與你山陽公（劉協禪讓後的封號）共享。（權力是珍寶財富之源，當然不算在內。）至於劉協是不是真的共享到了「天下之珍」，就不得而知了。曹丕的文人色彩濃厚，相對來講也算是客氣仁慈。然而仁慈永遠只是強者的特權。事實上，在禪讓和受禪的背後，真正產生作用的是實力，因為禪讓和受禪是雙方實力對比後的客觀結果。只要實力的天平傾斜向受禪者，禪讓者就「非禪不可」了。

在禪讓制的實踐中，實力永遠是通向皇帝寶座最有效的籌碼。實力最明顯的表現就是要位居高位。有心受禪的權臣首先必須晉升爵位，封公封王，逐步向皇帝地位靠攏，直至完全掌握朝廷大權，位極人臣，總攬朝政，成為事實上的獨裁者。在地位上向皇帝靠攏後，權臣還要在待遇上向皇帝靠攏。直白的說，就是要提前享受皇帝專有的待遇。最常見的表現就是要求皇帝給自己「加九錫」，並將特殊待遇延伸到家人身上。準備就緒後，一旦開國建制，也就意味著他表明了禪代之心，離皇帝寶座不遠了。

除了實力的硬籌碼外，有心篡位的權臣還需要在意識形態上尋找突

破口，替禪讓提供合理有效的理論支持；同時還要營造祥瑞屢現的現象，為受禪製造輿論。祥瑞又稱「符瑞」，如出現彩雲、風調雨順、禾生雙穗、地出甘泉、出現奇禽異獸等等。儒家認為這是表達天意、昭示現實的自然現象。中國古代每一位權臣在篡位前，都會組織一批祥瑞在全國各地湧現，暗示自己的政績和即將到來的改朝換代，幾乎無一例外。

萬事俱備後，就是皇帝登場了。他被迫下詔，說自己運勢已盡，承認天命已經轉移到了別家，因此「主動」禪位給權臣。然後就該貴族百官登場了。他們浩浩蕩蕩的恭請權臣即位。為了表示謙讓，受禪者即使心裡已經迫不及待，也要再三表示自己德行不夠，反覆推辭。隨之而來的當然是群臣發動更大規模的勸進活動，天文官們一再陳述天象變遷，直到受禪者同意。每一位參加演出的人不需要劇本就了解這齣鬧劇的表演程序。之後由舊朝修築受禪臺。等吉日一到，新皇帝登壇受禪，公卿、列侯、諸將、四夷朝者成千上萬人出席見證。現場會舉行柴燎告天地儀式，向上天傳達地上的王朝更迭情況。新皇帝再宣讀即位詔書，遜帝和眾大臣跪聽。最後新皇帝回皇宮，正式登基稱帝，封賞群臣。整個禪讓過程才算結束。

劉裕很早就想參與禪讓演出了。他的角色當然是受禪者。他之所以遲遲未動，是因為這個人有點迷信。當時社會上有圖讖盛傳「昌明（晉孝武帝）之後有二帝」。劉裕就覺得時機也許還沒有成熟，人心對晉朝還有依戀，所以決定替東晉王朝「湊足」最後兩個帝王。因此劉裕扶持了白痴皇帝司馬德宗。四一八年，劉裕在毒死司馬德宗後，指使黨羽偽造遺詔，改立司馬德文為皇帝，次年改年號為元熙。元熙元年正月，司馬德文為了表彰劉裕的「策立之功」，下詔進封劉裕為宋王，將徐州、豫州、兗州、司州的十個郡增劃為宋王封地。劉裕完成了權力上的準備。到了十二月，司馬德文又不得不允許劉裕佩帶十二旒的王冕，使用天子

的旗幟和儀仗警衛，在待遇上，劉裕又完全取得了皇帝的標準。與司馬德文的祖先司馬昭的做法一樣，宋王太妃進封為太后，王妃為王后，世子為太子，王子、王孫各有爵命。

中國式禪讓的所有步驟和把戲，劉裕全都完成了。為了劉姓王朝的誕生，他做足了準備工作。只待傅亮把大幕拉開，這齣禪讓大戲在中國歷史上再一次按照既定步驟上演。演出成功後，宋朝建立，劉裕成功變身為宋武帝。中書令傅亮因為有佐命輔立的大功被封為建城縣公，食邑二千戶，並且入值中書省，專門負責詔命，權重一時。

說完禪讓的過程，讓我們關心一下遜帝的下場。司馬德文被降封為零陵王，遷居秣陵縣城，由冠軍將軍劉遵考帶兵監管。《宋書》記載新朝給司馬德文的待遇是：「全食一郡。載天子旌旗，乘五時副車，行晉正朔，郊祀天地禮樂制度，皆用晉典。上書不為表，答表勿稱詔」。也就是說，宋朝以零陵一個郡的物產來供養司馬德文。司馬德文不僅享有皇帝的待遇和禮儀不變，而且在和皇帝的來往中可以不用稱臣，在封國之內奉行晉朝正朔。宋朝先是規定零陵王在貴族百官中的排位是「位在三公之上、陳留王之下」。之所以將零陵王放在陳留王之後是因為劉裕覺得自己的天下是先由陳留王所代表的曹氏傳給零陵王司馬家族，再傳給劉氏。後來，宋朝又規定「零陵王位在陳留王上」，給予了司馬家族特殊的禮遇。

遺憾的是，退位後皇帝的生活「有其文而不備其禮」。由於遜帝的待遇是新朝給的，所以真正執行到什麼程度，自然是由新王朝來決定。之前禪位的劉協和曹奐的待遇都還不錯，但是司馬德文就沒有前輩們那麼幸福了。劉裕一開始就沒打算讓司馬德文繼續活在世上。

劉裕常年征戰，養成了置對手於死地的習慣。對他來說，讓一個遜位的、年輕的皇帝活在身邊，簡直是一件不可想像的事情。萬一天下還有人對遜帝心懷忠情怎麼辦？萬一在自己百年之後，遜帝復辟怎麼辦？

只是因為之前的禪讓先例規定了遜帝的一系列優待條件，劉裕才不得不做做樣子。

劉裕不僅派兵監視司馬德文的一舉一動，而且派人時刻尋找機會暗殺遜帝。司馬德文皇后的哥哥褚秀之、褚淡之是晉朝的太常卿和侍中，在妹夫落難後迅速投靠劉裕，協助監視帝后。司馬德文的褚皇后在禪讓之時已經懷孕，遜位後生下一個兒子。劉裕怕這個剛出生的嬰兒日後對劉家不利，下達了暗殺令。這個命令由褚秀之兄弟倆執行。他們殘忍地將自己剛出生的外甥殺死了。經過這件事後，司馬德文夫婦心驚膽顫，日夜生活在驚恐之中。夫婦倆整天共處一室，一切飲食也都由褚皇后親自動手。劉裕及其爪牙一時無法下手。

西元四二〇年九月，劉裕命令琅邪侍中，司馬德文原來的侍從張禕攜帶毒酒一瓶前去毒殺司馬德文。張禕不忍心謀害故主，對劉裕又無法交代，在路上飲毒酒自殺了。

劉裕一計不成，又生一計，派遣褚淡之兄弟出馬。兩兄弟假意去探望褚皇后，精兵悄悄地跟隨在他們身後。褚皇后聽說兄長來了，暫時離開丈夫出門相迎。士兵們乘機越牆跳入司馬德文室內，將毒酒放在他面前，逼他速飲快死。司馬德文搖頭拒絕說：「佛曰：『人凡自殺，轉世不能再投人胎。』」幾個兵士於是一擁而上，將司馬德文按在床上，用被子矇住他的臉，使勁掐死，然後再跳牆而去。司馬德文死時三十六歲。

遜位的皇帝雖然按規定享有崇高的地位和優越的待遇，但是受禪者通常對他們抱有深深的懷疑。受禪者害怕這些遜帝的政治號召力依然存在，或為敵對勢力所利用，或自行復辟，因此總是嚴加防備。司馬德文之後，除了柴宗訓外，所有遜帝都不得善終。受禪者們始終將前朝的遜帝當作巨大的威脅，欲除之而後快。

漢獻帝劉協遜位後，被封為山陽公，邑一萬戶，位在諸侯王上。劉

協在封地內行漢正朔，一直到五十四歲才自然死亡。曹魏以天子之禮將他葬在禪陵。山陽國由劉協的子孫繼承，從建國至滅亡共傳國八十九年。曹魏的曹奐禪位後被封為陳留王，晉朝割十縣土地、三萬戶人口建立陳留國。曹奐也是自然死亡，陳留國一直傳到南朝。他們和柴宗訓三人，是禪讓歷史上最幸福的遜帝。因為他們都得以善終。柴宗訓是在封地裡暴病不治死去。雖然年僅二十歲，但是沒有證據證明他是被害死的。他死後，柴詠繼承了他的爵位為崇義公。靖康之難時，崇義公亡於戰亂。宋室南渡後訪求柴氏後人，找到柴叔夏，襲封崇義公。崇義公爵位傳至宋末。

其他遜帝就沒有這三位這般幸運了。雖然大多數遜帝在位時期就是傀儡，沒有強大的實力和功績；雖然大多數遜帝都是未成年的孩子（因為權臣總喜歡扶持幼兒作為前朝的末代皇帝），並不對新朝和受禪者構成實質性的威脅，但是新的皇帝總欲除之而後快。陳霸先即位後馬上就派人去殺死了梁和帝蕭方智。蕭方智躲避士兵的屠殺，繞床而跑。他邊跑邊哭喊：「我本不願當皇帝。陳霸先非要我即位，現在又要殺我，這是為什麼啊？」這位十六歲的遜帝最後還是被士兵們亂刀砍死。在蕭方智之前的宋朝劉準生前哭道：「願後身世世勿復生在王家！」劉準的哭泣可謂是許多遜帝的共同心聲。

然而我們不得不承認，相對於轟轟烈烈的農民起義、血流成河的王朝戰爭和以破壞著稱的少數民族入侵，以劉裕為代表的「禪讓」把戲卻是最簡潔、最「和平」、最少流血的王朝建立方式。這可能也是「禪讓」方式在中國王朝建立過程中運用得最為普遍的重要原因之一。

最後，用石勒的一段話來結束本章：「大丈夫行事當磊磊落落，如日月皎然，終不能如曹孟德、司馬仲達父子，欺他孤兒寡婦，狐媚以取天下也。」

第二章　新：道德旗幟的勝利

　　西漢王朝是第一個被外戚篡位的朝代，篡奪天下的人是王莽。王莽建立了新朝取代了漢朝，開創了中國王朝「和平」改朝換代的先例。其過程和平，讓許多後人否定王莽篡漢的事實，認為新朝的建立是順天應民、順理成章的事情。同時在王朝建立的過程中，王莽表現出來的高尚道德、愛民情懷和絕高聲望也的確迷惑了許多人。他緊緊抓住了「道德」這面耀眼的旗幟，從形式和精神上實現了改朝換代。

　　漢末赫赫有名、權勢熏天的外戚王家有個女兒叫王政君。她十八歲被選入宮，與太子只相伴一晚就受孕，生下了皇長孫劉驁。劉奭即位後就是漢元帝，立劉驁為太子，王政君自然就成為皇后。王家從此封侯拜相，出現了「五將十侯」的赫赫權勢局面。漢元帝死時，劉驁還年幼，登基成為漢成帝。王政君便以皇太后身分輔政，王家頓時權勢熏天。「日暮漢宮傳蠟燭，輕煙散入五侯家。」後人的這句詩說的就是王家的炙手可熱。

　　政治行業本是一個「高門檻」的行業，需要政治鬥爭的經驗，優秀的執政能力和良好的情商與抗壓能力，這些能力不是在短時間內就可以習得的。外戚主政往往是因為突然的地位劇變。各方面能力的缺失使他們在主政後顯露出政治暴發戶消極的一面，遇事無所適從，且態度飛揚跋扈。例如漢成帝的舅舅王商想在自己的府邸裡泛舟行船，娛樂身心，竟然擅自鑿穿長安城牆，將澧水引入王家。外戚不顧朝廷律法，破壞成規，但是朝野上下迫於王家的權威，竟無人揭發此事。就連皇帝自己也大為震驚，但也無可奈何，只好忍氣吞聲。

　　在母后和舅舅們的政治包辦下，漢成帝不理朝政，這反而又加劇了

外戚的專權。

王莽雖然出生在這個家族中，可惜早年絲毫沒有享受到家族的榮光，是個被王家遺忘的孩子。

王莽的父親王曼早亡。因為王曼死得早，所以王家發達也並未惠及他的子孫。王莽沒能受封官爵。他還有個哥哥王永，卻也英年早逝，留下孤兒寡婦，全家生活的重任和振興的希望都落在了王莽身上。王莽自知沒有叔伯和堂兄弟們唾手可得的榮華富貴。他的一切都必須靠自己去奮鬥。

與一般儒生相比，王莽的家境也算得上富庶。但他始終保持樸素的儒生打扮，生活儉樸，為人謙恭有禮，努力結交社會賢達俊士。他還孝順母親，尊敬嫂子，撫養侄兒，把各方面都照顧得井井有條，受人稱讚。他投在著名學者陳參的門下，學習《周禮》，平日博學多覽，手不釋卷。在王家眾多的男丁中，王莽可以稱得上是出類拔萃、德才兼備的人才了。但是不管在家族內、外人的眼中，王莽都是王家「另類」的孩子，與家族其它成員格格不入。所以直到二十四歲依然是布衣之身，沒有得到叔伯兄弟們的絲毫提攜。

王莽心中強烈的權力慾在艱難的環境中越燃越烈，他能夠做的只是用自己的品德才學打動長輩。也就是說，王莽必須把「另類」的道路走下去。官居大司馬的大伯王鳳生病時，王莽親自服侍，守在病榻前數月不眠不休。王鳳的那些公子根本做不到王莽這種地步。也許是王鳳深受感動，他在臨死前囑託妹妹王政君，要求多照顧王莽。憑藉著優秀的德行，在陽朔三年（西元前二二年），王莽終於被拜為黃門郎，稍後提拔為射聲校尉，進入了西漢王朝的權力競技場。

王莽置身權力場的準則是保持高潔的品德，用品行和聲望謀求發展。他在擔任高官後，依然生活樸素，不同於親戚們的窮奢極欲。王莽

還經常賞賜賓客，救濟窮人。他還親自去看望侄子王光的老師，對侄子的所有同學都非常有禮，學生和老師多有讚嘆。王莽親自操辦了侄子和長子的婚禮。在婚禮進行時，有下人稟告說老夫人生病不舒服了，要吃某種藥，王莽好幾次中斷婚禮進行，拋下賓客，去服侍母親。這樣一來，賓客們更加稱讚王莽的品德了。

沒幾年功夫，王莽獲得了滿城讚譽，受到叔父王商和朝中多位大臣的推薦。不久，王莽被封為新都侯，擔任騎都尉、光祿大夫、侍中，成為貴族近臣。之後正巧，輔政大司馬王根重病，上書推薦侄子王莽出任大司馬，接替自己主政。於是三十八歲的王莽憑藉一路推薦成為了王家的「掌門人」。

王莽也從既定的行為處世的原則中嘗到了甜頭，更加堅定了原先的人生道路。

每一個皇帝都能帶來一批新的外戚。外戚的權力並不穩固。

王莽只做了一年的大司馬，年輕的表親漢成帝就駕崩了。由於漢成帝沒有子嗣，劉康的兒子劉欣即位，成為新皇帝，史稱漢哀帝。漢哀帝年幼，由母親丁王后主政，原來的皇太后王政君被尊為太皇太后，失去了掌握實際政權的理由。漢哀帝祖母傅昭儀、母親丁王后兩家外戚得勢。

傅丁兩家自然與占據實權的王氏外戚發生衝突。一天，漢哀帝在未央宮設酒宴，大會貴族群臣。傅太后的宴會席位被安排在王政君旁邊。王莽見了，責備內者令說：「定陶傅太后是藩王的妾室，不能與至尊的太皇太后同座！」傅太后聽說此事，拒絕參加宴會，由此對王莽恨之入骨，欲先除之而後快。王莽只好上書辭職，留在長安賦閒。兩年後，傅太后、丁太后都稱尊號。丞相朱博上奏：「王莽之前不贊成兩位太后稱尊號，虧損孝道，應當法辦。考慮到王莽在職時對朝廷多有功勞，請免王莽為庶人。」漢哀帝雖然保留了他的侯爵，但命令王莽離開長安，立刻

搬到封地去。

王莽的這個跟頭栽得很重。對於一個年過四旬的人來說，他的政治生命似乎走到了盡頭。

王莽灰溜溜地來到新都後，對自己的處境和思想做了一次徹底的整理。王莽有兩個基本的政治特點，無法抹掉。第一，他有著強烈的權力慾。從政治高位上跌落的事實反而使他的政治野心膨脹。他發誓不僅要奪回費盡千辛萬苦才到手的權勢，而且還要強化擴張權勢。王莽對西漢王朝的種種危機和末世徵兆看得非常清楚，開始萌發了取而代之的念頭。如果有可能，我為什麼不去更新天下，建立一個新的王朝呢？第二，外戚身分是王莽最重要的政治資源。但事實表明，外戚身分並不能幫助他實現胸中的宏圖大志。外戚群體是帝國政界中特殊的一群人。他們的政治根基就是家族與皇室聯姻。但是這種與皇室的間接親屬關係建立的權力體系猶如空中樓閣，看上去巍峨壯觀，卻沒有根基，很容易在政治風雨中冰消瓦解，更不能成為問鼎天下的基礎。

要實現宏圖大志，必須要學習開發利用新的政治資源。之前，中國歷史上開國立朝都是透過戰爭和兼併實現的，比如周武王、秦始皇和本朝的高祖皇帝。現在不是亂世，王莽自知前人的道路在現實中不可複製，而自己也不具備軍事基礎，掌握不了軍隊。思來想去，王莽決定樹起道德大旗，走一條新的篡位建國的道路。政治黑暗、奴隸買賣和普遍的貧困是西漢王朝的三大頑症，那我就以清廉的政治形象革新政治、愛護百姓，延續之前以品行取勝的道路。王莽認定了道德力量和輿論支持是自己新的權力基礎。

現在，思想深處更新換代的王莽所缺的就是機遇了。

西元前三年，新都。一個小問題被王莽策劃、運作成了政治大事件。

王莽的次子王獲殺死了一個家奴。這原本是一件小事。因為在當

時，貴族官僚家中豢養的奴婢僕人地位低下，經常受到虐待甚至殘殺。越來越多的家奴被殺，但官府對這些事熟視無睹，並不追究。

王莽完全可以像其他貴族官僚一樣，將此事大事化小，小事化無。但他卻反而是召集了所有的家人和奴婢下人，公開責罵王獲。王莽聲明自己始終強烈反對虐殺家奴，現在自己歸隱封地更應該身體力行，寬待家奴。王獲剛要申辯，就被王莽喝止。王莽嚴厲要求王獲自盡！王獲嚇得說不出話來。在當時貴族殺害家奴，即使嚴格按照朝廷律法來辦，也只是罰錢出役，削官去爵，肯定沒有性命之憂。但是王莽卻逼迫王獲不得不自殺謝罪。王莽大義滅親之舉震驚朝野。百姓們讚揚王莽體恤下人、嚴於律己，尤其是地位卑下的奴婢階層更是感激萬分。全國人民都對王莽產生了好感。而得勢的外戚家族傅氏和丁氏卻將朝政弄得烏煙瘴氣，與王莽在封地禮賢下士、大義滅親的清新做派簡直有天地之別。於是要求為王莽平反的呼聲此起彼伏，並日漸形成高潮。恰好元壽元年（西元前二年）長安發生日食。賢良周護、宋崇等人認為日食是上天對朝廷外貶王莽的警示。朝廷於是正式徵召王莽返回京師。

王莽重新回到了西漢的政治中心，再登權力舞臺。

回到長安後一年時間，王莽的好運就接踵而來。

傅太后、丁太后先後死去；西元前一年，年幼的漢哀帝隨即駕崩。王政君就以太皇太后的身分收取皇帝璽綬，招王莽進宮，共商大事。漢哀帝寵臣董賢當天自殺。王莽順理成章地成為大司馬，執掌政權。由於漢哀帝沒有子嗣，王莽著急選擇新皇。劉衎是漢哀帝劉欣的平輩，年僅九歲，母系勢弱，這些條件都便於王政君繼續臨朝聽政，也便於王莽自己輔政。於是王莽決定迎立中山劉衎為帝。劉衎以王政君的兒子漢成帝繼承人的身分繼承皇位，史稱漢平帝。

▶ 王莽時期貨幣

　　王莽上臺後首先就是要清除丁、傅兩家外戚的勢力。他廢黜了漢成帝皇后趙氏和漢哀帝皇后傅氏，並且逼兩人自殺。接著組織自己的政治團隊。他拉攏三代元老，大司徒孔光、提拔孔光的女婿甄邯為侍中、奉車都尉。同時計劃清除漢哀帝時的外戚及敵對大臣。丁、傅及董賢的親屬都被免去官爵，流放遠方。王莽還為丁、傅在位時的冤假錯案平反昭雪，受到朝野上下的擁戴。黨同伐異之後，王莽身邊形成了以王舜、王邑為腹心，甄豐、甄邯負責糾察，平晏掌管機要，劉歆負責理論研究，孫建為爪牙的團隊。王莽心裡想要什麼，這些人就事先計劃，代為上奏，秉承他的意思上下操辦。王莽或建議，或退讓，或慷慨陳詞，或莫不做聲，計畫總會實現，好事壞事都不用王莽親自出手。

　　天下百姓和普通官員當然是不會知道朝堂上的這一切及其背後的操縱。王莽在百姓中的形象依然是言行高尚、大義滅親。

　　王莽繼續保持著品行高尚的偉岸形象，透過接連不斷的「感動事件」征服人心。

　　王莽的母親生病了，貴族公卿紛紛派夫人去王家探望老夫人的病情。貴夫人們到了後，王家出來一個老婦人迎接大家。這位老婦人衣不

曳地，膝蓋部分用布料遮蓋著。貴婦人們原以為這只是王家的僕人或者老媽子，進府之後才知道她竟然是王莽的妻子，西漢的侯爵夫人。

　　王莽自己節衣縮食，可是遇到國家災荒，就會傾其所有，賑濟災民。西元二年，中原地區就接連發生了旱災和蝗災。由於西漢後期以來，嚴重的土地兼併和貴族官僚的剝削，百姓們早已經處於貧困艱難的境地了。現在又遭遇嚴重的災荒，老百姓真是生活在水深火熱當中，各地開始有騷動的跡象。為了撫平騷動、緩和矛盾，王莽不僅建議官府和貴族官員節約開支，捐獻糧食和布帛，他自己就自做表率，率先捐獻了一百萬錢，三十頃地，當作救濟災民的費用。雖然財物不算多，但下屬和家人們解釋說王莽家境並不寬裕，他自己日夜擔憂災荒，寢食不安，節衣縮食，都已經有半年不吃肉食了。太皇太后王政君大受感動，降旨要求外甥王莽為國為民注意身體，為了百姓多吃點葷菜。朝野的貴族官員聞訊也都拿出土地和財物來賑災救民。

　　為了徹底解決中原的騷動，王莽還派出八位大臣分頭到各地去觀察風土人情。他們明為收集地方意見，其實暗中在大力宣揚王莽的高風亮節和愛民風範。飽受土地兼併之苦、怨恨貴族官僚的老百姓和中小地主們無不將王莽看作千古難尋的忠臣、能臣和前途的希望。

　　王莽主政之後，天下又不斷出現了各種祥瑞。先是江河湖海中出現了黃龍，接著是遠在天涯海角的海中小國進貢犀牛，還有禾苗不種自生、蠶繭不養自成。種種祥瑞讓越來越多的人相信國家朝著積極正面的方向前進。全國各地上書替王莽請功請賞的人絡繹不絕。到西元五年，全國上書為他請賞的人高達四十萬七千五百七十二之多，這個數字估計相當於當時會讀書寫字的人口的一半以上。還有人專門收集各式各樣歌頌王莽的文字，一共有三萬多字。

　　古代中國，沒有第二個人達到過王莽這樣的道德高度。

漢平帝元年正月，王莽受封「安漢公」，表明事態正悄然發生質變。

因為開國皇帝劉邦在平定異姓王叛亂後，曾經立下鐵律：「非劉氏不得封王，有外姓稱王者，天下共擊之。」從那時到王莽時期，西漢沒有封過任何一個外姓為王，也沒有封出任何一個外姓公爵。王莽雖然只是獲得了「安漢公」的稱號，卻已經是本朝歷史上的第一人了。雖然王莽推辭再三後才接受了「太傅」、「安國公」的爵位，並且堅決辭去封邑和其他賞賜，但是已經破了祖宗的規矩。他又乘機奏請封賞劉姓皇室子弟數十人，掀起一股封賞風潮，連那些退休、賦閒官吏也一一得到賞賜。於是，朝野上下更是對王莽感恩戴德，忽視了事件背後的危險變化。

王莽是怎麼做上這個「安漢公」的呢？表面上看來似乎是因為當時的絕大多數人認定高風亮節、功勳卓著的王莽應該稱「安漢公」。但《漢書》明確揭露了這一切都是王莽導演的陰謀。

他先是派遣使者攜帶黃金、幣、帛，賄賂周邊少數民族領袖，要求他們製造萬民歸順，天下生平的假象，以此來媚事太后。例如，他要求匈奴單于上書說：「聽說天朝上國認為匈奴名字不合適，現在我們更換回原來的名字囊知牙斯，慕從聖制。」匈奴還在王莽的主導下派遣王昭君的女兒須卜居次回西漢朝廷。另外，王莽還重金賄賂了越裳等國，讓他們前來朝貢。

太皇太后王政君雖已年邁，但是依然握有相當大的權力，是王莽在衝擊皇位的進程上的最大障礙。王莽一方面用手段博取她的信任，一方面謀求奪權。於是就有人上書，認為人事問題繁瑣複雜，太皇太后貴體重要，沒有必要事事親為，建議由王莽負責人事。王政君很認同這個建議，決定以後除了封爵大事由自己定奪外，其他的人事都交給王莽處理。從此除了直接向皇帝奏事的官員外，州牧一把手、二千石官員、舉薦的人才、考核優等的官吏都先晉見王莽，由王莽決定任免。人事權是

政治權力的核心，王莽掌握了它，幾乎就是有實無名的皇帝了。

　　為了檢測一下自己的聲望和權勢，王莽策劃了漢平帝選后事件。

　　劉衎已經十一歲，到了可以結婚的年齡。王莽大張旗鼓地操辦起皇帝的婚事來。候選新娘包括貴族官僚和天下名流家的女子，洋洋灑灑數千人，單單外戚王家的女子就超過兩位數。王莽的女兒也名列其中。當名單剛拉出來的時候，王莽就上書以德才不足為由請求將自己的女兒從名單中剔除。王政君也覺得王氏女子是自己的外家，不做候選人也好。

　　消息傳出後幾乎引起了宮廷的騷亂。百姓、諸生、郎吏每天都有上千人去宮殿上書請願；公卿大夫們有的直接入宮求見太皇太后和皇帝，有的直接向相關部門進言，認為王莽功勳卓著，不應該將他的女兒排除在選后人選之外。許多人乾脆指出王莽的女兒德才兼備，建議直接定為皇后。王莽則派人分頭替各方調解，結果要求立王莽女兒為皇后的上書請願越來越多。王政君只好同意選王莽女兒為皇后。

　　勉強同意的王莽又認為皇上應該博選眾女，不應該只選一位皇后。馬上有公卿大臣反駁說皇帝多納後宮不利於朝廷。大臣們考察了王莽女兒後一致認為她「漸漬德化，有窈窕之容」。王莽女兒立為皇后、不選其他女子的事至此成為定局。西元三年，王莽的女兒正式進宮，成為母儀天下的皇后。天下臣民都覺得這是天經地義的事情，因為新皇后有一個亙古未有的聖賢父親。如果有什麼不滿意的地方，那就是王莽在女兒入宮後堅絕不收朝廷賜予的超過兩萬頃土地和兩萬斤黃金、二萬萬錢的巨額聘禮。朝廷堅持王莽要收下這批聘禮，王莽最後將聘禮饋贈給了同族中貧弱的家庭，其餘則充作賑災資金。

　　朝廷因為新立皇后，也因為出了王莽這樣的大聖人而大赦天下。

　　局外人很輕易能看出漢平帝選后事件的最大受益者是王莽。它是王莽的一大「傑作」。

　　王莽與漢平帝的關係一直很好。他希望漢平帝成為聽話的傀儡。為了防止劉衎的母親衛氏進京干政，出現新的外戚勢力，王莽一直將皇帝和生母隔離兩地。對於衛氏的兩個兄弟衛寶、衛玄，王莽也是處處防範，提防他們掌握實權，威脅到自己的地位。在四年時間裡，無論衛氏一家向漢平帝劉衎提什麼要求，王莽都強硬地拒絕，密切防止劉衎母子團聚，防止衛氏兄弟取代自己的地位。王莽這麼熱心地為漢平帝選后是為了鞏固自己的權勢，為了將女兒立為皇后來斷絕新的外戚勢力的出現。

　　然而漢平帝卻不像王莽希望的那麼聽話。王莽意識到權力場上還有一些事情是透過道德的偽裝和精湛的演技解決不了的。他握緊了拳頭，決定用暴力來鎮壓前進途中的異議和反抗。

　　在一個伸手不見五指的夜晚，王莽府的大門被人潑滿了豬血、狗血。

　　案發後，長安官府不敢有絲毫馬虎，四處派人偵緝。嫌疑犯很快陸續落網。整件事情的幕後主使竟然是王莽的長子王宇。也就是說，這是王宇自己往自己家門口潑豬血、狗血。

　　王宇也不隱瞞，一五一十地向父親說出了內心的憂慮和抗爭。王宇從裡到外都是一個溫文爾雅的讀書人，曾多次勸父親不要阻斷皇帝母子的團聚，不要大權獨攬，要為王家留條退路。王宇始終不明白：為什麼父親王莽不滿足於做個正常的輔政大臣，而老是要攀登更高的權力高峰？王莽對這個極可能繼承自己地位的兒子感到失望。他明白父子倆不是同路人，沒辦法向兒子解釋心中的野心和虛偽。而在王宇看來，父親王莽極冷漠地辜負了自己的一番好意。

　　憂慮的王宇怕王家與衛家結仇，有朝一日對家族不利，更害怕皇帝怨恨王莽，一旦親政就懲罰王家。於是王宇經常以個人名義與外地衛寶、衛玄兄弟通信，聯絡感情，盡量消除兩家的隔閡；王宇還勸身在外地的皇帝生母主動寫奏章給太皇太后王政君，要求進京見兒子。但是王

宇的這些努力效果甚微。於是王宇去找自己的老師吳章和小舅子呂寬商量怎麼辦。吳章以為王莽正處在飛速上升時期，不可勸諫，但是王莽信好鬼神，可以做一些鬼怪之事嚇唬他。到時吳章再向王莽進言，勸說他歸政衛氏家族。王宇很認同這個主意。三人決定在家門口潑豬血、狗血來警示王莽。事情的具體執行者是呂寬。他夜裡帶幾個人捧著汙血灑門。

我們不知道王莽聽完王宇的「招供」之後，有沒有感到絲毫的悔恨或者悲涼。

我們知道的是，王莽大義凜然地將王宇送到官府，關入監獄，還派人送去了一瓶毒酒給長子。王宇就在獄中飲酒自殺了。王宇的妻子當時已懷有身孕，臨產期馬上就要到了，也被關入獄中。王宇死後，王莽殺了兒媳，等於親手殺死了長子、兒媳及兒媳腹中即將出生的胎兒。

王莽之所以對長子痛下殺手，最大的可能是他從中發現了巨大的政治價值。王莽的強悍和精明之處就在於他能夠把壞事變成政治鬥爭的利器，扭轉形勢，變廢為寶。潑血案件就正好成了羅織冤獄、打擊政敵的法寶。在大臣的鼓動下，王政君下詔，先是大大表揚了王莽，說王莽「居周公之位，輔成王之主」，大義滅親，值得褒獎；同時又授權王莽可以全權偵查此事。王莽於是大張旗鼓地追究呂寬等人的罪過，大肆殺戮。先是衛寶、衛玄等人因為「聯接朝臣、謀求不軌」的罪名遭拘捕殺害；之後此案廣為牽涉，連外地郡國中對王莽有非議、不順從的貴族官員都被網羅入內；敬武公主、梁王劉立、紅陽侯王立、平阿侯王仁等人都被迫自殺。《漢書》載「死者以百數，海內震焉」。

王莽從第二個兒子的死中獲得了巨大的利益。西元四年，王莽被加號宰衡，位在諸侯王公之上。又有公卿大夫、博士、議郎、列侯等九百零二人聯名上書朝廷，為王莽請九錫。朝廷批准。至此，王莽完成了從外戚到輔政大臣，再到宰衡，最後被加九錫的身分變化。他的地位和權

力已經到達了人臣的極點。

王莽的所作所為激怒了年少氣盛的漢平帝。

王莽繼續分隔他和母親，利用王宇的死誅殺了舅家，加深了漢平帝對王莽的仇恨。漢平帝心底的仇恨無法宣洩，就開始在宮中抱怨，還時常公開要求接母親衛氏入宮。這些自然都傳到了王莽的耳朵裡。

西元五年，漢平帝紀念生辰。群臣入宮為皇帝祝壽。漢平帝借此機會表達思念生母的想法，再次強硬地要求王莽接衛氏入宮。王莽想故技重施，繼續搪塞，但是這一次漢平帝似乎是吃了秤砣鐵了心，以不容否定的強硬態度，要求過幾天就要看到生母。漢平帝的強硬是王莽萬萬也沒有料到的。宴會一下子進入了僵局。王莽沒有辦法，只得被迫當眾承諾馬上就派人去接帝母入宮。漢平帝畢竟是個孩子，天真的以為自己贏得了勝利，轉怒為喜，讓宴會繼續進行。在入睡前，漢平帝還高興的喝了一碗粥。

然而第二天，王莽並沒有像他答應的一樣去接衛氏，而是離開長安去巡視地方了。途中，宮裡急使來報，說漢平帝得了重病，臥床不起。聽到這個消息，王莽趕忙取消了巡視，趕回長安陪伴皇帝，並祈禱上蒼，願疾病和死亡的災難降落到自己的身上。沒過幾天，十四歲的漢平帝就死了。

漢平帝之死純屬突發事件，並不在王莽篡漢計畫當中。當時王莽還沒有做好改朝換代的準備，他擔心驟然取漢代之，天下難以順服。他還需要再找一位新皇帝。由於漢平帝死的突然，並沒有留下兒子。王莽就在宗室中找了一個兩歲大的孩子劉嬰作為漢平帝的繼承人。王莽將劉嬰改名為孺子嬰。孺子嬰並不登基稱帝，而是稱皇太子。王莽自己則稱「假皇帝」（代理皇帝），攝理朝政。王莽十六歲的女兒一躍成為了太后。改年號為「居攝」。

　　王莽將劉嬰改名為「孺子嬰」，其中大有文章。熟悉中國歷史的人都知道，周公當年輔政的就是一位孺子。王莽此舉意在將自己與千古賢臣周公相提並論，向天下表白，說明自己會像周公那樣盡心輔佐孺子，最後功成身退，還政於天子。於是自秦始皇以來，中國出現了沒有皇帝的奇怪政局。王莽成為歷史上絕無僅有的代理皇帝。

▲　王莽畫像

　　舉國上下又出現了新一輪的祥瑞高潮。王莽任代理皇帝的第一個月，武功長孟通濬的井裡就奇怪的出現了一塊白石。石頭上圓下方，有丹書曰：「告安漢公莽為皇帝。」這個祥瑞過於直白，有大逆不道的嫌疑。天下臣民都屏氣地等待著王莽的回應。結果王莽給予獻上祥瑞的人豐厚的賞賜。這個舉動無疑是公開的表示自己要更上一層樓的願望。

　　祥瑞符命於是像雨後春筍般開始出現。「天告帝符，獻者封侯」、「求賢讓位」、「漢歷中衰，當更受命」等符命、圖文層出不窮。文人們則開始鼓吹禪讓救民，德運輪迴的思想觀念。王莽對這一切不公開表態，也

不禁止。不過來向朝廷獻符命祥瑞的人都拿到了豐厚賞賜。

居攝元年正月，王莽像皇帝一般，在長安南郊祭祀上帝，在東郊迎春，行大射禮於明堂，養三老五更，成禮而去。這些國家祭祀只有皇帝才能主持。

天下的人並不全都願意繼續稱讚、擁戴王莽了。其中，相當一部分人意識到自己被王莽欺騙了，意識到王莽之前的言行都是為篡位而做的偽裝。

王政君此時總算是徹底看清楚了侄兒的真實面孔。她知道王莽作為代理皇帝需要玉璽發布命令，於是就牢牢看守住作為天子象徵的玉璽。王莽派人索取傳國玉璽。王政君就斷然拒絕他的要求。她用盡力量，憤怒地哀嘆：「我是漢家的老寡婦，就是死了也要玉璽陪葬，親手交給漢家的列祖列宗。」王莽一時間拿姑姑這位太皇太后也沒什麼辦法。

少數握有實權的反對派則直接發動了反王莽的兵變。當年九月，東郡太守翟義發動叛亂，立嚴鄉侯劉信為天子，公然反抗長安朝廷。翟義向天下郡國發布檄文，宣稱「王莽毒殺平帝，攝居天子位，意圖滅絕漢室。現在天下大怒，大家要齊心協力誅殺王莽。」黃河兩岸一片疑惑，有十餘萬人參與了叛亂。王莽惶恐不安，甚至影響了正常的飲食，抱著孺子嬰，日日夜夜在宗廟裡禱告。他還傚法周公當年作〈大誥〉討伐管、蔡，專門寫了一篇〈大誥〉文章表明自己的正大無私，派人頒布於天下，作為讀書人的必讀文章。在文章中，王莽向百姓宣告自己是暫時攝位，日後定會返政孺子嬰。在做出一系列形式上的對策後，王莽派遣將軍分兵進攻翟義。朝廷軍隊很快平定了東郡的兵變，翟義和劉信等人被殺。

不久，宮中的期門郎張充等六個人陰謀策劃劫持王莽，立楚王為新皇帝。結果事機不密，被王莽偵知，參與者全部被殺。

叛亂的出現說明王莽的政治表演從理論到實踐都出現了問題。如果

說之前王莽的高尚言行都符合社會道德標準，令人信服的話，那麼平定叛亂後，王莽的言行出現了越來越大的瑕疵。這些小問題暴露出身為人臣，地位無法提升的王莽內心的焦慮和萌動。

王莽的母親病逝後，按制度和道德慣例，王莽應該要放棄政權為母親服喪三年。但是在巨大的政治利益的誘惑下，王莽再也無力表演自己的一片孝心，明確表示出無心為母親發哀服喪。劉歆和博士諸儒七十八人當然明白王莽的心思，就上書說：「居攝的意思，就是承上接下，穩定制度，治理好天下。王莽承宗廟之祭，與天下共同奉養太皇太后，不應為私人的親屬服喪。」王莽高興的批准了這份奏摺，只是弔喪了一下，就趕快重新返回政治場上。最後是由孫子王宗代替爺爺王莽為曾祖母服喪三年。

前面提到過的，王莽的侄子王光已經長大，被封為衍功侯。一次王光與執金吾竇況勾結，違法殺人，被告發到官府。王莽大怒，狠狠地責罵王光。王光的母親，也就是王莽的嫂子怪王莽作威作福，說：「你自己覺得，我們兩家誰是長孫，誰是中孫？」之後不久，王光母子自殺，竇況也受牽連致死。

當初王莽以孝敬母親、贍養寡嫂、撫養王光聞名天下。現在卻母死不服喪，又逼死嫂子和侄子，王莽身上的光芒大為減弱。

王莽也清醒地意識到代理皇帝的這齣戲已經適應不了局勢的發展了。道德表演和掩飾也滿足不了權力鬥爭的需求了。在光亮的外表被人戳穿之前，王莽最好的選擇是趕緊登基稱帝，實現改朝換代。但是用什麼名義、透過什麼方法改朝換代呢？沒有舊例可循，王莽也想不出好方法。王莽想再上一層樓，卻找不到上升的臺階。

物以類聚，人以群分。一個叫做哀章的政治騙子把一架梯子安放在王莽的腳下。

　　哀章是四川梓潼人，成年在長安城裡遊蕩。史載他「素無行而好為大言」，也就是說沒什麼本事卻喜歡吹牛，做白日夢。大家都看不起他。哀章雖然胸無點墨，卻善於察言觀色。他看到王莽代理皇帝，尤其是看到王莽在平定天下異動過程中的反常表現，認定王莽有篡逆之心。哀章揣摩王莽的處境，決定用生命來一場政治豪賭。他私自做了一個銅櫃以及兩張題籤和圖，假稱漢高祖劉邦的遺命，讓王莽稱帝。如果事情泄露被人告發，或者王莽不領情，哀章就只有人頭落地一條路可走。

　　一天黃昏，哀章穿上黃衣，藉著漫天風沙的掩護，匆匆來到了漢高祖劉邦的神廟外。

　　守廟的官吏們突然發現從漫漫黃沙中隱現出一個黃衣黃冠的年輕人，攜帶一個銅櫃闖入廟中，正驚訝間只聽他說道：「高祖皇帝命我帶來此櫃，請當朝攝政時開啟。」守廟官吏們接過銅櫃不知所措，哀章轉身離去，迅速消失在黃沙之中。官吏們大為驚駭，他們不敢怠慢，立刻將此事報告了王莽。那個銅櫃則被當作漢高祖劉邦交代的物品，被恭敬地藏在廟中。

　　次日，王莽率領百官來到高廟，拜受銅櫃。王莽打開銅櫃，裡面有兩個題籤和一張圖。兩個題籤上寫著「天帝行璽金匱圖」，另一個寫著「赤帝行璽某傳予黃帝金策書」。赤帝行璽某，是漢高祖劉邦的自稱。劉邦當年參加農民起義的時候，曾經殺了一條白蛇，然後說自己是赤帝之子，現在殺了白帝之子以應天命。櫃中的那張圖則寫著：「漢運已衰，王莽當為真命天子，太皇太后等要順天命，不得逆天而動。」

　　漢高祖劉邦身為西漢開國皇帝，在朝廷上享有最高權威。現在他下令要將天下讓給王莽就徹底解決了王莽登基稱帝的法律和道德問題。如果王莽不願意稱帝，則是違背了天意。就像之前多如牛毛的祥瑞都沒有被否認一樣，這次也沒有人敢否認符命的真實性。王莽喜出望外，稍作

謙讓後就捧著銅櫃領人浩浩蕩蕩地向皇宮進發。

王莽迫不及待，立刻在未央宮前殿會集百官，戴上王冠，下詔說：「我是黃帝之後，虞帝苗裔，皇天上帝隆顯大佑，降下金匱策書。這是神明詔告，將天下兆民託付與我。書中赤帝、漢高祖皇帝顯靈，傳國金策之書，我誠惶誠恐，難敢不接受！今天，我戴上王冠，即真天子位，定天下之號為『新』。改正朔，易服色，變犧牲，殊徽幟，異器制，以承皇天上帝威命也。」王莽正式公布了登基稱帝的決定。

哀章成功地化解了王莽的一大難題，他的豪賭贏了。

王莽一班人還煞有介事地發明了「禪讓」的儀式來完成改朝換代。這種儀式被後世野心家廣為採用。之所以選擇禪讓的形式來完成權力的更迭，主要是王莽及周邊的謀士看中了禪讓所蘊涵的道德力量。王莽一向以道德聖賢自居，以道德力量作為權力基礎。禪讓這種方式就很合他的心意了。

西元九年正月朔，禪讓儀式正式舉行。

當天，王莽率領公侯卿士以順符命為名，上奏天地和太皇太后，去掉漢號，建立新朝。這是一場極不對等的禪讓。參加者幾乎都是王莽一方的人，孺子嬰彷彿就是一個等待審判的孩子，無依無靠。

儀式舉行之前，王莽最後一次派遣王舜去向太皇太后索要「漢傳國璽」。王政君大怒，指著王舜的鼻子罵道：「王舜，你世代受漢室皇恩，卻不思報答。現在反而乘漢室孤兒寡母，幫王莽篡位。像你們這樣的人，豬狗不如。我是漢室老寡婦，活不了幾天了。我死了也要帶這塊玉璽陪葬，他王莽休想得到它！」

王舜羞愧難當，伏在地上流汗不止。過了很久，他才硬著頭皮抬起身子對王政君說：「皇上意在必得，太后今天不給，明日還來催要；明天不給還有後天，您能永遠不鬆手嗎？」

　　王政君算是徹底看清了王莽大奸大惡的內心和狗急跳牆的姿態，絕望地拿出玉璽扔在王舜面前，罵道：「我老將死，王氏兄弟必將受到滅族的報應啊！」這塊從和氏璧而來的傳國玉璽經王政君這麼一擲，缺了一個口子。王莽拿到手的是一塊並不完整的玉璽，只好用黃金補上缺口。

　　儀式正式開始，王莽先是向孺子嬰宣讀了策命。他向皇天后土發誓絕不傷害劉嬰的性命，還封他為定安公，永遠作為新朝的國賓。平原、安德、漯陰、鬲、重丘等五個縣共一萬戶人口、一百里地方為定安公國的疆域，國中立漢朝祖宗廟宇，正朔、服色不變。王莽女兒孝平皇后為定安太后。讀完，王莽握著劉嬰的手，痛哭流涕地說：「昔日周公攝位，最後歸政給周王。我本來也想做周公，如今迫於皇天威命，做不了周公了啊！」王莽為自己做不了輔政的周公，而不得不做皇帝哀嘆了很長時間，拉著劉嬰的手不放。最後還是官員上來將劉嬰扶下殿去，讓劉嬰跪在地上行君臣大禮。在場的百官一同行君臣大禮。

　　為了這一天的到來，王莽可謂臥薪嘗膽，付出了慘痛的代價。兒子王宇和王獲成為父親攀登權力高峰的犧牲品。王莽還剩下兩個兒子：王安和王臨。王安荒誕無能，整天不務正業；王莽就立小兒子王臨為皇太子，封王安為新嘉辟。王宇的六個兒子也都受封為公爵。王莽此舉也許是為了告慰長子的在天之靈。此外，聰明的王莽自然看出了哀章的「貢獻」，重重犒賞了這個幫助他解決大難題的功臣，讓哀章為四輔之一，位在三公之上。

　　封賞完畢，王莽大赦天下。新朝正式成立。

　　恐怕王莽自己也沒有料到，新朝建立之後也正是他的噩夢開始之時。

　　王莽是玩弄權術的高手，是操控道德和陰謀的高手，但本身並沒有深厚的實踐經驗，缺乏安邦治國的真正本領。他知道臣民的思想和觀念，但不知道怎麼滿足臣民們真實的需求，也不知道國家的弊病和解決之道。

　　王莽最大的政治本領就是在政壇上下其手，極盡表演之能事。中國古代的政治和儒學緊密相連，所以王莽就學習儒學理論和儒生們交流密切。他在道德上大做文章，選定的榜樣就是儒家豔稱的盛世 —— 周。他大力宣揚周禮周樂，把自己和周公相提並論，還大興復古尊禮之風。在崛起過程中，王莽和儒生們的關係很好。他增加各經博士的名額，在長安廣建學校、宿舍，招攬有才學之士前來教學，頓時文教昌盛。文人儒生是擁戴王莽的主要群體。

　　王莽浸淫道德表演之中久了，就再也逃不脫其中的條條框框了。王莽這麼做很累、很辛苦。他也是正常人，七情六慾俱全，但他的慾望是受到壓抑的。王莽主政初期曾經偷偷摸摸地買過美女。這件事在親戚圈子和官場裡先傳播開了。大家的意思是想不到王莽也私自納妾啊。王莽聽到傳聞後，嚴肅地說：「後將軍朱子元沒有子嗣，我聽說這個女子很有希望生育兒子，所以就替朱將軍買了她。」當天，王莽就將那位侍婢送給了朱子元。終其一生，王莽都嚴格壓抑著正常的人性，把慾望全都爆發在政治角逐中。

　　道德表演有著可以將人推上皇位的巨大力量，卻不能解決實際問題。人們對王莽的道德支持本質上也是希望他能夠同樣優秀地解決實際問題。王莽能夠篡位成功，多少是因為臣民們逐漸對西漢皇朝失去了信心，不滿現實，希望選擇一位道德出眾的聖賢來解決弊政。王莽接收的是一個矛盾累累、弊端重重的政局，除了繼續表演外，提不出切實的解決政策。事實證明，王莽將國家治理得一團糟。他引經據典，以周禮等三代政治為理想，變法改革，號為新政，實際上卻是復古。王莽新政，比如王田制、奴婢私屬、平定物價、改革幣制等等，動聽卻很糟糕。不僅得不到執行，還遭到了貴族、豪強的強烈反對。王莽又想透過對外戰爭來緩和國內的矛盾，徵用民夫，加重捐稅。這個舉措卻將自己陷於內

憂外患之中。在王莽短暫的十多年新政中，矛盾如潮水般決堤，一發不可收拾。

地皇四年（西元一八年），四面楚歌的王莽率群臣在南郊舉行哭天大典。即將覆滅的王莽還高喊道「天生德於予，漢兵其如予何？」他自欺欺人地認為：我有上天賜予我的德行，漢朝的軍隊能將我怎麼樣？王莽的最後歲月一直生活在極度恐懼和精神錯亂之中。他越來越相信道德的力量，卻不制定實際的軍事對策。也許，這就是上天對這位高明的兩面派演員的懲罰。

王莽這輩子過得特別假，也特別累。

道德表演既是王莽的武器又是他的遮羞布。中國的王朝政治可能是世界歷史上最講求道德、品行、地位等因素的政治。可精神層面的武器是一把雙刃劍，對於道德並沒有達到那種高度的人來說，它既可傷人，也能傷己。尤其是當精神武器越來越頻繁地使用到政治實踐中時，標準水漲船高，脫離了王莽的控制。王莽被逼著在意識形態的道路上走下去，走向皇位，也走向了失敗。可憐的他儘管在道德上謹小慎微，不敢有絲毫地踰矩，但道德並不能解決所有的問題。精神因素畢竟是虛無縹緲的東西，最終還是要落實到具體政治問題的解決方法上來。道德的勝利掩蓋了王莽本身的許多問題，掩蓋了整個社會的頑疾，讓王莽在脫離現實的道路上越走越遠。最後，他發現辛辛苦苦謀取的皇位並不適合自己。可惜一切都太晚了。

二三年，綠林軍的勁旅攻入長安，得到城中居民的響應。商人杜吳躍入漸臺殺了蜷縮在一角的王莽。校尉公賓將王莽的屍體斬首。人們將他的首級帶到宛城，懸掛在鬧市之中，新朝滅亡。

王莽和他的新朝一樣，成為了歷史的匆匆過客，留待後人評說。

第三章　晉：源於司馬昭之心

「司馬昭之心，路人皆知。」不僅是在司馬昭時期，在他哥哥司馬師攬權的時候，司馬家族篡位自立的跡象就暴露無遺了；再往前推，在兩人父親司馬懿的時候，曹操就開始懷疑司馬懿是否有異心了。司馬家族建立的晉朝是典型的靠權謀和連續政變產生的王朝。司馬家族的野心或隱或現地貫穿曹魏王朝的始終。

東漢末期的亂世，司馬懿出生於河內郡溫縣著名的世族家庭。

司馬家族身為世族大家，很招人耳目。家族中有許多子弟進入了仕途，但司馬懿卻遲遲不外出做官。「挾天子以令諸侯」的曹操多次徵召司馬懿出來做官，都被年輕的司馬懿拒絕了。這倒不是司馬懿「孤芳自賞」或者「待價而沽」，而是身逢亂世，他不想過早地把自己的前途與任何一派勢力連繫在一起。司馬懿這樣的人表現得像沒有政治野心的隱士，為人穩重，說話謹慎，實際上是城府深厚，時刻謀劃著如何實現個人價值的最大化。他希望一出手就能博取坦蕩的政治前途。

據說，司馬懿的長相很怪，具有「狼顧」的本領，也就是能把腦袋轉九十度角，用眼睛的餘光看到背後的東西。在相術上，這是一個人野心勃勃的表現。

曹操政權在穩定以後，需要和世族大家搞好關係。於是，曹操又一次徵召司馬懿出來做官，下令如果司馬懿再次拒絕就動用武力，生綁硬拽也要把司馬懿逼出來。誰想，司馬懿這一回非常配合地出來應徵做官了——因為天下的形勢越來越清晰，跟著曹操幹不會有錯了。也許是曹操看到了司馬懿「狼顧」的本領，內心中非常提防司馬懿。據說一天晚上，曹操還做了一個夢。在夢裡，三匹馬在一個槽裡吃草。「三馬食槽」

的夢境讓曹操很自然地和司馬懿的「狼顧」本領連繫在了一起，擔心司馬懿日後對曹家王朝不利。所以，曹操雖然起用了司馬懿，但不太喜歡這個小後生，沒有重用，只是讓他擔任一些清閒的虛職。

但是曹操的兒子曹丕和司馬懿卻很合得來。儘管曹操多次提醒曹丕注意司馬懿，但曹丕還是將司馬懿作為親信屬官，交往甚密。

曹操死後，司馬懿在曹丕時代地位逐漸顯要，開始擔任實職。曹丕還放心地讓司馬懿統兵在外，早將父親的提醒當成了耳邊風。曹丕臨死，設計了曹真、陳群、司馬懿「三架馬車」共同輔政的身後權力格局。三人共同受遺詔輔政，其中曹真擔任大將軍，為首輔。曹真是曹操的同族子弟，和曹丕是遠房兄弟關係，自小在曹操身邊長大。曹真長大後跟隨曹操南征北戰，屢立戰功，開始顯貴。曹真能力雖然一般，出身良好，沾了曹氏血脈之故，為人又小心謹慎，恪守臣子之道，對曹氏忠心耿耿，所以得到了曹魏王朝的重用。而陳群是曹操時期的老臣，司馬懿是曹丕的親信大臣。曹真的優勢可以和陳群、司馬懿等大臣的能力相結合，拱衛皇室。

司馬懿至此進入了曹魏王朝的權力核心。

曹睿在位時，曹真因為主持對蜀作戰，升遷為大司馬，獲得了「劍履上殿，入朝不趨」的待遇，達到了臣子能夠達到的最高權位。而司馬懿的境遇就要「坎坷」一點了。曹睿即位初期中了蜀漢諸葛亮的反間計，一度罷免了司馬懿。後來西南邊界戰事吃緊，孟達又反叛，司馬懿臨危受命，一舉平定孟達反叛，遏制住了蜀漢的進攻勢頭，以閃亮的姿態成功復出。之後在整個魏明帝時期，司馬懿成為負責對蜀漢作戰的主將。

誰負責解決一個王朝最緊迫的矛盾，誰就可以借此聚攏勢力。司馬懿因為長期負責對蜀漢的戰鬥，而曹魏一半以上的精銳部隊都集中在西部戰線，因此司馬懿家族可以更輕易地開始了竊取曹魏王朝實權的進程。

　　西元二三八年，司馬懿率兵平定割據遼東的公孫淵，成為魏國聲望甚高的三朝元老。

　　第二年，魏明帝曹睿去世。曹真的兒子曹爽和司馬懿兩人共受遺詔成為輔政大臣。曹睿的意圖是希望在身後形成功臣和皇族共治的局面。

　　曹爽出身曹氏宗族，血統高貴，繼承父親曹真成為了皇族勢力的代表。曹真死後，長子曹爽繼承了父親的爵位，另外五個兒子羲、訓、則、彥、皚皆封為列侯。曹真家枝繁葉茂，儼然是皇權的重要支撐力量。曹爽字昭伯，年少時以「宗室」、「謹重」這兩個特點為人所知，可以看作是父親曹真的翻版。魏明帝曹睿還是太子的時候就和同輩、同齡的曹爽關係親密。曹爽入仕後歷任散騎侍郎、城門校尉、散騎常侍、武衛將軍，寵待有加。這樣平坦的履歷雖然讓曹爽累積了一定的行政經驗，但絲毫無助於他了解政治鬥爭的殘酷本質，掌握真正的鬥爭技巧。

　　曹睿死後，年幼的曹芳即位。

　　曹爽儘管身居首席輔政大臣的高位，心裡也清楚自己無論資歷、功勞、能力還是在朝臣中的威望和根基都不能與同朝輔政的司馬懿相提並論。因此，曹爽一開始用對待父輩的禮節禮遇司馬懿。凡事曹爽都不敢專斷，都和司馬懿細心商量。司馬懿對曹爽這個晚輩也十分滿意。兩人在合作初期表現得客客氣氣，工作十分愉快。

　　沒有多久，曹爽貴族公子的性情就顯露出來了。他不像剛主政時那般勤勉政事了，身邊也逐漸聚集了何晏、丁謐等貴族子弟。這些人雖然能力不濟，但從小就在爭權奪勢的大環境中耳濡目染，積攢了一肚子壞水。他們紛紛勸說曹爽不要和司馬懿分享權力，要獨斷專行。何晏多次勸說曹爽說：「司馬懿有政治野心，而且很得民心，我們怎麼可以對這樣的人推誠委權呢？」曹爽逐漸改變了對司馬懿的態度，決定奪權。他讓二弟曹羲出面上表，請皇帝轉任司馬懿為位高無權的太傅虛職。在曹爽

的突然襲擊面前，年幼的曹芳無法判明真相，就任命司馬懿為太傅。在現場措手不及的司馬懿沒有辦法拒絕，只好接受「升遷」，乖乖地交出兵權和政權。

輕易獲勝的曹爽在人事上對朝臣做了一次大調整。他讓二弟曹義任中領軍，三弟曹訓為武衛將軍，控制了京城洛陽的軍隊，負責皇宮的警衛；五弟曹彥任散騎常侍，另兩個弟弟曹則和曹皚以列侯身分出入宮禁，影響、控制曹芳。同時，曹爽還將在曹睿時期遭貶抑的何晏、鄧颺、丁謐、畢軌等紈絝子弟重新啟用，各任要職，作為心腹。

司馬懿明白曹爽正在權力的巔峰，不是在短期能夠扳倒的，於是乾脆長期稱病，不再上朝，靜觀時局的變化。

嘗到勝利果實的曹爽集團迅速腐化起來，給了司馬懿反撲的機會。

曹爽很懂得享受，個人飲食車服都追求最高級的；家中的古玩珍寶，到處都是；妻妾盈後庭，還私取曹睿生前的才人七八人和將史、師工、鼓吹、良家子女三十三人供自己享受。他甚至大膽地擅取太樂樂器、武庫禁兵供自家使用。這些都是侵犯皇室、大逆不道的罪行。曹爽還建造窟室，在四周陳列綺疏，多次和何晏等人在其中飲酒作樂。至於何晏等人，竟然合謀私自分割洛陽、野王兩地典農屯田系統的桑田數百頃，還將湯沐地等貪汙為私人產業。按照現在的話來說，就是「私分國有資產」。他們不僅竊取公物，還公開向地方州郡索取賄賂。廷尉盧毓是負責糾察管員違法言行的，與何晏等人素來不和。一次，盧毓屬下的官吏犯了一點小過錯，被何晏等人抓住把柄。何晏小題大作，窮究盧毓的責任。在沒有做出結論之前，他們迫不及待地派人收取了盧毓的印綬，然後再向朝廷上奏。相關部門懾於他們的淫威，從此再也不敢認真糾察了。

為了建立軍功，曹爽還執意在正始五年（西元二四四年）親赴長

安，徵發六七萬軍隊進擊蜀國。結果是「關中及氐、羌轉輸不能供，牛馬驟驢多死，民夷號泣道路」，只能無功而返。

司馬懿將這一切都看在心裡，暗中謀劃準備。他雖然被剝奪了實權，但影響力依然存在。門生故舊中好多人掌握著軍隊和政權。這些門生故舊目睹曹爽集團的所作所為，堅定地支持司馬懿復出。司馬懿的長子司馬師還在洛陽城中暗中蓄養了上千名「死士」，以備萬一。

司馬懿所缺的就是一個合適的「翻盤」時機。

曹爽也不是傻子，並非對司馬懿沒有絲毫防範。

荊州人李勝依附曹爽後，平步青雲，由河南尹調任荊州刺史。剛好曹爽對終日稱病在家的司馬懿不放心，就讓李勝以新官赴任的名義去探探司馬懿的底細。李勝就去司馬懿家辭行。

司馬懿出來接見李勝的時候，顯得憔悴異常，走路離不開婢女的攙扶。李勝先是很謙虛地向司馬懿陳述了自己回到荊州任官，特地來向司馬太傅拜辭。司馬懿沒回答，而是慢騰騰地讓兩個婢女侍候穿衣。他顫巍巍地拿起衣服，沒拿住，衣服滑落。他又指指自己的嘴巴，表示口渴要喝水。婢女進了一碗稀粥。司馬懿端起碗喝粥，結果像不會喝水吃飯的嬰兒一樣把粥流得到處都是，沾滿前胸。好不容易喝完粥，司馬懿過了好久才緩過勁來，氣喘吁吁，用極其微弱的聲音說：「我年老久病，沒有幾天活頭了。李使君這次去並州就職。並州和匈奴等少數民族鄰近，事情很多，你要好自為之。今日與你一見，恐怕以後沒機會再見了。」李勝連忙說：「太傅，我這次是回荊州任官，並非並州。」司馬懿滿臉茫然地問：「噢，原來你剛從並州回來啊！」李勝見司馬懿胡言亂語，只好提高聲音說：「我是去荊州，不是並州。」他回頭問在場的司馬師：「太傅病成這樣了啊？」司馬師痛苦地點點頭。

司馬懿在司馬師和婢女的提醒下，許久才恍然醒悟，對李勝說：「我

老了，神情恍惚。如今你榮歸故鄉擔任刺史，正是建功立業的良機。今日與君一別，我半個身體已經埋入黃土，就先和你永別了。」說著，司馬懿悵然淚下，司馬師忙上去幫父親擦去眼淚。司馬懿頓了頓，指指司馬師、司馬昭兄弟對李勝說：「這是我的兩個兒子，希望與你結為好友，希望您日後看到我司馬懿的面子上多多照顧。」說完，司馬懿又流涕哽咽。李勝也唏噓長嘆，與司馬懿父子告別。

離開司馬家後，李勝馬上跑到曹爽府上，報告說：「司馬太傅語言錯亂，口不攝杯，南北不分。最後，他還將兩個兒子託付給我，分別時依依不捨。司馬懿看來是活不多長時間了。」曹爽感嘆了幾聲，心裡放心了。司馬懿一死，再也沒有人會對自己構成權力威脅了。

從此，曹爽把司馬懿放在一邊，不再去想一個將死的老人了。

正始十年（西元二四九年）正月初六，魏帝曹芳按照慣例到高平陵（今河南洛陽東南）祭掃魏明帝曹睿的陵墓。曹爽集團幾乎是傾巢而出。曹爽與弟弟中領軍曹羲、武衛將軍曹訓、散騎常侍曹彥都隨駕前往。

曹爽集團中的大司農桓範馬上向曹爽指出了這麼做的危險：「大將軍兄弟總理萬機，掌管禁兵，不宜全部外出。如果有人關閉城門發動政變，誰能入內平亂呢？」桓範這個人，東漢末年就開始當官了，資歷很深，但是性格剛毅，爭強好勝，與同僚的關係搞得很差。曹爽對桓範敬而遠之，有事的時候找來商量，沒事的時候躲著他。曹爽原本想借郊祭散散心，現在見桓範勸阻，就很不高興地說：「誰敢造反！」曹爽執意率兄弟、親信出發前往高平陵。桓範搖搖頭，只好獨自留在洛陽。

果然，曹爽等人剛出城門，司馬懿就披掛上陣，帶領兩個兒子跨馬衝出了家門。司馬師蓄養的死士這時紛紛發難。城中許多官員是司馬懿的舊同事、舊部下，見狀多數加入司馬家的隊伍，少數採取觀望態度，對動亂無動於衷。司馬父子很快就占據了武器倉庫及皇宮，關閉了洛陽

城的各個城門。司馬懿控制了洛陽城後，太尉蔣濟、司徒高柔、太僕王觀等重臣紛紛趕來，配合司馬懿，出謀劃策。司馬懿就命令高柔代理大將軍一職，王觀代理中領軍一職，奪取了曹爽和曹羲的軍權。當時曹氏兄弟在洛陽城中留有許多中下級軍官和數量可觀的軍隊。但是群龍無首，加上接替曹家兄弟的人又都是朝廷三公九卿，曹氏兄弟的部隊就算有反抗，還是很輕易地轉化成了司馬家的軍事力量。

　　一切準備就緒後，司馬懿帶領眾臣入宮，啟奏皇太后郭氏，羅列了曹爽禍亂宮廷內外的種種劣跡，事事有據可查（這都是曹爽平日行為不檢點的後果）。郭太后無話可說，追認了司馬懿之前叛亂行動的合法性，並授權司馬懿查處曹爽集團的不法行為。有了郭太后的批准，司馬懿向遠在城外的曹芳上表，將曹爽的罪行一一列舉，並親自帶兵占據了洛水橋頭，等待曹氏兄弟的反應。

　　司馬懿還未全部控制洛陽時，曹爽府上的司馬魯芝和參軍辛敞突圍而出，去向曹爽報信。曹爽聞訊手足無措，決定先在高平陵紮營，調撥了周邊幾千屯田兵增加自己的守衛，再和手下一起商量下一步的打算。

　　司馬懿為了防止還留在洛陽城裡的桓範突圍出去幫曹爽出謀劃策，在發動政變後就立刻以郭太后的名義徵召桓範，想任命他為中領軍，為己所用。誰想，桓範單槍匹馬騙開洛陽城門，已經逃出城去了。司馬懿知道桓範出城後，認為桓範雖然善於出謀劃策，卻不一定能被曹爽採用。為了攪亂高平陵曹爽陣營的決策，司馬懿先派弟弟司馬孚前往高平陵，以皇帝曹芳在外不可露宿為由，送帳幔、餐具等給曹芳使用；又接二連三地派曹爽平時的好友去做說客，告訴曹爽說自己只是為了奪權，無意要他們的性命，想騙曹爽兄弟束手就擒。

　　使者和說客們陸續到達高平陵，反覆安撫曹爽。這些往日和曹爽有過交往的人都鄭重地許諾，司馬懿只想奪取曹爽集團的權力，不會加害

他們的性命。曹爽逐漸相信了這些承諾。桓範趕到後，見曹爽想法開始動搖了，趕緊勸說：「大將軍您現在還可以調動天下兵馬，洛陽周邊就有不少部隊可以為我們所用。另外，高平陵距離許昌不過一天的路程。許昌城裡有龐大的武器庫，裡面的物資完全可以支持一支大軍的用度；我身為大司農，隨身攜帶著印綬，可以為大軍籌集糧草。方今之計，大將軍應該馬上擁戴皇上南下許昌，同時宣布討伐叛逆司馬懿！」當時曹爽等人雖然被困在城外，但還掌控著小皇帝曹芳，職務印信也都帶在身上，完全具備和司馬懿一戰的能力。桓範這招「南下許昌，討伐叛逆」的建議把曹爽手中的所有優勢都利用了起來，如果真正實行了，說不定就可以反敗為勝，扭轉局勢了。即使打不過司馬懿，曹爽兄弟也可以割據許昌，和司馬懿長期對峙。

曹爽和曹羲兄弟聽了桓範的建議後，你看看我，我看看你，誰也不說話。最後，大將軍曹爽好不容易才憋出一句話來：「大家不要急，讓我好好想想。」當晚，曹爽在高平陵度過了一生中最漫長的一夜。

第二天五更天，初升的太陽照耀在高平陵上。周圍的人早早就聚集在曹爽的營帳裡面等待著他最後的決定。曹爽吞吞吐吐地說：「太傅的意思，不過是要奪我的兵權。我交出兵權，還可以做一個富家翁。」桓範頓時嚎啕大哭：「我要受株連滅族了！」曹羲等人則默然無聲。

郊祭高平陵的一行人就此草草收場。曹爽陪伴著曹芳，君臣黯然返回洛陽。

至此，高平陵政變的結果已經非常清楚了。

曹爽回到他的府第後立即被軟禁。司馬懿將大將軍府團團圍住，並在四角建高樓密切監視。另一邊，司馬懿任命之前受曹爽集團迫害丟官的盧毓為司隸校尉，負責審訊曹爽一案。勾結曹爽、將皇宮用品源源不斷送給曹爽的太監張當隨即被捉拿歸案，嚴加審訊。曹爽之前從皇宮中

「挪用」先帝嬪妃、工匠和貢品，就是這個張當開的後門。現在這些事情都成為了置他們於死地的利器。欲加之罪，何患無辭，更何況曹爽等人還罪行累累，證據確鑿。司馬懿、盧毓等人經過連續幾天的刑訊牽連，最後審出了一個「大將軍曹爽預謀本年三月兵變篡位」的大案子來。

正月初十日，司馬懿以謀反大罪，將曹爽兄弟及其親信何晏、鄧颺、丁謐、畢軌、李勝、桓範等人逮捕下獄，全都以大逆不道罪斬首，並夷滅三族。

政變過後的第二個月，曹芳任命司馬懿為丞相，將司馬懿的封邑增加到十二個縣，二萬戶人口，並給予司馬懿「奏事不名」的待遇。司馬懿進一步掌握了曹魏的政權，為後來「司馬昭之心，路人皆知」局面的出現打下了扎實的權力基礎。

司馬懿沒有享受幾天高平陵政變的勝利果實就走到了生命的盡頭。司馬懿在臨死前受封為相國、安平郡公。但是他依然認為時機不到，沒有接受，而是致力於整個家族的權勢建設，讓侄子和孫子都受封為列侯。司馬家族一共有十九個人封侯。

司馬懿死後，長子司馬師繼續掌權。

在高平陵政變發生的前一天夜裡，司馬師和弟弟司馬昭兩人同屋而眠。司馬昭不知是興奮、激動或是緊張，在床上輾轉反側，徹夜難眠。而哥哥司馬師一上床就鼾聲如雷。兄弟二人的脾氣秉性，可見一斑。

司馬師比父親要兇狠，一點都不掩飾篡位奪權的野心，一心要建立司馬王朝。他毫不忌諱地欺壓皇族和群臣。司馬師的緊逼不僅使曹芳極為不滿，也遭到了部分大臣的反抗。中書令李豐與皇后的父親，光祿大夫張緝等人圖謀以太常夏侯玄為大將軍，替代司馬師，再逐步清除司馬家族的勢力。但他們沒有躲開司馬師的耳目，結果事情敗露，凡是牽涉其中的人都被誅殺。也許是殺人實在太多了，司馬師同時大赦天下。在清理了朝臣中

的反對力量後，司馬師正式向皇帝進攻，逼曹芳廢黜了皇后張氏。

曹芳的不滿是可以想見的。當他將自己的不滿流露出來後，司馬師決定廢黜曹芳。此舉一來可以清理掉一個不聽話的皇帝，二來也可以借此檢驗司馬家族的權勢。

司馬師下定廢帝決心後，派遣為己所用的太后族人郭芝入宮稟告郭太后。當時曹芳就在郭太后身邊。郭芝對曹芳說：「大將軍要廢黜陛下，改立新帝。」事已至此，曹芳只能默默地離開。郭芝接著逼郭太后說：「太后有子不能教。現在司馬大將軍決心已定，同時率兵在宮門之外，以防不備。太后現在應當順應大將軍的意思，沒有其他可以說的了！」郭太后對郭芝的逼宮非常惱火，說：「我要見大將軍，有話說！」郭芝堅決地說：「為什麼要見呢？太后只需要速速取來璽綬就可以了。」太后沒有辦法，只好交出璽綬。不久，廢帝曹芳來向太后辭行。曹芳涕淚交下，悲傷地從太極殿南行出宮。

接著，司馬師重新召集群臣，決定迎高貴鄉公曹髦為新皇帝。為什麼選曹髦呢？因為當時曹髦尚未成年，司馬師覺得年幼的小皇帝不會對自己構成太大的威脅。

司馬師廢黜曹芳的「盛大政治演習」獲得了巨大的成功，也向天下暴露了司馬家族的篡逆之心。忠於曹魏王朝的力量發動了多次反對司馬家族的叛變。先是都督揚州諸軍事的王凌發動叛亂，兵敗自殺身亡。接著鎮東將軍毌丘儉、揚州刺史文欽共同起兵，聯絡敵國東吳，發動反叛。此時司馬師已經病重，聽到消息後從病榻上爬起來，忍痛親征，斬殺毌丘儉，傳首洛陽。文欽逃奔東吳。司馬師在平定毌丘儉、文欽反叛後不久就死了。弟弟司馬昭繼承了司馬師的權力。幾年後，繼任的揚州主將諸葛誕又起兵反對司馬家族，再次占據淮南一帶反叛。司馬昭親自攻陷壽春城，斬殺諸葛誕。司馬家族透過三次揚州戰役，血洗反對派，

忠於曹魏王朝的勢力被消滅得一乾二淨了。

繼承父兄之位的司馬昭就是那句成語「司馬昭之心，路人皆知」的主角。

司馬昭繼位的時候，司馬家族的黨羽已經遍布朝野，一舉一動為司馬昭馬首是瞻。全天下對司馬昭繼承父兄的遺志，完成改朝換代的「狼顧野心」幾乎都沒有異議了。只有在位的小皇帝曹髦對此有異議。曹髦雖然年幼，卻是個胸懷大志，決心要恢復祖先輝煌的皇帝。他「見威權日去，不勝其忿」，對司馬昭恨到了骨頭裡。環顧四周，曹髦找不到任何可以依靠的勢力來剷除司馬家族的勢力，常常仰天長嘆，感覺愧對列祖列宗。

西元二六〇年，忍無可忍的曹髦決定出宮親手殺掉權臣司馬昭。曹髦帶上宮廷侍官，告別郭太后，穿上鎧甲，挑了兵仗，集合宮中士兵，出討司馬昭。曹髦所能招集部隊的除了小部分宮廷儀仗兵外，絕大多數是宮廷侍從和太監。他們人數頗多，旗幟飄揚，鎧甲鮮明，但戰鬥力低得讓人不敢恭維。

一行人剛走到皇宮南闕下，得到消息的司馬昭黨羽已經在中護軍賈充的率領下，集合軍隊，列陣迎戰了。賈充的部隊是政府正規軍，戰鬥力自然不是曹髦的烏合之眾可以相比的。賈充指揮部隊主動反擊，帶兵從宮外撲向曹髦的軍隊。曹髦的烏合之眾見狀嚇得潰散後退。曹髦急了，高喊：「我是天子，誰敢攔我！」說完揮舞著寶劍，左右亂砍。司馬昭那邊的將士哪見過皇帝赤膊上陣的陣勢，不知所措，只好小心躲避，不敢進逼。形勢開始不利於司馬昭一邊了。在賈充身旁的太子舍人成濟喊道：「事情緊急了！中護軍，怎麼辦？」賈充惡狠狠地說：「皮之不存，毛將焉附。司馬家失敗了，我們這些爪牙還會有好下場嗎？」賈充對周圍的士兵高喊：「司馬家養著我們這些人，就是用在今天的。今日之事，沒有什麼可以遲疑的。」成濟略一思考，提著鐵戈拍馬就向曹髦刺殺過去。曹髦毫無防守之力，被成濟的長矛從胸中刺穿至背部去，血濺

宮牆，當即身亡。

曹髦利用皇帝的權威、高貴與尊嚴來捍衛皇帝的權威、高貴與尊嚴。他失敗的最大原因就是太看重皇帝身分本身了。這位被稱為「才同陳思，武類太祖」的小皇帝以這種罕見卻可以理解的，高貴而又屈辱的方式結束了自己年僅二十歲的生命。

聽到曹髦在進攻的路上被自己的黨羽當眾刺死了，司馬昭也嚇著了，大驚失色。

司馬昭沒有想到皇帝會在衝突中身亡。曹髦要是被砍斷了一隻手臂或者被俘虜了，這場鬧劇都比被殺死容易處理得多。曹髦的死會讓司馬昭背上「弒君」的罪名。司馬昭當時就舉止失措，喃喃自語道：「天下將怎麼看我啊？」眼看司馬王朝就要建立了，卻在節骨眼上出了這麼一個給司馬昭造成巨大道德殺傷力的惡性事件。司馬昭必須迅速淡化這件事情的消極影響，並且取得世族大家和普通百姓的認可。

於是司馬昭趕緊跑到宮裡去，對著曹髦的屍體放聲大哭了一場，接著下令收殮屍首，開始操辦喪事，然後出面召集貴族百官，商量對策。多數貴族百官都應召來到皇宮，像什麼事情都沒有發生一樣，對皇帝的「突然駕崩」表現得悲痛欲絕。少數貴族官員沒有來到，其中就包括大世族出身的陳泰。司馬昭極需要所有世族的支持。他一而再再而三地派人去召陳泰入宮，理由是皇帝突然駕崩需要會集大臣商議。最後，陳泰被催問得躲不過去，還是去了皇宮。

司馬昭一見到陳泰，就緊張地握著他的手問道：「天下將怎麼看我啊？」

陳泰冷靜地回答說：「處死賈充，才能稍微平息天下人的非議。」

陳泰的意思是殺賈充為替罪羊，平息天下的憤怒。但是賈充是司馬昭的左膀右臂，是殺死曹髦的大功臣，司馬昭還需要這個得力助手來協助完成代魏的過程。賈充殺不得。因此司馬昭又問陳泰：「殺其他人，行

嗎？」陳泰堅決地說：「皇上之死，事關重大，只能殺官居高位的人，不能找一兩個嘍囉頂罪。」

司馬昭決定不顧陳泰所代表的世族大家的意見，強硬擺平這件事情。他高聲宣布：「成濟弒君，罪大惡極，應誅滅九族！」

成濟當時就站在司馬昭身邊，正在幻想著自己會得到什麼樣的獎賞，萬萬沒想到等來的會是這個結果。他當即急了，大聲嚷起來：「成濟只是奉命行事而已，罪不在我！」司馬昭不等成濟說出更難聽的話來，示意立即將他拖出去。兵士湧上來，堵住成濟的嘴，架了出去。成濟全家因「弒君」的那一矛當即被族誅了。

司馬昭迅速地籌辦起皇帝的喪事來，把一切罪過都掩蓋了過去。

應該說，曹髦之死是司馬昭廢魏自立過程中的一大波折。司馬家族的勢力雖然強硬「邁」過了這道檻，但將篡位的野心曝光天下，弄得路人皆知了。尚在孕育中的新王朝也被塗抹上了不道德的色彩。

曹髦被殺後，司馬昭決定迎立常道鄉公曹奐為新皇帝。

司馬昭派去迎接曹奐的使節是自己的兒子司馬炎。司馬炎因迎立之功升任中撫軍，進封新昌鄉侯。二六○年，曹奐進封大將軍司馬昭為相國，封晉公，封地為十個郡。司馬家族旁支的子弟中還沒有封侯的人全部封為亭侯，賜錢千萬，帛萬匹。

二六三年夏，肅慎向曹魏貢獻楛矢、石砮、弓甲、貂皮等物品。曹奐讓人把這些都送到大將軍府去。司馬昭接受了。按禮，周邊國家和民族朝貢的貢品，只有天子才有資格接受。司馬家族接受貢品此舉，將替代之心明示天下了。

當年，司馬昭派鍾會、鄧艾、諸葛緒率大軍分三路攻蜀。鄧艾從隴上輕裝出陰平道，冒險越過七百里無人之地，突發奇兵攻下江油、涪城、綿竹等城池，進逼成都。蜀漢後主劉禪出降，蜀亡。二六四年，司馬昭因為

滅蜀的大功勞被封為晉王，增封十個郡。晉國轄地達到二十個郡之多。司馬昭立中撫軍、新昌鄉侯司馬炎為晉王世子。兩個月後，曹奐追加司馬懿為晉宣王，司馬師為晉景王。司馬家族完成了王室譜系的建設。

二六五年春，有藩屬貢獻貢品，再次被司馬昭拿走了。四月，南深郡澤縣出現甘露祥瑞。這一切似乎都預示著本年是一個不平凡的年份。五月，司馬昭走到了距離皇帝寶座的最後一級臺階。曹奐命司馬昭配十二旒的王冕，建天子旌旗，日常進出和生活都享用皇帝的標準。同時，晉王王妃進封為王后，司馬炎由世子改稱太子。

遺憾的是，司馬昭的生命開始走到了末路，病倒了。黨羽們以朝廷的名義宣布大赦，希望挽回司馬昭的生命。然而到了八月，晉王司馬昭還是死去了。司馬昭身體健壯的時候，曾經有人勸說他稱帝。司馬昭指指司馬炎，然後對勸說他的人說：「魏武帝曹操也沒有稱帝。」他的意思很清楚了，就是要把天下留給兒子司馬炎，像曹操那樣做個王朝的奠基人和幕後英雄。現在，司馬昭死了，的確給兒子司馬炎留下了扎實的政治基礎。

▲ 晉武帝司馬炎畫像

　　司馬炎總攝朝政後，大赦天下，給司馬昭操辦隆重的葬禮，一切都非常平穩。形勢已經很明朗，最後的受禪只是程序問題了。曹奐不是傻子，非常清楚自己就是魏國的末代皇帝了。隨著司馬家族勢力日益飛揚跋扈，曹奐心驚膽顫地等待著最後審判的來臨。這一天，司馬炎率領何曾、賈充等人，沒有宣召就闖進宮來。曹奐慌忙起身迎接。司馬炎問他：「魏國的天下是誰在出力維持？」曹奐回答說：「皆賴晉王父祖三代之力。」司馬炎點點頭。賈充接著冷冷地說：「陛下文不能論道，武不能經邦。天下深知魏室已經失職很久了，而歸心於晉王一家。陛下何不禪位於才德出眾的司馬家族？」曹奐一下子愣在那，不能言語，許久才點頭默認。

　　十二月，受禪典禮正式舉行。司馬炎在眾人的矚目中緩緩戴上了皇冠。

　　《三國演義》中有賈充執劍令曹奐伏地聽命的情節。賈充狐假虎威，說的一段話值得後人回味。他說：「漢建安二十五年，魏受漢禪，至今已經四十五年了。現在曹魏天祿已終，天命轉移到了晉室。司馬氏功德彌隆，極天際地，即皇帝正位，以紹魏統。新朝封你為陳留王，出居金墉城。立即起程，非宣詔不許入京。」時任魏國太傅的司馬懿弟弟，也是司馬炎叔祖父的司馬孚見到此情此景，在曹奐身前跪倒哭泣說：「臣司馬孚，生為魏臣，終生不背魏。」情景感人。司馬孚是自家長輩，司馬炎也不能將他怎麼樣。司馬炎的親信慌忙將司馬孚他老人家拉開了事。

　　受禪禮完畢後，司馬炎回到洛陽皇宮，在太極前殿正式宣布登基，國號為晉，改元泰始，大赦天下。司馬炎定都洛陽，史稱西晉。司馬家族最後成為了天下的主人。

　　晉朝的建立完全是司馬家族的權力野心催動政治陰謀，從陰謀走向陰謀的結果。

　　如果說司馬懿靠軍功累積了政治力量，司馬師司馬昭兄弟則主要靠陰謀鞏固和擴大權力。司馬家族的登基之路，充滿了血雨腥風。父子三人在鎮壓揚州反抗力量的時候大行殺戮，血流淮南。高平陵政變後司馬家族誅殺曹爽一黨，凡是曹爽的黨羽都夷及三族，各家男女老少都一併誅殺，姑姨姊妹等已經嫁到別家去的女子也追究殺害。司馬家族踩著鮮血，才最終篡奪了曹魏的天下。中國歷史上像司馬家族那樣主要靠見不得人的陰謀詭計奪取江山的例子還真不少。

　　東晉明帝（西元三二二至三二四年）時，王導在宮中陪坐。晉明帝問王導：「本朝列祖列宗是如何得到天下的？」王導向皇帝陳述了從司馬懿父子創業，談了高貴鄉公的事，也稟告了一系列的政治陰謀。晉明帝聽完，以面覆床，說：「如果真像你說的那樣，晉朝的國祚還能長遠嗎！」

第四章 隋：連續上演的禪讓

　　紛繁複雜、荒唐可笑的南北朝各代的開國過程，彷彿就是一連串禪讓鬧劇的累加。南北朝是一個宮廷陰謀充斥的時代，各朝各代都因政治陰謀而起，也亡於政治陰謀。最後的終結者——隋朝，就是孕育在北周軀體之內，透過宮廷陰謀取而代之的王朝。隋朝的建立者是楊堅，一個政績不錯、名聲尚佳的帝王，一個幕後操作、幹練無情的陰謀家。

　　隋朝建立後，官方說楊堅出身於著名的弘農楊氏，是漢朝太尉楊震的第十四世孫。這樣顯赫的出身已經難以考證，而且很可能是楊堅自己杜撰的。

　　楊堅的父親、隋朝建立後被追封為隋太祖的楊忠其實是個出身很苦的奴才。

　　楊忠出身於北魏六鎮漢族家庭，家境貧寒。五胡亂華的時候，北方動盪，楊忠沒有祖蔭可以依靠，性命都受到了威脅，只好拚命地往南方逃亡。但是跑到北魏南部邊境的時候，他實在是無路可去了，不得已就參了軍，做了名北魏士兵。爾朱榮發動河陰大屠殺的時候，北魏宗室北海王元顥等人和部分刺史南逃，投降了梁朝。楊忠也莫名其妙地被裹挾在這股南逃的潮流中，到了江南。不久，南梁扶持元顥返回中原爭奪帝位，楊忠又莫名其妙地隨軍返回了中原。爾朱榮打敗了這股北上的軍隊，楊忠就做了俘虜，進而被編入爾朱榮的軍隊，歸將軍獨孤信管轄。

　　之後，楊忠跟隨獨孤信轉戰南北，在北魏分裂後投入宇文泰的陣營。再後來，獨孤信的部隊被派去荊州的時候全軍覆沒。楊忠跟著獨孤信又一次逃亡江南，在南梁度過了三年遊蕩生活，直到西魏透過外交途徑將他們贖回來。楊忠列在將領名單上，被西魏丞相宇文泰看中，直接調入自己帳下聽用。在宇文泰的直接指揮下，楊忠在對突厥、東魏和南梁的戰爭中屢建戰功。宇文泰死後，楊忠又成功幫助其子宇文覺建立北

周政權，因功受封為柱國，隨國公（後改為隋國公）。楊忠歷經了宇文泰、宇文覺、宇文毓、宇文邕四朝，在北周天和三年（西元五六八年）因病結束征戰生活，回到京城長安。皇帝宇文邕和主政的宇文護親自到楊家探望病情，授予楊忠帝國元勳的榮耀。幾天後，楊忠死在家中。

五胡亂華時期，北方各王朝都是少數民族建立的。比如北魏、西魏都是鮮卑族人建立的。政壇和社會上流行的是鮮卑人的文化和習俗。漢人出身的楊忠因為功勳卓著，在生前就被賜姓「普六茹」。在當時，這對非統治階層的漢人來說，可是天大的恩賜，表明少數民族統治者將你認同為「自己人」。因此，楊堅的前半生被稱為「普六茹堅」。

《隋書》對楊忠的記載相當簡單：「皇考從周太祖起義關西，賜姓普六茹氏，位至柱國、大司空、隋國公。薨，贈太保，諡曰桓。」但是楊忠的功勳、地位和人際關係，為兒子楊堅的崛起奠定了扎實的基礎，賦予了楊堅更高的政治起點。

楊堅就是出生在這樣的亂世富貴人家，從小得到了細心培養。

楊堅很小的時候，宇文泰見了他後，感嘆說：「此兒風骨，不似代間人。」意思是說楊堅這個小孩子長得很好，不像是楊忠老家代地的人。北周明帝宇文毓即位後還曾經派遣善於相面的趙昭去觀察楊堅，看看這個小孩子日後會不會成為奸雄。趙昭回來對宇文毓說：「楊堅不過是作柱國的料。」柱國類似於大將軍。趙昭的意思是說楊堅日後最高也就做到大將軍，不會對北周的皇位造成威脅。原來對楊堅不放心的宇文毓這才放心了。但宇文毓不知道，趙昭一轉身又跑去悄悄告訴楊堅：「楊公你以後肯定會登基做皇帝，但是要先經歷一場殘酷的殺戮才能平定天下。請楊公相信，我的話一定會應驗的。」

楊堅十四歲的時候就因父親的緣故進入政壇，成為京兆尹的功曹，從此青雲直上，直到升遷為驃騎大將軍、右小宮伯，封大興郡公。宇文邕即位後任

命不滿二十歲的楊堅做了隨州刺史的實職。五六六年，楊忠的好朋友，柱國大將軍獨孤信把剛剛十四歲的女兒獨孤氏許配給楊堅。（獨孤家的女兒就成為了後來有名的獨孤皇后。）兩家聯姻，關係更進一步，楊堅也多了一個靠山。

　　貴族子弟的仕途並非像普通人想像得那麼順坦。上層貴族間的鬥爭和黑幕不是局外人能夠感受到的。許多貴族子弟終日戰戰兢兢、如履薄冰地過日子。年輕的楊堅雖然職務節節攀升，其實日子並不太好過。

　　當時北周朝廷由宇文護主政。宇文護對任何威脅到自己和宇文家族權勢的潛在威脅都特別敏感。楊堅相貌出眾，宇文護自然特別留意，多次想加害他。幸虧楊家的親朋好友一再袒護楊堅，楊堅才沒出什麼差錯，還在楊忠後襲爵為隋國公。不滿宇文護的周武帝宇文邕特地聘楊堅的長女為皇太子妃，為楊堅的地位上了一層保險。宇文護就轉而改變策略，千方百計拉攏楊堅，如果能轉化得為我所用就最好，如果轉化沒有成功起碼也要放在身邊嚴加看管。於是宇文護就把楊堅調到身邊任職。楊堅多了一個心眼，整天就是埋頭幹活，工作之外的事情不管，工作之外的時間都花在家裡，不亂走動，不亂說話。後來，攬權的宇文護被皇帝宇文邕剷除了。楊堅雖然是宇文護提拔的人，但因為沒有過錯，毫髮無損。

▲ 北周武帝宇文邕畫像

　　一波剛平，一波又起。齊王宇文憲對周武帝宇文邕說：「普六茹堅相貌非常，我每次看到他，都覺得是個禍害。我怕普六茹堅不甘居於人下，應該早日除之。」宇文邕說：「我只讓楊堅做到大將軍，不會有事的。」內史王軌又對宇文邕說：「皇太子年幼沒有經驗，而楊堅又有反相，怕太子日後鎮不住楊堅。」宇文邕見有人說自己長子的壞話，不高興了：「皇太子有天命保佑，其他人能將他怎麼樣！」幸虧宇文邕對楊堅十分放心，楊堅才又沒出什麼問題。楊堅聽說這些對話後，心驚膽顫起來。他採取了韜光養晦的方法，開始裝出一副平庸木訥的樣子來，以求自保。可見在早期，楊堅的能力和地位就引起了朝野的嫉妒。有的人還想藉機打擊楊堅。但楊氏家族、獨孤家族的勢力護衛著楊堅基本的地位，加上楊家的長女又是周武帝太子的王妃，所以這些暗箭終究沒有對楊堅構成致命的威脅。

　　早年的這些經歷讓楊堅早早就品嘗到了政壇的危險和權力的艱辛。

　　楊忠父子效忠的北周王朝在明君宇文邕死後，出了一位著名的昏君宇文贇。

　　宇文邕是北周最傑出的君主，吞併了北齊，基本統一了北中國。但吞併北齊的第二年（西元五七八年），宇文邕在征討突厥時病逝，年僅三十五歲，諡武帝。宇文邕在世時，挑選長子宇文贇作為繼承人。他對宇文贇的要求非常嚴格，動不動就施用體罰，頗有恨鐵不成鋼的意思。周武帝嚴令太子東宮官屬每月寫一份詳細報告，細細稟明太子在這個月的所作所為，還常常警告宇文贇：「自古至今被廢的太子數目不少，難道我別的兒子就不能繼任大統嗎？」儘管父親從來沒有將更立太子的事情提上日程，但宇文贇始終生活在戰戰兢兢、如履薄冰的日子裡。宇文贇原本是好酒好色的年輕人，一直以來不得不壓抑自己的癖好，堅持每天和大臣們一樣凌晨五六點鐘就佇立在大殿門外等待父皇早朝，即使是嚴

寒酷暑也不例外；還得保持待人接物不卑不亢，說話溫文爾雅。因此，周武帝對宇文贇的表現大致還是滿意的。

周武帝死的時候，宇文贇剛好二十歲。父親的棺材還擺放在宮中沒有入殮，宇文贇就原形畢露。他不但絲毫沒有悲傷之色，而且還撫摸著腳上的杖痕，惡狠狠地衝著父親的棺材大聲叫罵：「死得太晚了！」罵完，宇文贇將父親的嬪妃、宮女都叫到面前，排隊閱視，將長得漂亮、自己喜歡的都納入後宮，毫不顧及人倫綱常。從此，宇文贇開始了淫蕩荒唐的執政生涯，活生生葬送了父親奠定的基業。在寶座上肆虐了九個月後，宇文贇覺得做皇帝太麻煩了，乾脆將帝位傳給七歲的兒子宇文闡，自己做起了太上皇，透過寵信的權貴子弟鄭譯等人遙控朝政。

宇文贇執政時期，北周政局迅速出現了動盪。這為楊堅的崛起創造了機會，也埋下了隋代周興的引子。

宇文贇是楊堅的女婿。他即位後，楊堅的長女做了皇后。楊堅升任上柱國、大司馬，參與朝廷大權。宇文贇的昏庸荒淫、倒行逆施，使他很快在群臣中失去威信。楊堅心中壓抑的野心開始蠢蠢欲動。他開始有目的地結交大臣，提升自己的威望。

宇文贇雖然貪玩，卻不是笨蛋，對楊堅的行動多少有所察覺，只是沒有抓住確切的把柄而已。一次，宇文贇單獨召見楊堅，事先對左右侍衛說：「如果一會楊堅在席上神色有所異常，就立即殺了他。」楊堅來了後神色自若，在宇文贇面前的言談舉止毫無異常，左右侍衛們也就沒有下手。宇文贇抓不到楊堅謀反的真憑實據，又礙於他是自己的岳父，更難下決心除掉楊堅了。

楊堅為了避免皇帝的猜疑，不得不主動放棄朝廷權力，謀求外放地方官，逃出京城避禍去。他想「曲線救國」，等將來天下有變時利用實力爭奪皇位。楊堅將自己的願望告訴了好朋友 —— 皇帝身邊的紅人 ——

內史上大夫鄭譯：「我想到外地去鎮守藩鎮，希望你能在宮中幫我多留意留意。」鄭譯回答說：「楊公的德望，天下人誰不知道。大家都支持你。現在你想進一步發展，我怎麼能不幫忙呢？」

五八○年，宇文贇決定出兵南伐，想調親信鄭譯去南邊。鄭譯就向皇帝請示元帥人選。宇文贇徵詢他的意見。鄭譯回答：「如果要平定江東，需要貴戚重臣才能鎮撫地方。皇上可以下令隋國公（楊堅）出行，擔任壽陽總管，負責前方軍事。」鄭譯隆重地向皇帝推薦了楊堅。宇文贇對鄭譯一向信任，同時覺得將楊堅放到外地去也可以去除掉一個皇權的潛在威脅，於是下詔任命楊堅為揚州總管。

楊堅被任命為揚州總管還沒有出征，宇文贇就病倒了，病情日益嚴重。北周的宮廷之內開始醞釀起宇文贇死後的權力分配來。

楊堅自然是留了下來，靜觀其變。

宇文贇快不行的時候，召親信大臣御正大夫劉昉和御正中大夫顏之儀進入臥室，囑咐後事。宇文贇當時基本喪失了語言能力，只是示意兩人照顧好兒子宇文闡。劉昉見宇文闡還是個小孩，心思暗自運轉了起來。他從宇文贇的房間出來後，就去找關係親密的內史上大夫鄭譯商議對策。

鄭譯、劉昉兩人都是宇文贇的親信。兩人都是世家子出身，政治起點高，長期在宮廷中活動，親近宇文贇。宇文贇也都將他們視作為心腹。這樣的宮廷政治人物通常都出身高貴，擁有巨大的政治能量，但是輕浮奸詐，隨性妄動，整天想著自己的榮華富貴。現在，老皇帝要死了，鄭譯、劉昉最關心的是現有的地位和權勢是否會受到威脅。他們不僅不願意看到任何削權的傾向，而且希望能夠借宇文贇的死擴展自己的權力。兩人一合計，新皇帝年幼，如果要想保持富貴榮華，必須與新的主政人搞好關係。他們互相看看對方，覺得雙方都沒有能力也沒有威望

去主持朝政，那麼最簡單的方法就是扶持與自己關係密切的大臣來主持朝政。這個人是誰呢？劉昉和鄭譯一謀劃：楊堅！

兩個人就去找楊堅了。楊堅一開始還真不敢參與這場陰謀。這可不是楊堅在假高尚、裝樣子，而是他真的不願意幹。想想看，有兩個人突然來找你，說：皇帝要死了，我們一起發動一場宮廷政變吧！即使是再熟悉的人來找你，你也不會貿然參與這樣突然的、毫無準備的政變計畫。楊堅深知宮廷政治的黑暗與危險，自然百般推託了。最後把劉昉弄急了，他強硬地說：「楊公你想做，就趕緊和我們一起幹；如果不做，我劉昉就自己幹下去了。」意思是說，沒有你楊堅，我們照樣也要發動這場政變。到時候，如果政變成功了，新的主政大臣就不是你楊堅了。

楊堅被這麼一逼，這才同意賭一把。

楊堅身為皇后的父親，自然能很輕易地進出宮廷。於是三人來到宮中，發現宇文贇已經死了。他們一碰頭，擬定了初步的政變計畫：偽造了一份宇文贇的遺詔，宣布由楊堅輔助新皇，主持朝政，都督中外軍事。

就在劉昉和鄭譯兩個人去找楊堅的時候，另一個在臥室裡的大臣顏之儀也沒閒著。

顏之儀也是宮廷權貴，而且與宦官們的關係很好。他很快就籠絡了一批宮中太監，打開宮門引入了大將軍宇文仲，也想偽造以宇文仲為輔政大臣的詔書。他們的動作比楊堅要快，宇文仲等人都已經進入大殿，到達皇帝的寶座了。鄭譯這才得到消息，心想：壞了，千萬不能讓宇文仲等人公布他們那份假詔書，造成既成事實啊。千鈞一髮之際，鄭譯急中生智，忙帶上楊惠及劉昉、皇甫績、柳裘等大臣進入大殿，計劃與宇文仲、顏之儀等人展開面對面的較量。

色屬內荏的宇文仲和顏之儀等人見許多大臣們都進來了，滿臉驚愕，自亂了陣腳。他們不僅不敢展開針鋒相對的鬥爭，而且還猶猶豫豫

地想溜走。宇文仲、顏之儀也實在不成器。政變不是請客吃飯，而是要步步艱辛、刀刀滴血的權力鬥爭，是攸關身家性命的搏鬥。哪能中途退出，說走就走啊。這可是一條踏上了就不能回頭的不歸路。

這時候，楊堅出場了，帶著武士大義凜然地走上殿來。宇文仲、顏之儀等人心底都知道楊堅和自己一樣，都是來篡權爭位的，但他們沒有楊堅那樣沉著的心態和大義凜然的表演，面對「黑吃黑」的情況，嚇得汗流浹背，就差跪地求饒了。結果，楊堅輕輕鬆鬆地把宇文仲、顏之儀等人抓了起來。

控制了宮廷後，楊堅、鄭譯、劉昉三人都害怕在中央和地方掌握實權的宇文家族諸位王爺發難。於是，他們封鎖了皇帝的死訊，宣布趙王宇文招的女兒將要嫁給北方的突厥人，徵召各位王爺入長安。宇文家族的各位王爺也不加細想，紛紛入宮。在宮中，他們首先聽到了皇帝的死訊。鄭譯等人接著公布了「遺詔」，宣布由楊堅總管朝政，輔佐楊家的外孫、年僅八歲的宇文闡。楊堅等人又利用假詔書奪取了京城部隊的指揮權，穩定了政局。宇文贇時期，政令嚴苛、刑罰殘酷。老百姓群心崩駭，人心浮動。楊堅剛輔政，就清理這些嚴刑峻法，撫慰百姓，以身作則，躬履節儉。這場政變沒有造成長安城的動盪，基本上平靜地度過了。

這場決定楊堅上臺、奠定隋朝基礎的政變沒有名字。我們暫且稱呼它為「無名政變」。

《隋書‧帝紀第一》只用短短兩行字記載了這場政變：「內史上大夫鄭譯、御正大夫劉昉以高祖皇后之父，眾望所歸，遂矯詔引高祖入總朝政，都督內外諸軍事。周氏諸王在藩者，高祖悉恐其生變，稱趙王招將嫁女於突厥為詞以徵之。丁未，發喪。」

　　為什麼不為這場政變取一個名字呢？也許是在歷史長河中，「無名政變」實在太「無名」了，既沒有驚心動魄的情節，也沒有牽動天下多少神經。僅僅在南北朝時期，就有許多政變比「無名政變」更加精彩。對此，歷史老人只能表示無奈。

　　成功的陰謀僅僅是楊堅個人崛起的開始，他還有很長的路要走。

　　楊堅在鞏固輔政地位後，開始向威脅自己輔政地位的宗室──各位王爺展開了攻勢。當時剛去世的宇文贇的弟弟──漢王宇文贊在朝廷中和楊堅的地位不相上下，與楊堅平起平坐。宇文贊的存在不僅使楊堅不能完全施展拳腳，而且很輕易就能成為政敵利用的旗幟，成為替代楊堅的潛在威脅。

　　劉昉幫助楊堅巧妙地除去了這個政敵。劉昉在宮廷多年，早成了搞陰謀詭計的行家裡手。他蒐羅了許多美女獻給宇文贊。宇文贊當時還不到二十歲，高興地接受了美女，對劉昉也親近起來。劉昉和宇文贊熟悉了以後，就勸宇文贊說：「大王，您是先帝的親弟弟，眾望所歸。現在是孺子當國，怎麼能夠承擔軍國大事呢！先帝剛剛駕崩，人心尚未穩固，政事又多又危險。大王不如先退回宅第，等局勢安定後再出來主政，將來還有可能入宮做天子呢。這才是萬全之計啊。」宇文贊實在是太年輕了，缺乏社會閱歷和政治經驗，聽劉昉這麼一說，竟然覺得非常有道理，從此深居簡出，不與楊堅爭奪權力了。楊堅喜出望外，拜劉昉為下大將軍、封為黃國公，封鄭譯為沛國公。兩人因為有定策之功，一起成為楊堅的心腹。

　　除了宇文贊，在地方上握有實權的成年王爺們也很危險。這樣的王爺一共有五位，分別是：趙王宇文招、陳王宇文純、越王宇文盛、代王宇文達、滕王宇文逌。楊堅在政變的時候就害怕這五位王爺聯合起兵反對自己，所以封鎖皇帝的死訊，利用假詔書將五個人都召回長安，剝奪

了他們的實權和軍隊。楊堅輔政後，五位王爺心中自然都很不服氣。可惜自己已經失去了實權，已無法與楊堅抗衡了，所以五個人便透過另一位王爺畢剌王，雍州牧宇文賢祕密連繫外藩將領起兵。

相州總管尉遲迥是北周的重臣宿將，領兵鎮守著原先的北齊故地。他也對楊堅的輔政非常不滿，在幾位王爺的暗中支持下起兵反對新政府。一時間，河北、河南、山西一帶出現騷動。十幾天工夫，尉遲迥就聚集了近十萬反對力量。尉遲迥還派遣自己的兒子去南方作人質，請求陳國出兵援助。楊堅果斷地命令上柱國，郇國公韋孝寬率領大軍討伐關東的叛亂，很快平定了這場騷亂。韋孝寬將尉遲迥的首級送到長安，還討平了騷亂餘黨。尉遲迥作亂的時候，郧州總管司馬消難割據本州響應，淮南的很多州縣都參與了叛亂。平定尉遲迥後，楊堅馬不停蹄地去討伐司馬消難。司馬消難落荒而逃，南下投降了陳國。鎮守四川地區的上柱國、益州總管王謙也是個野心家。他看到幼主在位，楊堅輔政，就以清除權臣、匡復朝廷為藉口，發動巴蜀的軍隊作亂。楊堅開始的時候因為關東和荊州一帶騷亂分了精力，沒有馬上討伐四川。王謙的軍隊扼守住劍閣，乘機攻城略地。現在楊堅緩過勁來後，全力討伐王謙，很快就在長安的宮殿裡看到了王謙的首級。楊堅看到巴蜀阻險，常常發生叛亂，於是開闢平道，毀掉劍閣險要，防止再次動亂。

事後查明，這場騷亂有畢剌王宇文賢和趙、陳等五位王爺在幕後陰謀作亂的影子。楊堅捉拿宇文賢處斬，但寬恕了趙、王等五人的罪過，還下詔給予在長安的五位王爺「劍履上殿，入朝不趨」的待遇，安定人心。

楊堅的成功和寬容讓長安的五位王爺坐臥不安。他們走了步險棋，在趙王府擺下鴻門宴邀請楊堅參加。五位王爺的面子楊堅還是要給的。加上楊堅也想看看五個人葫蘆裡賣的是什麼藥，所以就去趙王府赴宴

了。趙王在府裡埋伏了甲士取楊堅的性命，靜悄悄地等楊堅來赴「鴻門宴」。甲士還沒出動，楊堅的隨從元冑卻有所察覺，拉著楊堅找了個藉口跑了出來。趙王陰謀暴露，楊堅以謀反罪殺掉了主謀的趙王宇文招、越王宇文盛。其他三王失去了還手之力。

經過這次未遂暗殺，楊堅加強了對政權的控制，抓緊篡位的準備工作。

五八○年九月，楊堅操控的北周朝廷封楊堅長子楊勇為洛州總管、東京小塚宰。同月，宇文闡下詔說褒獎「假黃鉞、使持節、左大丞相、都督內外諸軍事、上柱國、大塚宰、隋國公」楊堅道德高尚、能力超強，對朝廷功勛卓著。詔書廢除了左、右丞相的官制，任命楊堅為唯一的大丞相。十月，宇文闡又追封楊堅的曾祖父楊烈、祖父楊禎和父親楊忠的爵位，升官的升官、上謚號的上謚號。在完成對楊氏家族的世系追封後，楊堅同月誅殺陳王宇文純，十一月，又誅殺了代王宇文達、滕王宇文逌。

十二月，北周晉封楊堅的公爵為王爵，位在諸侯王上。隋王楊堅可以劍履上殿，入朝不趨，贊拜不名；朝廷備九錫之禮，賜予楊堅璽紱、遠遊冠、相國印、綠綟綬。北周劃出二十個郡作為隋國的封地，隋國置丞相等上下官員。楊堅一再推讓，以各種理由拒絕接受。於是，朝野掀起對楊堅的龐大的歌頌浪潮，恭請隋王接受恩賞。最後楊堅不得不接受王位，但把封地削減為十個郡。

現在，連傻子都知道楊堅即將登基稱帝了。

楊堅以相當不錯的政治肅清和改革措施，在通往皇位的賽跑中開始衝刺。

楊堅現在的地位已經無法動搖了。但靠陰謀詭計得來的權勢可以使人顯赫一時，卻不足以成為改朝換代的基礎。權力必須要有一些扎實可

信的、百姓認同的政績來支撐。當時北方的民族融合是不能迴避的話題。但在政治領域，鮮卑等少數民族掌握著實權（北魏、北齊和北周都是少數民族建立的王朝），上層貴族排斥漢人，熱衷於黃河流域的鮮卑化與胡化。楊堅決定從這個問題入手將自己推上皇位。楊家因為從政有功被賜胡姓普六茹，楊堅上臺後立即恢復了自己的漢姓。大定元年（西元五八一年）二月，楊堅又下令：「以前賜姓，皆復其舊。」楊堅奉行民族平等的政策，又毫不手軟地對付那些反叛舊臣和豪強大吏，清理少數民族貴族隊伍。他罷黜了一些沒有真才實學的人，即便有些人對楊家有著這樣那樣的功績；提拔有真才實幹的人輔佐自己管理國家政務。這不僅遏止了半個多世紀的鮮卑化趨勢，而且也意味著長期處於政治劣勢的漢族人得以真正進入政壇。漢族人士自然支持楊堅的執政。

▲ 文帝楊堅

五八一年二月，楊堅終於接受了九錫之禮。沒幾天，宇文闡下詔，承認周德已盡，天命從宇文家轉移到了楊家，自己要仿照漢魏故事，禪

位給楊堅。楊堅依然是再三退讓。宇文闡先後派遣多批高官貴族敦請楊堅接受帝位。朝廷百官也紛紛勸進。楊堅這才點頭同意受禪。

楊堅於是在人們的簇擁下，從相國府穿著平常的衣服入宮。在臨光殿，宇文闡恭敬地將皇位禪讓給楊堅，楊堅更衣即皇帝位。同時，朝廷在長安南郊設祭壇，楊堅派遣同時身為太傅、上柱國、鄧公的竇熾柴燎告天，宣告人間改朝換代的進行。同日，楊堅上告太廟；大赦天下；改年號「大定」為「開皇」；變更北周官制，恢復漢魏時期的漢族舊官制。《隋書》記載禪讓當天，京師長安出現了祥雲。整個禪讓過程和之後的宣示讓長安城忙碌了一天。

這時的楊堅剛滿四時歲。因為楊家的爵位是隋王，因此楊堅依慣例將新王朝定名為「隋」。都城是漢朝舊都長安城。

我們考察隋朝江山的開闢過程，最有感的無疑是宮廷政治的重要。

南北朝時期是一個毫無政治道德可言的時代。政治陰謀詭計橫行。「禪讓」這齣戲在南北朝時期上演得最為充分。原本充滿道德光芒的禪讓變成了遮掩權力醜陋的鬧劇。北朝的末代帝王無不在權臣禪讓逼宮鬧劇之下度過了悲慘的最後歲月。北魏末期，皇帝元恭被廢黜後幽居佛寺，賦詩一首：「朱門久可患，紫極非情玩。顛覆立可待，一年三易換。時運正如此，唯有修真觀。」後人從詩句中深切體會到了落魄皇子皇孫的荒涼悽慘的心情，感嘆「可憐生在帝王家」的無奈。一個月後，避居佛寺的元恭被毒死，年僅三十五歲。還有一位皇帝元修因為權臣高歡在到處搜尋皇室成員，嚇得在好友家躲起來。躲了將近兩個月，亂軍還是從床底下把元修拉了出去，簇擁著去見高歡。元修見到了高歡才明白亂軍不是拉自己上斷頭臺，而是來拉自己做皇帝的，慌忙向高歡跪下，哀求千萬別讓自己做皇帝，最後弄得場面很尷尬，高歡甩袖而去。亂軍陸續把服飾呈送進來，請元修沐浴更衣。為了防止元修逃跑，高歡全軍夜裡嚴

密警備。元修這才被長矛逼著，做了皇帝。北魏末期的元子攸、元曄、元恭、元朗、元善見、元廓，表面上貴為皇帝，實際上都是冤死鬼。楊堅的政治陰謀沒有逃脫這些北朝陰謀的範疇。

謀劃成功的宮廷陰謀是楊堅獲得權力的途徑。但僅有陰謀是不夠的，楊堅本人政治手段高超，執政措施得當，才最終從外孫宇文闡手中奪取了天下。

宇文闡退位時只是個年僅九歲的小孩子。楊堅封宇文闡為介國公，食邑五千戶，待之以隋朝賓客之禮。介國公的旌旗、車服、禮樂，一切照舊，按照他在位時期的標準配給。可三個月後，介國公就死了。據說是介國公接見了出使北朝的南陳使節，讓楊堅起了疑心而給害死了。具體過程，沒有人記載。新朝已經建立了，沒有人對九歲的遜帝投注過多的目光。

楊堅為什麼狠心對親外孫下毒手呢？

如果他不忍心，就不會建立隋朝了。

第五章　宋：鐵矛掛起的龍袍

　　中國歷代王朝中建立最快、最富有戲劇性的可能要算宋朝。禁軍將領趙匡胤在一夜之間被部下簇擁，披上龍袍，完成了角色轉換。宋朝也是中國歷史上建立過程最平穩、最沒有血腥味的王朝。龍袍早就在那裡等著趙匡胤了。趙匡胤披與不披，什麼時候披都是他自己的事情，沒有人有能力反對。因為趙匡胤的龍袍周圍有一圈鐵矛護衛著。

　　顯德七年（西元九六○年）正月，尚未走出冬日嚴寒的後周都城開封。

　　當天，北方邊關的鎮州和定州傳來緊急軍情：契丹人大舉入侵河北地區！後周的夙敵 —— 並州的北漢勢力也出兵與契丹人組成聯軍，大舉進攻。鎮定兩州因此向朝廷告急。

　　接到報告的是七歲的皇帝柴宗訓，一個剛剛登基的孩子。掌握朝廷實權的人是年輕的符太后，而宰相范質和王溥以輔政大臣的身分輔政。一對孤兒寡母和兩個坐而論道的老大臣，還沒體會到政治鬥爭的殘酷，就被推到了戰爭的邊緣。這真是為難他們了。

　　然而，天大的難題也難不倒他們。因為他們手中有一張王牌：名將趙匡胤。

　　從接到軍情報告的那一刻開始，朝野上下就認定趙匡胤是解決這個難題的唯一人選。趙匡胤從後周王朝還沒建立的時候開始效忠於柴家，幾乎一刀一槍地參與了與後周有關的大小戰鬥。他不僅是常勝將軍，而且統帥著後周最精銳的禁軍。軍中有一種傳說，再艱難的情況下只要有趙匡胤出場，後周都能反敗為勝。

　　而且北漢大軍勾結契丹侵略中原已經不是第一回了。剛剛逝世的先

皇周世宗柴榮即位之初，開封也遇到過類似的岌岌可危的困境。周世宗御駕親征、迎戰強敵。周漢兩軍在高平展開主力決戰。一開始，後周軍隊呈現敗勢，指揮官樊愛能等人搶先逃跑，形勢危急。趙匡胤在關鍵時刻率領騎兵迎頭堵上，拚死抵住了後漢軍隊的兵鋒，接著扭轉戰局擊潰敵軍。鏖戰中，趙匡胤左臂中了流矢。周世宗憐惜他才鳴金收兵，並提升趙匡胤為殿前都虞候，領嚴州刺史，成為後周禁軍的高級將領。之後，趙匡胤參與後周討伐後蜀和南唐的戰爭，憑藉耀眼的軍功一步步成為了名將和朝廷大軍的實權人物。在周世宗發起的淮南戰役中，南唐組成號稱十五萬的大軍氣勢洶洶前來迎戰，結果被趙匡胤等人擊敗。趙匡胤率軍追擊。南唐節度使皇甫暉被追急了，說：「人各為其主，希望能夠排成隊列一決勝負。」趙匡胤瀟灑地同意給敵人整軍再戰的時間。皇甫暉整軍列陣而出；趙匡胤排馬揮刀直入敵陣，在萬軍之中手刃皇甫暉，並擒拿了另一個節度使姚鳳。這些輝煌事跡塑造了趙匡胤帥氣、光輝的英雄形象。

趙匡胤不僅善於作戰，是難得的將才，還是善於軍事調度籌劃的帥才。柴榮發動的歷次戰爭，趙匡胤都參與了軍是謀劃。還是在淮南戰役中，後周大將韓令坤平定揚州後，南唐大軍大規模反攻。韓令坤抵擋不過，決定撤退。周世宗命趙匡胤率兩千士兵趕去六合參戰。趙匡胤下令道：「揚州守兵有敢過六合的，斷其足！」韓令坤不得不固守揚州。趙匡胤很快從亂軍中判斷出敵我的優劣，在六合東部以兩千人戰勝南唐大軍兩萬人。南唐畏懼趙匡胤的威名，向周世宗施用離間計。具體作法是派人給趙匡胤書信，並且饋贈了白金三千兩。但是趙匡胤悉數上交內府。南唐的離間計失敗了。

現在朝廷面臨危機，智勇雙全、威名鼎盛的趙匡胤怎能被棄置不用呢？符太后和兩位大臣讀完邊關的告急警報，毫不猶豫地下令趙匡胤率

禁軍主力前往迎戰。趙匡胤隨即調集軍隊，向北出發。一切都似乎在正常的軌道上運行。

可這注定不是一次尋常的出征。

京城上下還在揣測趙匡胤是否帶兵出征的時候，城裡就有流言說：「出軍之日，當立點檢為天子。」點檢指的是禁軍的最高指揮官宮前都點檢，現任點檢正是趙匡胤。

亂世中，人的神經特別敏感。流言很容易讓人們與十年前的情景連繫起來。九五〇年，也是河北前線報告說契丹入侵，當時後漢朝廷派樞密使郭威率大軍北征。大軍抵達澶州（河南濮陽）時，郭威就發動兵變，自立為帝，回開封建立了後周政權。十年後的今天，趙匡胤領兵北上，和當日的情景是如何相似。百姓們很容易會覺得這是新兵變的前奏。大軍剛出城門的時候，有個號稱通曉天文的軍校苗訓大喊大叫，說自己看到了兩個太陽在相互搏鬥，並對趙匡胤的親信楚昭輔說這是天命所歸。這場蹊蹺荒誕而又煞有介事的談話迅速在軍中傳開。開封城人心浮動，大為恐慌。一些官民還做好了逃難的打算。

大軍出征的第一天，夜宿黃河以南的陳橋驛。

將士們抵達陳橋驛，苗訓的預言傳得越來越神了，弄得軍心浮動。安營紮寨的時候，有群官兵在河邊燃起篝火取暖。突然，旁邊的梧桐樹上飄下一片黃絹。大家取來一看，只見上面寫道：「漢唐今何在？承者趙匡胤。小兒多誤國，點檢做天子。」原先的流言現在有了實物為證，軍中更加群情沸騰。穩重者想早做準備，以備不測；輕狂者則想抓住機遇，建功立業。被一個個預言所鼓動的官兵們整個晚上都議論紛紛。士兵既是國家的武力支柱，又是容易被忽視的群體，常常充當高層爭鬥的炮灰。面對即將來臨的變故，官兵們擔心：「當今皇上年幼，不懂朝政。我們冒死為國家抵抗外敵，也沒人知道我們的功勞。倒不如先立趙點檢

為天子，然後再北征。」最後，大家一致決定擁立熟悉的趙匡胤稱帝來保障自己的利益。

軍中的頭面人物們不得不聚集起來，來到趙匡胤的弟弟趙匡義和謀主趙普的營帳中，商議對策。夜晚的營帳中，燭光搖曳，眾人臉色凝重。趙普先從理論上總結了官兵們的情緒。他說：「興王易姓，雖云天命，實系人心。」（改朝換代雖然是上天決定的事情，但實際上卻是人心在起作用。）現在將士們要想長久地保有富貴，擁立點檢趙匡胤為新皇帝是必然的選擇。趙普從將領們「長保富貴」的共同利益出發，提出了「興王易姓」的選擇，一下子獲得了所有將領的支持。趙匡義也點頭表示贊同。將領和謀士們見此，下定了兵變和政變的決心。

散會後，消息飛快傳播開來，北征大軍中情緒沸騰。

有人喊：「趙點檢英武蓋世，是天下棟梁。不如先策點檢為天子，然後再北征！」

「皇帝年幼無知，不像點檢那樣了解我們的辛苦與功勞。」

「咱們一塊找點檢去！」最後，官兵們都全副武裝，聚集在趙匡胤的大帳四周。

身為主角的趙匡胤當晚並沒有露面，一直在大帳中休息。帳前的衛兵向越聚越多的官兵們解釋說主帥趙點檢喝醉了，正在臥床休息。

實際上，趙匡胤再木訥、酒醉得再厲害也不可能對一系列的流言和外面的叫嚷喧囂毫無感知。他軍權在握、盛名顯赫，又鼓動起了全軍將士的支持，要想推翻開封城中後周孤兒寡母的統治自己登基做皇帝，雖不能說易如反掌，但也是成功率很高的事情。不過，趙匡胤並沒有公開表達自己的意見。表面上，他以醉酒為名躲入了大帳；內心深處，他一點都不比帳外的將士們平靜，正在經歷一場權力慾望與良心理性的掙扎。

趙匡胤生在黑暗的五代十國，見慣了刀光劍影和王朝興衰。

　　五代十國是中國歷史上最黑暗、最動盪的時期。威赫數百年的大唐帝國崩潰了，新的權威遲遲不能建立，接踵而來的只是長久不息的動亂。不到半個世紀時間裡，中原地區經歷了五朝八姓十三位皇帝的統治。在南方和山西，十個割據政權稱霸一方。軍閥勢力膨脹、臣弒君君殺臣、上有暴君下有酷吏、敲骨吸髓的徵賦、長安和洛陽的毀滅等等不正常的事情都發生在這一時期。中國歷史上最殘酷的刑罰「凌遲」（千刀萬剮）也是五代亂世發明的。

　　趙匡胤於九二七年出生在洛陽的夾馬營。趙匡胤的父親，也就是宋朝建立後被追封為宣祖皇帝的趙弘殷是河北人，當時正在洛陽行軍。趙匡胤是他和夫人杜氏的第二個兒子。趙匡胤出生後，很自然就被拋到亂世中經受命運的考驗。趙匡胤長大後，身材高大，容貌出眾。有一次他要馴服一匹烈馬，沒有使用任何道具就跳上馬去，那匹烈馬跑上了城牆的斜道，導致趙匡胤額頭撞上城門框，墜馬落地。旁觀的人們都以為這個小孩的腦袋肯定是被撞碎了。誰知道趙匡胤在地上又慢慢站起來，勇敢地跳上馬背堅持馴服了它。結果是趙匡胤一無所傷地得了這匹寶馬。這表明趙匡胤身體比較強壯，而且騎術也不錯。在五代十國的亂世中，許多人家的子弟也都練習武藝作為防身或者尋找前途的工具，趙匡胤也是其中的一個。

　　趙弘殷常年征戰在外，官職始終低迷，沒有能力為趙匡胤安排錦繡前程。九四八年，二十一歲的趙匡胤不得不告別父母妻子，獨立闖蕩江湖。當時有個擅長相面算卦的老和尚對他說：「孩子，你向北走就一定會大福大貴的。」結果趙匡胤在華北、中原、西北等地漫遊了兩年多時間，飽嘗亂世的淒涼和危險，卻連富貴的影子都沒看到。這兩年，趙匡胤窮困潦倒，充分感受到了世態炎涼。他曾投奔父親昔日的同僚王彥超，希望能謀個一官半職。擁有高官厚祿的王彥超看到趙匡胤落魄的樣子，竟

像打發乞丐一樣，給了他幾貫錢，把他趕走了。趙匡胤只好加入四處飄蕩的流民的行列，漫無目標地尋找自己虛無縹緲的前途。

直到遇到了後周的建立者郭威，趙匡胤的命運才迎來了轉機。

一事無成的趙匡胤流浪到了河北鄴都。後漢樞密使郭威正在此地招兵買馬。趙匡胤便投入郭威的帳下，從一名最普通的士兵做起。九五〇年，郭威趁後漢遭受契丹入侵，內外交困之際發動兵變，篡位建立了後周王朝。趙匡胤因戰功卓著被提拔為禁軍東西班行首，也就是負責宮廷禁衛的偏將。如果說郭威是趙匡胤的第一個伯樂，讓他在亂世中立住了腳跟；那麼後周的太子柴榮則是趙匡胤第二個伯樂，為他提供了飛黃騰達的階梯。柴榮當時擔任開封府尹，非常賞識趙匡胤，將趙匡胤轉任開封府馬直軍使，成為自己的部屬。郭威在位四年後病逝，柴榮即位稱帝，史稱周世宗。趙匡胤又重新擔任禁軍將領。

當時天下紛爭，朝廷根本指揮不動地方將領的軍隊，還要提防著藩鎮的軍事企圖，因此皇帝手中能夠指揮的動的只有中央的禁軍。禁軍與王朝命運緊密相關，而擔任禁軍將領也就算是進入了權力場的核心。後周的禁軍不僅是護衛宮廷的武裝力量，更是由柴榮直接指揮，討伐天下的主力部隊。趙匡胤正是在柴榮的指揮下成長為一代名將，凝聚自己的勢力直到足以取代後周自立的程度的。

想到這，趙匡胤還要感謝後周皇室。正是他們給了瀕臨絕境的趙匡胤希望，給了趙匡胤實現自身價值的舞臺。對於個人來說，際遇和舞臺是亂世中的最稀缺的資源。

營帳外群情鼎沸，局面有失控的危險。趙匡胤卻依然在「熟睡」，沒有被外面的喧囂叫嚷所驚動。

歷史發展到這一刻，最關鍵的問題是趙匡胤有沒有問鼎帝位的決心和勇氣？

面對金燦燦的皇位的誘惑，任何人都會動心的。所有人的內心深處都有權力慾，都會被皇位所帶來的尊貴、享受和力量所吸引。中國歷史上就有無法計數的亂臣賊子和野心家。趙匡胤也不能免俗，也想當皇帝。隨著在後周朝廷中地位的提升，趙匡胤就開始在軍中發展自己的勢力。

諷刺的是，趙匡胤擴張勢力的機會始終是周世宗柴榮給的。高平之戰後，周世宗一心改革禁軍暴露的弊端，對趙匡胤委以整頓禁軍的重任。趙匡胤獲得了獨當一面的機會，緊緊抓住了這個難得的機遇。他完成了汰除老弱、調選精壯禁軍和組建殿前司諸軍的工作，也利用整頓將羅彥環、郭延贇、潘美、王彥升等部下、親信安排在殿前司諸軍任基層和中層職位，在禁軍中打下了扎實的基礎。趙匡胤還主動交結中高級將領，與石守信、王審琦、韓重贇、李繼勳、劉慶義、劉守忠、劉廷讓、王政忠、楊光義等九名高級將領結拜為「義社十兄弟」。後周形成了以趙匡胤為核心的將領派系。隨著一次次的地位提升，趙匡胤將觸角伸得更長了。他透過戰功和與武將的密切關係鞏固了在軍中的地位，同時開始結交文人。趙普等人就是在這一時期成功進入趙匡胤的幕府的。為了彌補文化素養的不足，趙匡胤一改五代時期軍閥的草莽作風，開始研讀起經史子集來。伴隨勢力的擴張和威望的高漲，趙匡胤心中原先模糊的權力慾望越來越清晰了。他的所作所為已經開始超越了一位「人臣」應該遵守的界限。

九五九年，趙匡胤隨周世宗討伐契丹。周世宗的北伐非常成功，收復了許多被契丹人占領的漢家城池。但在關鍵時刻，年僅三十九歲的周世宗一病不起，顯露出要「駕鶴西去」的架勢來。周世宗死前，發生了一件不得不提的小事。病中的柴榮在翻看文件時，曾經莫名其妙地得到一個錦囊，裡面裝著塊三尺來長的木條，上面寫著「點檢作天子」五個

字。當時的點檢是張永德（趙匡胤儘管屢立戰功，掌握著禁軍實權，但在資歷和官職上還處於張永德之下）。得到木條的周世宗自然對張永德產生了懷疑。在五代十國，兵強馬壯的將領欺壓君主、篡奪政權的事情多了去了。周世宗的父親郭威就是以節度使身分奪取政權的。木條的出現不可能不挑起柴榮敏感的疑心。隨著病情加重，他決心防患於未然，提拔自認為年輕、可靠的殿前都指揮使趙匡胤取代了張永德為殿前都點檢。趙匡胤名正言順地在周世宗身前掌握了所有禁軍，成為了朝廷重臣。

「木條事件」最大的受益者是趙匡胤。那塊木條不可能是張永德寫的、放的，極有可能是長期跟隨在周世宗左右的趙匡胤耍的陰謀，目的是為掌握禁軍最高指揮權。趙匡胤既了解周世宗在病床上的心思，也有在周世宗物品中夾塊木條的可能性。周世宗萬萬沒有想到的是臨死前的人員安排不但沒有為兒子消除隱患，反而正是突擊提拔的這個「趙點檢」日後威脅到了自家的天下，還真應驗了「點檢作天子」這五個字。

九五九年六月，周世宗柴榮去世，七歲的獨生子柴宗訓即位，史稱後周恭帝。柴宗訓年幼，符太后沒有執政經驗。朝廷軍權掌握到了趙匡胤手中。新皇帝登基後，封他為宋州節度使、檢校太尉、殿前都點檢，進封開國侯。

趙匡胤利用登基之時的人事調整，將大批親信安排在禁軍系統中。在周世宗去世後的半年裡，趙匡胤少年時代的好友慕容延釗出任一直空缺的殿前副都點檢一職。趙匡胤闖蕩江湖時期的好友王審琦出任殿前都虞侯一職；王審琦和擔任殿前都指揮使的石守信都是趙匡胤交往圈子中的核心人物。整個禁軍系統的所有中高級將領的職務幾乎都由趙匡胤的好友與親信壟斷了。為了控制京城開封，趙匡胤將掌握開封兵權的李重進「提拔」為揚州節度使，單獨控制了京城，也單獨控制了朝廷。

林林總總的安排使得稍有政治頭腦的人們都清楚：一場政治變局即

將開始了。

　　既有篡位的決心，又有篡位的實力，趙匡胤為什麼不行動呢？

　　趙匡胤也說不清楚自己為什麼在權力衝刺時刻猶豫不決。是謹慎得瞻前顧後，還是興奮得難以自明，或者是還有什麼自己沒有考慮到的地方？

　　東方露出魚肚白的時候，趙匡胤終於醒了，披衣走出大帳。官兵們列隊於四周，齊聲高喊：「諸將無主，願策點檢為天子！」不等趙匡胤開口，將領和親兵們就簇擁他到廳堂。這時，一件早已預備好的黃袍罩在了趙匡胤的身上。眾人隨即口呼「萬歲」，拜跪於地上。

　　趙匡胤最初的表現與武昌起義時的黎元洪非常相似，不僅推辭，還說：「你們這不是害我嗎？」趙普上前說道：「萬歲您素來愛兵如子，此次擁立如不應允，這些將校兵士將會落個大逆不道的罪名，死無葬身之地。大帥您還是應允了吧！」

　　「我們衷心策立點檢為天子！」四周的將領官兵聞言也都齊聲呼喊。

　　事已至此，趙匡胤無可奈何，「只好」為部下的利益考慮，「替」大家去爭取榮華富貴了。趙匡胤畢竟不是一般的政治家，他利用兵變已經發動、將士必須仰仗自己的良機，適時地提出要求：「你們想立我為天子，就必須聽我的命令。否則我絕對不應允！」將士們異口同聲地說：「我們願意聽皇上的！」趙匡胤說：「有兩條規矩，全軍上下必須遵守。第一是返回京城後不得搶掠，不得騷擾百姓；第二，少帝和太后都是我曾經侍奉的主子，公卿大臣們都是我的同僚故友，全軍上下不得傷害他們。之前的改朝換代，都免不了血光之災。但是我們不能塗炭生靈，如有違反者，格殺勿論！」趙匡胤點出的這兩點要求恰恰是五代十國時改朝換代的弊病，擾民濫殺和牽涉過廣給軍民和新的朝代都帶來消極的影響。趙匡胤提出的這兩點要求，既是為了保證了政變的成功，也是他對

亂世思考的結果。

在全軍同意這兩條紀律後，趙匡胤率北征的大軍折回開封。

鎮守開封的是留守的禁軍石守信和王審琦的部隊。兵變之初，趙匡胤就派親信郭廷斌祕密返回京城，約他們作為內應。石守信、王審琦等人一見大軍返京，主動打開城門，對著趙匡胤三拜九叩起來。趙匡胤大軍列隊平靜地開進了開封。

禁軍從四面八方開進城裡的時候，開封城內的大小官員正齊集皇宮崇元殿前，與符太后和幼帝奏事早朝。把守午門的軍官將趙匡胤發起兵變的消息傳入朝堂的時候，大小百官手足無措，有的甚至面如土色以至語無倫次。早朝秩序大亂。年輕的符太后被嚇得幾乎癱瘓在地，方寸已亂，只是說：「全靠卿家去處理了。」說完，她抬手抱起小皇帝，哭著回後宮去了。

百官見狀，四散而去。宰相范質匆匆走出午門，遇到一夥沒來得及走的官員，其中就有王溥。范質一把抓住王溥手腕，哭著說：「這次倉促派兵北征，釀成大亂。罪責在你我，怎麼辦，怎麼辦？」范質雙手抓得太緊，指甲切入王溥的手腕肌肉。王溥痛得大叫起來，繼而苦笑。范質見此，怕家眷危急，扔下王溥，跑回家照看家眷，自謀出路去了。

范質和王溥二人是主持朝政的宰相，也是周世宗柴榮的顧命輔政大臣，現在遇到危機表現得如此糟糕，真是讓人搖頭嘆息。其實也不能苛求他們。軍隊是亂世政治的最大砝碼，而范王二人都是科舉出身的老文官、老宰相，不能適應用拳頭說話的亂世。范質是後唐的進士，王溥是後漢的狀元，都是埋頭在文山牘海之中靠資歷被提拔上來的文官。周世宗柴榮病危時，以范質為首組成了顧命大臣團隊輔佐柴宗訓即位，可謂是失策。

當時城中的將領只有侍衛親軍馬步軍副都指揮使韓通在倉卒間想率

兵抵抗。但韓通還沒有召集軍隊，就被巡城的趙匡胤親信王彥升的部隊所包圍。韓通大罵：「你們這群人貪圖富貴，有何面目見先帝於地下！我韓通絕不像你們一樣廉寡鮮恥。」一經交戰，韓通就被王彥升殺死。他成為了這次兵變中唯一殉難的周朝大臣。

陳橋兵變的將士兵不血刃就控制了後周的都城開封。

正史認為陳橋兵變是沒有預謀的突發事件，趙匡胤天命所歸，才被擁戴為皇帝。

從表面看，兵變完全是官兵們的自發行動。對於這一晚在陳橋驛發生的情況，相關史書的記載都是幾句話帶過。

《舊五代史》說：「是夕宿於陳橋驛。未曙，軍變，將士大噪呼萬歲，擐甲將刃，推戴今上升大位，扶策升馬，擁迫南行。」《宋史·本紀第一》說：「夜五鼓，軍士集驛門，宣言策點檢為天子，或止之，眾不聽。遲明，逼寢所，太宗入白，太祖起。諸校露刃列於庭，曰：『諸軍無主，願策太尉為天子。』未及對，有以黃衣加太祖身，眾皆羅拜，呼萬歲，即扶太祖乘馬。」

但結合趙匡胤即位後北宋再無出征，契丹侵略軍卻自行撤退；當年的《遼史》沒有南侵的紀錄；再加上軍中預備的黃袍、軍中草擬的禪位詔書、趙匡胤母親杜老夫人聽到病變消息後說：「吾兒素有大志，今果然」等史實來分析，陳橋兵變應該是一起經過精心預謀的軍事政變。

雖然逃脫不了陰謀詭計的大範疇，但陳橋兵變是五代時期最「文明」最成功的一場兵變，客觀上是值得讚揚的。它基本上是一次和平兵變，既沒有縱兵大掠，也沒有喋血宮門，更沒有烽煙四起，兵連禍結，可謂是「兵不血刃，市不易肆」。除了趙匡胤等人精心籌劃、政治技巧出眾等

因素外，趙匡胤掌握占絕對優勢的實力是最現實、最主要的原因。正是因為超乎強大的軍事實力和將領支持，使得趙匡胤給了後周朝廷一個措手不及，朝廷大臣和京城百姓們也沒有受到太多驚擾和傷害。這又反過來使趙匡胤的登基顯得名正言順、眾望所歸。總之，趙匡胤主導的兵變以最小的代價取得了最大的成功。

陳橋兵變是成功了，但趙匡胤離皇位還有最後的距離。為此，趙匡胤度過了相當繁忙的一天。

大軍控制開封後，趙匡胤除安排少數軍隊巡邏全城外，分令將士回營，自己回到家裡。不一會兒，將士們就押著宰相范質、王溥等人趕來參見趙匡胤了。趙匡胤滿臉悲傷地告訴他們，自己迫不得已披上了黃袍，違背了天地意願，才到了現在的地步。書呆子范質等人見趙匡胤以商量的語氣詢問，判斷兵變並不是趙匡胤的意思，還想著斡旋一下，說動將領們放棄兵變，於是起身要說話。趙匡胤手下的將領早已經手按重劍，環列這些文官四周。還沒等范質等人回話，殿前司散指揮都虞候羅彥瓌就屬聲大喝：「我們這些人沒有君主，今天必須推出新的天子來！」趙匡胤生氣地喝斥他們：「你們不得對宰相無禮！」那邊，以羅彥瓌為首的軍官們非但不退後道歉，還紛紛拔劍出鞘，對著文官們高聲叫囂起來。場面開始混亂起來。

秀才遇見了兵，范質等人見這種陣勢知道事情已經無法挽回，相視無言。

最後，宰相王溥第一個退下廳堂，站在堂外的臺階下對著趙匡胤行起君臣大禮，跪地磕拜起來。（有研究者認為王溥其實是趙匡胤安插在文官中的一個「暗樁」。王溥很早就暗中投靠了趙匡胤，還曾經送宅院給趙匡胤。）范質也只好退到階下，向趙匡胤行起君臣大禮來。其他眾官也紛紛行起禮來。事已至此，趙匡胤大位已定。

趙匡胤很客氣地請各位官僚入座。范質斗膽問道：「皇上新即位為天子，不知道對幼帝如何處理。」趙匡胤還沒開口，一旁的趙普就厲聲說：「自然應當傚法堯舜，舉行禪讓大典。舍此還能有他途嗎？」一群文官又是低頭無語。文官們這才知道所有的一切其實早就安排好了，自己只需要配合就可以了，不需要發表任何意見。

趙匡胤最後總結道：「符太后和幼主都曾經是天下之主，你們各位都曾經是他們的臣下。我們大家不能虧待他們。我早已經在軍中嚴令，優待柴氏家族不變，不得騷擾輕慢諸君。范公，就麻煩你召集百官，即日舉行禪讓大典了。」

范質、王溥等人慌忙行禮告別，去執行新皇帝交代的第一個任務去了。

當天，范質、王溥等人就安排好一切。他們奏請符太后和幼主迴避別殿，讓出宮殿迎接新天子；同時召集文武大臣，參加禪讓大禮。趙匡胤隨即帶著趙普、潘美等親信，在親兵的簇擁下，進入宮中。宮殿中早已經是百官雲集，文臣以范質為首，武將以鄭恩為首，分列東西黑壓壓地環列殿前。一見趙匡胤到來，范質一揮手，宮中樂曲驟起。范質、王溥親自扶趙匡胤到殿前站定。

樂聲停止，兵部侍郎竇儀走到趙匡胤面前，宣讀周幼帝禪位詔書：

「天生蒸民，樹之司牧，二帝推公而禪位，三王乘時以革命，其極一也。予末小子，遭家不造，人心已去，國命有歸。咨爾歸德軍節度使、殿前都點檢趙……稟上聖之姿，有神武之略，佐我高祖，格於皇天，逮事世宗，功存納麓，東征西怨，厥績懋焉。天地鬼神享於有德，謳謠獄訟附於至仁，應天順民，法堯禪舜，如釋重負，予其作賓，嗚呼欽哉！祇畏天命。」

在詔書中，後周承認自己已經失去了天下人心；趙匡胤神武蓋世，功勳卓著；後周自願將天下禪位於趙匡胤。

竇儀宣讀完，趙匡胤依例拜受詔書。隨後，太監捧出黃袍侍候新天子更換，范質、王溥引導趙匡胤進入崇元殿登上御座，即皇帝位。趙普將在陳橋驛就已擬定的詔書取出當眾宣讀。因為趙匡胤此前擔任宋州節度使，新朝定國號為宋；改年號為建隆，大赦天下，死罪以下罪減一等。詔書重申新朝優待周室，符太后改稱周太后，一切待遇不變，移居西宮；幼帝柴宗訓去除帝號，改封為鄭王，入西宮隨周太后居住。後周所有舊臣都依舊供職，當天在廣德殿大宴百官。

也正是出於對柴榮的感激與尊重，宋王朝始終優待柴氏家族。柴宗訓可能是中國歷史上生活最安逸優厚的遜帝。禪讓後，趙匡胤將他移居到西宮，由符太后收養。柴宗訓死得很早，趙匡胤聞訊後，大哭，親自穿素服哀悼。朝廷停止朝會十天。柴宗訓死後，恢復帝號，被稱為「周恭帝」。趙匡胤還讓子孫後代立下重誓：世代優待柴氏。這個柴家就是《水滸傳》中描述的有免死「鐵券丹書」的柴家。

這一年是西元九六〇年。宋王朝建立了。

皇帝名位雖然在一天之內就定了，但並不能說趙匡胤就真的坐穩了皇位。

趙匡胤很清楚，坐上皇位容易，坐穩皇位卻很難。五代十國的人們對改朝換代的事情看的多了，何嘗不在心中將宋王朝也看作是立國十幾年甚至是幾年的短命王朝。

宋王朝面臨的第一個問題是如何安定局勢，讓人們感覺到宋王朝不是一個短命王朝。

▲ 宋太祖趙匡胤

　　趙匡胤除了嚴令官兵不得騷擾暴行外，還極力安撫那些前朝大臣、有功將領和地方大員，希望能夠避免在王朝建立之初，出現動盪局面。趙匡胤幾天內升遷了大批文臣武將。凡是有功將領，都有升賞。范質、王溥依然當宰相，並分別加以侍中、司空、右僕射的榮譽官銜；以趙普為樞密直學士，苗訓為翰林天文學士檢校工部尚書。有趣的是，趙匡胤厚葬反對兵變而死的韓通，追贈中書令的榮譽官銜，表彰他對後周皇室的忠心。對入京時，拒絕開城門的守城門官，官升三級；對開門迎降的守城門官，立即革職，永不敘用。開封大小臣工的情緒一下子就穩定了。

　　後周殿前副都點檢慕容延釗、馬步軍都虞侯韓令坤二人，在兵變時正領重兵屯駐在北方邊境。趙匡胤在兵變過程中及時向二人通告情況。登基後，二人都送來賀表，表示擁戴。趙匡胤立即升慕容延釗為殿前都點檢、昭化軍節度使，韓令坤為侍衛馬步軍都指揮使、天平節度使。其他北方邊防將領韓重、孫行友、郭崇、王全斌等也都授予節度使的官

職，仍令駐紮在北邊防禦契丹。各地節度使、州刺史們見狀紛紛上表稱賀，有的還申請朝見。趙匡胤一一照准，借此撫慰地方官員，並厚加賜賞。

那個讓年輕的趙匡胤吃了閉門羹的王彥超當時在節度使的任上，聽到趙匡胤登基做了皇帝，嚇出一身冷汗，生怕趙匡胤記恨當年的事情，暗中刁難自己。誰想趙匡胤很坦蕩地徵召他入京覲見，非常尊重地接待了他，不僅沒有給他降官，還厚加賞賜。王彥超懸著的一顆心很快就放了下來。

趙匡胤沒有對天下動屠刀，天下也就安穩地迎來了新朝新氣象。趙匡胤的皇位算是坐穩了。

趙匡胤的生母杜太后卻不認為兒子的皇位已經坐穩了。

自從做了皇太后以後，杜老夫人總是悶悶不樂的。趙匡胤很奇怪，問母親：「母親，兒子我都做了皇帝了，您還有什麼不高興的呢？」杜老夫人說：「你難道沒見過這幾十年來，登基稱王的人數以十計嗎？做皇帝不見得是好事。」皇位不僅僅意味著尊貴與榮耀，還可能招來殺身滅族的禍事。母親的一句話說得趙匡胤渾身直冒冷汗。

趙匡胤於是召見趙普詢問道：「唐亡以來的幾十年間，有八家人稱帝，造成生靈塗炭，民不聊生，這是什麼原因呢？我想讓大宋王朝長治久安，趙氏家族永享天下，那應該怎麼辦呢？」這是每個新登基的皇帝，尤其是久亂之後的開國君主不可避免的難題。

趙普回答說：「方鎮太重，君弱臣強，這是天下動盪的根源。皇上想長治久安必須抑制掌握兵權的將領，削奪他們的兵權，管制他們的錢穀，收編他們的精兵。那樣天下自然就安定了。」

趙普這番話說得趙匡胤瞠目結舌。趙匡胤問：「卿家的話過重了吧。現在朝廷各位將領都跟隨我多年，很多人還是我的拜把兄弟。他們不會

背叛我吧？」趙普冷冰冰地說：「皇上您不也是周世宗的親信嗎？萬一哪一天，朝廷各位將領的親兵們也將黃袍披在他們身上，到時候就由不得他們了。」

趙普的第二番話說得趙匡胤不寒而慄。聯想到自己被部將親信擁立的經歷，聯想到擁立自己的將帥和把弟兄有的是禁軍的高級將領，掌握著全國最精銳的部隊，如慕容延釗、韓令坤、石守信等人；還有的自恃擁立有功，已經出現了不服管制的跡象，趙匡胤下定決心，要削奪領兵將領的兵權。

九六一年的一個秋夜，開封城裡皓月當空。

趙匡胤在宮中準備了盛宴，以飲酒歡歌為名，邀請石守信等手握重兵的將領聚會。酒過三巡之後，趙匡胤屏退左右侍從，對石守信等人說：「各位兄弟，如果沒有大家的幫助，我也沒有今天。但我覺得這當天子的日子還不如節度使快樂。從登基到現在，我是沒睡過一個安穩覺，時刻擔驚受怕啊。」石守信等人忙問緣由。趙匡胤說：「誰不覬覦天子的寶座，誰不想當皇帝啊？我怕別人篡奪了皇位。」

石守信等人聽後大驚失色，慌忙問道：「大位已定，誰還敢有異心？」

趙匡胤說：「我相信各位都沒有異心，但說不定你們部下中有些貪圖富貴的人。如果哪一天，那些小人也把黃袍加在你們身上，難道還容許你們說不嗎？」

將領們一聽這話，全都慌忙離席跪地叩首：「臣等沒有想到這一步，請陛下指一條生路。」

趙匡胤說：「人生在世，如白駒過隙，轉眼即逝。所謂愛好富貴的人，不過是想多累積一些金錢財寶，讓自己過得滋潤，讓子孫後代不忍饑挨餓。諸位為什麼不放棄兵權，出守大藩，挑選一些良田美宅買下

來，作為子孫永久不可動的產業呢？然後，大家再多置辦一些歌兒舞女，每天飲酒相歡，頤養天年。我承諾和大家互相通婚聯姻，君臣之間兩無猜疑，上下相安。這難道不是一件對大家都好的事情嗎？」

趙匡胤說了這麼多，實質是怕皇帝一方要收權，將領一方不肯放權。如何才能把話給挑明了，又不撕破大家的臉皮呢？趙匡胤操作得相當好，非常委婉地說出了權力場上的大實話。比起朱元璋等人動不動就對開國功臣動刀子，趙匡胤的所作所為不知要強到什麼地方去了。

石守信等人回家輾轉反側了一個晚上，第二天紛紛以年老、生病、家務等各種理由主動要求辭職，解除兵權。趙匡胤自然是一番挽留，大力安慰，但最終還是同意了將領們的辭職。這些將領獲得了節度使的虛銜，帶著趙匡胤給的賞賜，從開封搬到各地樂悠悠地做起了「寓公」。這就是歷史上豔稱的「杯酒釋兵權」。

幾年後，又有地方節度使來京城朝見。趙匡胤還是在御花園舉行宴會，向各位節度使說：「諸位都是國家元老，年事已高還要操勞藩鎮上的大小事務，真讓我過意不去！」在座的節度使們已經習慣了安逸享樂的生活，現在聽皇帝這麼說，忙識時務地要求告老還鄉。有個別人不願放棄藩鎮，將過去的戰功和政績掛在嘴邊，說白了就是不願意放棄最後的實權。趙匡胤耐心地聽完，淡淡地說：「陳年舊事，還提它們做什麼？」剛才不願意辭職節度使不敢再說什麼了，不得不附和辭職。如此反覆操作，京城內外的節度使在十年內紛紛放棄或被解除了權力，回家賦閒了。從唐朝中期開始的藩鎮制度一直是軍閥割據的政治基礎，至此走入了歷史。

清理了可能對皇權構成威脅的節度使們後，趙匡胤對國家的各項制度大刀闊斧地進行了改革。趙匡胤撤消了大批軍職。殿前都點檢因為是趙匡胤擔任過的職位，被永遠處置。為了防止出現新的名將勇將，趙匡

胤將禁軍軍權一分為三，故意提拔那些資歷淺、威望低、容易控制的人（甚至是文官）擔任禁軍將領。牢固掌握禁軍後，趙匡胤開始「強幹弱枝」，把重兵、精兵布防在京師，刻意削弱地方兵力。為了讓地方部隊在資質素養上也無法同中央的禁軍相抗衡，朝廷先是送給了諸州縣「樣兵」，將地方部隊中符合要求的士兵全都挑入禁軍。皇帝直接控制禁軍雖為中央軍，也按時派遣駐屯於各地，並且軍官調動頻繁。如此一來，再也沒有人可以和手握重兵的皇帝直接較量了。「兵強馬壯者為天子」的情況從此一去不復返了。

宋王朝的建立表面上看波瀾不驚，平穩迅速到驚人的程度。實際上，這樣驚人是歷史的必然。

經過五代十國的戰亂後，天下人心思統。老百姓給了許多手握實權的將領建立統一王朝的機會，儘管這些人最後都沒有實現人們的希望，但大家並不吝嗇也給趙匡胤一次機會。這可算是趙匡胤平穩建立宋朝的民意基礎。而趙匡胤用強大的實力和仁厚的政策很順利地掌握住了天下人心，實現了王朝肇建時的平穩過渡。據說趙匡胤死時在內宮的石壁上刻有三事，嚴令子孫後代嚴格遵守。這塊石壁只有皇帝一個人能夠看。每當新君繼位時，宮中挑選一個不識字的小太監陪同新皇帝進密室觀看石壁。北宋末年，皇宮陷落，石壁也就無人看守。好事者斗膽進去看到這塊石壁，驚奇地發現三件事分別是：不得加害柴氏後人；不得殺害士大夫和上書言事之人；不加田賦。宋朝歷代君主即使在國家危難關頭也始終遵守這三條祖宗遺訓。黃仁宇在《赫遜河畔談中國歷史》一書的〈宋太祖趙匡胤〉部分評價趙匡胤說：「趙匡胤在西元九七六年去世之日即算按照傳統『蓋棺論定』的立場看來，也算得是一位非常成功的人物。而注意事業上的成功，也是宋太祖趙匡胤自己的一生宗旨。」

當然了，趙匡胤建立的宋朝還不算嚴格意義上的統一王朝。因為宋

朝當時的領土只有中原大部分地區，南方還有南唐、吳越、閩、楚、南平、後蜀、南漢，北方還有由契丹人扶持的北漢割據政權。趙匡胤的皇帝生涯主要是在平定這些割據者，遺憾的是他沒有成功。只是到了他的弟弟趙匡義時期，宋朝才真正統一了漢族地區。

宋朝的開國過程給我們的最大啟示是：實力和機遇的結合是開啟新王朝大門的鑰匙。

赤之卷：草根階層的血性崛起

第一章　開國路上的農民起義

　　一三五二年初春的一天晚上，濠州府鍾離縣太平鄉皇覺寺裡的小沙彌朱元璋像平常一樣在大雄寶殿中打掃整理。

　　說是小沙彌，其實就是寺院的雜役，整日裡打掃廟宇、伺候老和尚。寺院之所以在饑饉遍地、難以為繼的情況下還招人入院，一來是送朱元璋入院的好心大娘送了禮，二來是寺院需要一個可以用極少量的食物僱傭來做勞力活的奴隸。面黃肌瘦的朱元璋已經在皇覺寺的枯黃燈光下度過了七年的雜役生活。期間，老和尚還封了寺裡的糧倉，逼朱元璋等人出去雲游乞討。尚未成年的朱元璋就捧著一個破碗在皖北、豫東一帶度過了與野狗爭食的三年。

　　在當時，並不是所有人都有機會當雜役過活。朱元璋有一個兒時玩伴叫湯和。他們倆從小一起在地上爬泥巴，餓極了偷地主家糧食。他就沒有朱元璋這樣的機遇，進不了寺院，只好去做了土匪強盜。

　　這天晚上，朱元璋機械地收拾著殿中的擺設，心裡一直思索著前幾日收到的口信。

　　口信是湯和託人帶來的，它不僅打破了朱元璋平靜的心情，也破壞了皇覺寺寧靜的生活。一個月前，定遠人郭子興和孫德崖在濠州起兵造反，反抗元朝的殘暴統治。元朝派徹里不花進剿濠州。徹里不花不敢接戰，整日裡俘殺無辜百姓，敷衍朝廷邀賞。皖北的百姓就在農民軍和元軍的拉鋸中，飽受折磨，既怕被元軍拉去砍頭，充當造反者，又擔心被起義軍威脅著去打仗。人心惶惶。湯和不擔心，因為他早就參加了起義軍，並擔任了小頭目（千戶）。他想起了朱元璋，就派人來拉兒時玩伴入夥。湯和說：「速從軍，共成大業」。

朱元璋不想造反。

因為朱元璋祖祖輩輩都是老實巴交的傳統農民。中國的傳統農民日出而作，日落而息，面朝黃土背朝天。巴掌大的一塊土地在他們眼中比天都還大。土地是他們的一切，是一生耕耘的舞臺。農耕經濟最需要穩定的環境，所以傳統農民忍耐、保守、厭惡變動。只要能夠維持基本生存，他們就絕不會造反。如果能夠偶爾躺在稻草上晒晒太陽，那麼生活就非常理想了。因此，儘管小沙彌的生活在後人眼中是難以忍受的，但朱元璋還是相對滿意。

但朱元璋又不能在皇覺寺再待下去了。

中國農民不僅渴望穩固，還自覺的維護故步自封的生活狀態。一旦出現異動情況可能威脅到整個群體，其他農民就會自動地將它們扼殺在搖籃中。朱元璋接到的口信很自然在皇覺寺中傳了開來，引起了軒然大波。農民出身的其他和尚謀劃著向元朝官府告發朱元璋和起義軍勾結，推出異動分子以求自保。朱元璋繼續留在寺裡，可能有生命危險。

晚年的朱元璋坐在皇位上還能清晰地回憶起自己在那個初春深夜的心情。他曾對大臣們透露當時自己既憂且懼，一時不知如何是好。最簡單的避禍方法就是逃離皇覺寺。但朱元璋顯然又不願意放棄皇覺寺裡相對有保障的生活，對熱火沸騰的亂世感到恐懼。

瘦弱的朱元璋圍著大殿走了幾圈，最後決定將自己的命運交給自己天天伺候的菩薩。他在佛像前自我占卜，詢問去留問題。朱元璋先占留在寺中是否吉利，結果菩薩說不吉利；再占離開寺院是否吉利，占卜的結果還是不吉。去留都不吉利，那怎麼辦呢？朱元璋更加苦惱了。在七年前那個風雨交加的夜晚，朱元璋和二哥一起拖著父母兄妹的屍體去野外埋葬的時候，他都沒有這麼徬徨無助過。

燭光下，朱元璋圍著大殿又走了好幾圈，突然停住。一個想法閃電

般地劃過朱元璋的腦海。這一瞬間，朱元璋的思想完成了破繭而出的巨變。這道火花，吝嗇的歷史老人在數百年時間裡只賜予了幾個農民。朱元璋就是那幾個幸運兒之一。他牢牢抓住了靈感閃現的火花：「為什麼我就只考慮在皇覺寺的去留問題？」如今的困頓都起源於湯和的口信。為什麼要躲避湯和的召喚，為什麼只想到逃亡呢？朱元璋的小腦袋沸騰起來，巨大的能量讓全身火辣辣地發燙。他決定再做一次占卜，問菩薩：「我能夠幹一番大事嗎？」占卜的結果是大吉……

《明史》只用兩個字描述了朱元璋的心態巨變：大喜。

至正十二年（西元一三五二年）閏三月初一，天剛濛濛亮，濠州城下來了一個投軍的年輕沙彌。他就是朱元璋。朱元璋的背後，一個王朝的新影在晨霧中若隱若現了。

朱元璋作出決定的過程，淋漓盡致的表現了中國農民的苦難、無助、堅忍、徬徨和覺醒。他們飽受生活重壓，也最講求秩序、穩定。生活壓力迫使他們按部就班地走完人生，沒有時間去思考為什麼要這樣做，應不應該這樣做。古代歷史上，農民最大的希望就是能夠在計畫和指引下、平穩地從搖籃走向墳墓。

朱元璋骨子深處始終是個傳統農民，即使坐在龍椅上他也還是個農民。在他的思想裡，只要人人都耕耘好自己的一畝三分地，老死不相往來，天下就能夠太平長安了。明朝建立後，他努力實踐自己的觀念，建立農民的烏托邦。朱元璋試圖將整個明帝國都劃入有章可循的、可以控制的範疇之內。明朝時，任何人要離鄉外出百里之外，都需要事先去官府登記，經過嚴格的審批手續後方可領取「路引」（類似於現代的「介紹信」）。路引上寫明持有人的姓名、籍貫、職業、出發地和目的地。朱元璋教導人民：「各地百姓，遇到生人，要仔細檢查他的通行證。」如果不帶通行證出門，要受到嚴懲：「凡沒有通行證私自出門者，打八十棍。」

　　明朝還給官僚階層規定了最刻薄、最嚴格的待遇。海瑞之所以自己種菜，讓妻子紡織，勉強維持家用並不是他故做清廉，而是朝廷的待遇就只能讓一個官員保持這樣的生活水準。這一切都源於開國皇帝朱元璋的觀念。他認為官府和官吏們的橫徵暴斂是對農民田園牧歌生活最大威脅和破壞。所以從思想和行動上都站在了官吏的對立面上。

　　朱元璋非常清楚歷史上大多數的農民起義的原因。在古代中國，農民起義大多爆發於統治階層橫徵暴斂的時期。廣大農民穩定的生活被徹底打破，最基本的生活水準都得不到保證，於是才紛紛揭竿而起。只要每天還有一碗稀粥喝，晚上有稻草堆可以躺，沒有農民願意冒險造反。近代太平天國興起的時候，老家有歌謠唱到：「長毛到西興，債務都零清；長毛到西興，光棍好成親」，典型地體現了農民參加起義的目的：免除債務（恢復秩序）和組織家庭（延續秩序）。

　　歷史上很多官員和皇帝都意識到，也了解這一歷史規律，但官逼民反的現象卻一再重演。歷朝歷代到了晚期都會陷入官場貪腐的深淵。例如元朝末期，下級官員去見上級官員要送「拜見錢」，當官的沒事向下面要錢稱「撒花錢」；逢年過節，官場上要送「追節錢」；長官生日，官吏們要湊「生日錢」；去衙門辦事，先遞一份「常例錢」，迎來送往要有「人情錢」，調查提訟要有「齎發錢」，打起官司來要交「公事錢」。官員們將會撈錢的官員稱為「得手」，將富庶的地區叫做「好地分」，將肥缺成為「好窠窟」，不一而足。整個晚元官場就似一個大市場。

　　明朝遷都後，南京依然保持著完整的中央官制。天高皇帝遠，數以千計的官員在故都作威作福起來。有家店鋪老闆得到一根上好的柏桐，怕被當官的知道強買豪奪走，就連夜做成房梁，造成既成事實。巡城御史知道後，二話沒說，帶著人扒了店鋪的房子，抽走柏桐，揚長而去。明朝後期官員之間盛行刻書，傳世的明朝後期的刻本遠遠多於其他各個

朝代。官員們刻書不是為了保存古代文化，也不是為了附庸文雅，而是用來行賄。他們以刻書送書為名，在其中夾藏金銀珠寶，行賄受賄非常隱蔽。同時，送書賞書也為官員之間相互勾結提供了絕好的機會。因此，我們會發現多數明朝刻本的品質都不太好，少數刻本可以用粗製濫造來形容。

官員之間來往的金錢自然不是他們的俸祿，而是層層盤剝百姓所得。百姓們最後都得為這些官場腐敗買單。清朝時，官員於俸祿之外領取火耗已經成為慣例。一些新官上任，還往往加收火耗。山西人于成龍上任時，不僅沒有加收火耗，而且還略微降低火耗徵收的標準，馬上被官場視為另類，被百姓稱為青天。

我們發現從王朝政治腐敗到大規模的農民起義之間有著數十年之久的間隙，這也是中國農民忍力的體現。在這個過程中「富者愈富，貧者愈貧」。如果有大旱大水、蝗蟲決堤等其他因素，間隙時間就會縮短。農民一旦被逼上絕路，忍無可忍，那就是全天下的沸騰和動盪。一個農民舉著火炬挑起頭，通常是貧者從亂如歸，天下震動。

從陳勝吳廣的「王侯將相寧有種乎」到張角的「蒼天當死，黃天當立」；從黃巢的「報於桃花一處開」到劉福通的「獨眼挑動黃河反」；從李闖王（李自成）的「均田免糧」到洪秀全的「無處不均勻，無處不飽暖」，中國大地經受了一次又一次農民起義的洗禮。農民起義是中國王朝更迭的主要形式之一。西漢、東漢、唐朝、明朝等王朝就是在農民起義的熊熊烈火中建立起來的。

大規模的農民起義和之後的王朝肇建現象是中國歷史特有的。西方歷史上的農民起義與中國歷史相比較，都只能算是農民反抗或者是農村暴動而已。以歐洲的農民起義為例：西元八二一年法國裡西安農民起義，九九七年諾曼第農民起義，一〇二四年布勒通農民起義，一〇七五

年薩克森農民起義，一三五八年法國扎克雷農民起義，一三八一年英國的瓦特・泰勒起義等。除了扎克雷起義和瓦特・泰勒起義規模較大，席捲國家以外，其它起義規模都很小，一般只局限在一個或幾個莊園之內。

中國的農民起義主力是普通農民，而歐洲農民起義的主力軍是富裕農民。他們不是為了生存，也不是為了推翻最高統治者和現存秩序，而往往是為了「擁護王權、打倒貴族地主」。與中國的社會結構不同，中世紀歐洲社會建立在契約和等級之上。底層的農奴、農民嚴格按照契約來生產生活，農場主執行自己的契約責任。雙方相安無事，反而不會產生矛盾。而富裕農民的利益卻容易受到貴族和教會的侵犯。一旦發現權利與義務的不平衡，富農們不會等到看見梁山，早就拿起寶劍要求恢復契約平衡了。這些情況在小農經濟為主、沒有等級和契約關係的中國很難出現。

中國的起義一旦發生，情況也往往比歐洲血腥得多。昨天還唯唯諾諾，見到你靦腆地讓路的農民，今天就變成了凶神惡煞般的戰士。殘酷的現實將起義隊伍變成了狼群，對社會和經濟造成毀滅性的打擊。農民對土地和秩序的熱愛與期待有多深，起義的殘酷程度就有多深。他們將對生活的忍耐轉化成了對戰鬥的堅持。

二〇〇七年初，四川省南部縣發現了保存完整的白蓮教起義遺址。該縣碑院鎮的禹跡山，海拔六百多公尺，山勢雄偉險要。白蓮教農民起義首領利用了這裡的天時、地利，發展教徒與清軍對抗。起義農民從一七九六年開始，用了九年時間在此修築防禦工事。山中現存的有起義農民依山勢而建的東、西、南、中幾道石寨門，部分寨牆以及一處石窟。石窟內有大小不等的石室四十多間，石室的一面有當年與清軍作戰時留下的火槍眼。白蓮教起義遭到清軍圍困，起義軍堅守在禹跡山中，依靠山中的土地耕種，並在石室內挖了一條通道，到安溪河取水。後

來，祕密取水點被清軍發現，駐守在山中長達四年之久的起義農民才被擊潰。

周而復始的農民起義埋葬了一個又一個腐朽到無可救藥的王朝。

然而享受戰功的卻往往不是農民。這些樸實的農民抱著樸素的目的造反，希望恢復田園牧歌般的生活。但秩序重新恢復之後，他們也就要重新回到農田中去了。在起義的過程中，農民階級提不出新的社會建設構想，形成不了新的政治組織，也就不能完成大亂之後大治和社會重建的任務，而只能當改朝換代的參加者。大規模農民大起義瓦解了舊王朝的統治，為新的政治勢力上臺掃清了道路。破壞農民穩定和平靜生活的因素會得到部分的糾正，生活又可以平靜相當長一段時間，但繼之而起的王朝與舊王朝並沒有本質的不同。新王朝和新政治勢力對生產關係和社會秩序做出部分調整，但封建王朝的本質會使之後新的王朝也逐漸變舊，成為新的農民起義推翻的對象。這是農民的悲劇，也是中國古代歷史的另一條規律。

「農民起義悲劇的根源在於一種他們自身所無法突破的體制。」正如梁山水泊忠義堂外「替天行道」的大旗開始飄揚，忠義堂內的天罡地煞也排名坐次，等級一樣森嚴，起義軍城頭的黃旗剛剛插定，城中的權力與利益的分配早已安排完畢。金字塔的等級體制之中，只是塔的上層換了一班人馬，而金字塔本身，絲毫沒有損傷。

真正享受農民起義成果的是地主和知識分子階級。

正如史書所說「一朝有變，天下離心」。這裡的「離心」自然包括統治階級內部的分化。統治階級的部分成員會成為舊王朝的殉葬品，也有的人蛇鼠兩端，觀望形勢，但更多的人面對洶湧而來的起義，思考的是如果維護和擴大自己的利益。最好的方法無疑就是讓自己成為起義的一員，參與問鼎中原的進程。因為農民階級本身具有上面所說的這樣那樣

的缺點，這些來自統治階級內部的參與者往往能占據農民起義的領導地位。古代歷史上，真正出身農民的皇帝只有朱元璋一人。但是當他還只是割據江東的軍閥的時候，就開始惡毒咒罵起義農民，說他們是亂民暴民，急於和自己出身的階級劃清界限。歷史證明，權力金字塔上層只為那些敢與農民階級決裂的起義農民敞開。

在各王朝的開國路上，我們會發現一個個隱藏在農民隊伍中的刺眼名字。秦末農民起義時，孔子後裔 —— 山東儒生孔甲參加了陳勝吳廣的軍隊，舊貴族張良、舊官吏蕭何參加了劉邦的軍隊；隋末農民起義時，進攻洛陽的楊玄感是累世公卿的楊家公子，山東起義軍領袖李密是隋朝高層政治鬥爭的失敗者；晚唐農民起義爆發後，著名詩人皮日休參加了黃巢的軍隊，而黃巢本人是參加過兩次進士考試，詩文寫得不錯的知識分子；李自成農民起義軍中，重要謀士李岩也是出身地主階級的知識分子。可以說，正反雙方戰鬥的主力全都是農民，但領袖卻都是出身社會上層的菁英分子。

王莽末年，天下連年鬧蝗災，民不聊生，寇盜鋒起。經濟發達的南陽也鬧起了饑荒。漢朝宗室成員劉秀當時在宛做賣穀生意。當地的李通等人就以圖讖勸說劉秀造反：「劉氏就要復起了，我們李家可以作為輔助。」劉秀一開始心裡沒有底，不敢貿然答應。但他想想大哥劉伯昇平日裡交結賓客，準備大事，又看到王莽敗亡的趨勢已經明顯了，天下已經大亂，就下定決心參與李通等人的計謀。他們幾個人到處購買兵器，幾個月後與李家兄弟在宛宣布造反。我們分析劉秀造反的目的，肯定不是因為日子過不下去了（當時劉秀在宛賣穀物，可見生活還挺富足。說不定他還是個在亂世中囤積居奇發國難財，「低買高賣的投機牟利者」），也肯定不是以天下為己任、素有大志（劉秀在家裡以忠厚謹慎出名；家人並不對他寄予厚望，相反卻希望他的哥哥能夠光宗耀祖），純粹就是為

了在亂世中混水摸魚，謀取更大的經濟政治利益。沒想到，這一去，歷史老人陰差陽錯地將劉秀推上了皇帝寶座。

唐太宗李世民參加隋末農民起義的情況也與劉秀相似。隋朝末年，天下大亂，起義軍占據了全國超過一半的土地，隋朝的滅亡只是時間問題。李世民出身於唐公李家，是隋朝頂尖貴族之一，卻每天想著取代隋朝做皇帝的事情。史書說李世民「知隋必亡，乃推財養士，結納豪傑」。他散財結交俠客，庇護朝廷罪犯，擴大影響，又與隋朝的晉陽令劉文靜、晉陽宮太監裴寂等人密謀，逼鎮守太原的父親李淵造反。

樸實農民們的造反準備工作和思路變遷肯定沒有貴族做得詳細周密。造反對他們來說往往就是放下鋤頭，拿起標槍的事。他們中極少有人能夠幸運地看到舊王朝的覆滅和秩序的恢復，能夠實現在新的王朝和統治者腳下延續自己田園牧歌生活的夢想。

第二章　西漢：提劍三尺賦風行

　　陳勝吳廣起義是中國歷史上第一次農民起義。起義的烈火推翻了秦王朝的統治，但奇怪的是最後享受起義成果的是一個叫做劉邦的前秦朝地方小吏。劉邦英勇敢戰、機靈善變，還是耍流氓手段的高手。最重要的是，劉邦不是農民，而陳勝吳廣都是農民。上層社會和整個政治體制還沒有做好接受一個農民成為皇帝的準備。因此，劉邦得以篡奪了「革命的果實」。

　　西元前二〇九年的夏天，淮河流域和往常一樣，天上連續暴雨，地上江河暴漲，道路泥濘難行。淮河流域的沛郡蘄縣也籠罩在惡劣的天氣之中。

　　這可苦了蘄縣的九百名貧苦農民。他們被官府徵發去防守漁陽（今北京密雲）。秦朝的大型國家工程和軍事行動特別多，處處要用人，天下州縣的百姓被徵發得十室九空。再加上秦朝法律嚴苛，民工的待遇惡劣，被徵發的百姓很少有人能夠如期平安返鄉。這些農民被徵發防守邊疆，就已經很倒楣了。當他們被押送到蘄縣大澤鄉（今安徽宿縣西南）的時候，偏偏又遇到了連綿的陰雨，被阻隔在荒野中，眼看不能如期趕到漁陽了。秦律規定，戍卒誤期要全部處死。現在，這些農民的命運只能用「可憐」來形容了。

　　押送這九百人的是兩個軍尉，另有兩名屯長由官府指定的貧農陳勝、吳廣兩人擔任。

　　陳勝、吳廣雖說是屯長，可依然逃脫不了戍卒的悲慘命運，而且還時常受到凶暴的軍尉的刁難。陳、吳兩人想與軍尉探討如何避免集體被殺的命運，後者漠不關心。陳勝與吳廣於是決定帶著九百名同伴造反，

或許造反還可能爭取到一線生機。在此之前，中國歷史上還沒有大規模的農民造反的事件，因此陳勝和吳廣無意間還開創了先河。他們沒有任何經驗可以遵循，只好摸索著前進。

為了鼓動戍卒們響應起義，吳廣推舉陳勝為日後的領袖。他們先在戍卒們買的一條魚腹中塞入寫有「陳勝王」的帛條。當戍卒們發現帛條時，驚訝聲四起。陳勝、吳廣兩人還在駐地附近的神祠中點燃篝火，模仿狐狸的鳴叫，發出「大楚興，陳勝王」的呼聲，引起了一幫人的騷動。天亮後，大家竊竊私語，都時不時地看看陳勝。發動起義的事前準備很快就完成了。陳勝和吳廣藉機把兩個軍尉殺掉。陳勝登高對大家說：「我們遇到大雨，道路不通，眼看就要誤期了。大家都要被處斬。即使不殺我們，戍邊而死的人也十有六七。壯士不死則已，死就要幹出一番轟轟烈烈的事業來！王侯將相寧有種乎！」戍卒的鬥志頃刻就被激發起來了。大家推舉陳勝為將軍，吳廣為都尉，揭竿而起，爆發了中國歷史上第一次農民起義。

農民起義軍提出「伐無道，誅暴秦」的口號具有極大的號召力。天下苦於秦朝的暴政，人心早就動盪不安了。陳勝、吳廣率領造反者很快就攻下蘄縣和周邊縣城。軍隊所到之處，貧苦農民紛紛響應，秦朝政權土崩瓦解。各地都揭竿而起，響應陳勝的起義隊伍難以確數。起義軍占領陳縣後，建立了「張楚」政權，陳勝被擁戴為王。這是中國歷史上第一個農民政權。

張楚政權發展壯大到幾十萬軍隊，有兵車千輛，一邊攻城略地，一邊分出重兵進軍關中的秦朝心臟。天下政治格局的重組開始了。

我們暫且不說張楚政權的情況，先來說說一個沛豐邑中陽里人的情況。此人在周赧王五十九年（西元前二五六年）出生，叫做劉邦。

《漢書》這麼記載劉邦的出生：「高祖，沛豐邑中陽里人也，姓劉氏。

母媼嘗息大澤之陂，夢與神遇。是時雷電晦冥，父太公往視，則見交龍於上。已而有娠，遂產高祖。」在這則神話中，劉邦的母親一天在湖邊的堤岸上休息，不知不覺地就睡著了。在夢裡，劉邦的母親夢見自己遇到了一位神人。當時天氣突變，雷電交加，天昏地暗。劉邦的父親劉太公擔心自己的妻子，急了，就來找她。劉太公到堤岸上一看，赫然發現自己的妻子和一條龍在草地上交配。劉母回到家不久就懷孕了，生下劉邦。

現在的江蘇豐縣北環路上有個龍霧橋，堤岸東邊立有兩個破敗的四角亭。亭子裡面各豎立著一方石碑。一塊是「重修豐縣龍霧橋廟記」，是明朝景泰元年（西元一四五〇年）所刻，碑文稱：「況龍也霧也，乃天地陰陽之全，變化聚散，皆不可測，是以龍興霧翁，理勢必然，而以為斯橋之名，斷自漢高初生，母遇蛟龍而得。」另一塊是「豐縣重修龍霧橋碑記」，是清朝康熙五十九年（西元一七二〇年）所刻，碑文稱：「……至於之所謂龍霧橋者，乃漢高帝受妊之始，龍環霧繞，而橋以名焉。」據說，這兩塊碑刻是一九八一年四月當地人在梁樓村的麥田中發現的，後移置於此。從碑文可以看出，後人將龍霧橋一帶看作是《漢書》中記載的劉邦的母親與龍交配懷上劉邦的地方。

這樣的神話對古代人很有「殺傷力」，現代人大可對此付之一笑。劉邦真實的出生情況一點都沒有神話色彩。他的父親劉太公是豐縣中陽里的一位農夫，境界尚可，大約可以歸入「富農」的行列。但是在秦朝的苛捐雜稅和嚴酷統治之下，劉家的日子過得也很辛苦。劉邦是劉家的小兒子，所以也被叫做「劉季」。總之，劉邦不是神龍的兒子，而是貨真價實的農民的兒子。

但是劉邦的行為舉止一點都不像農民子弟。

《漢書》不客氣地說少年時期的劉邦「好酒及色」。他四處遊蕩，看到美女就吹口哨，常常醉臥在酒家裡，沒錢就賒酒來喝。對於下地耕

種，劉邦沒有一點興趣。劉太公經常痛斥劉邦是「無賴」，說他不如幾個哥哥會經營，恨自己養了一個不肖子。但是劉邦依然我行我素，不知悔改，繼續渾渾噩噩地混日子。雖然劉邦不顧家，不務農桑，但做事機靈、性格豪爽、對人寬容，在市面上混得開，因此在當地也有點小名氣。慢慢的，劉邦身邊就聚集了一些意氣相投的年輕人。有的時候，劉邦還把同伴帶到哥哥家裡來做客。劉邦的一個嫂子很厭惡這個小叔子。一夥年輕人來的時候，嫂子就假裝羹湯已吃完，用勺子刮鍋，趕人走。一夥人不歡而散後，劉邦去鍋旁看看，發現裡面有羹湯，從此就恨上了自己的這個嫂子。後來劉邦當了皇帝，大封功臣，他這位嫂子的兒子卻一點爵位都沒有。最後還是劉太公出面說情，劉邦才封了侄子一個侯爵。不過這個侯爵的名字是帶有諷刺意味的「羹頡侯」。漢代封侯一般以地名為爵位名字，表示「裂土而封」、「盡食其地」的意味。但是「羹頡」並不是地名，而是暗含對當年嫂子佯裝家中「羹盡」，並藉此趕走友伴的怨恨。劉邦性格中的率真和有趣可見一斑。

古時男子到了弱冠之年，一般就要娶妻成家。劉邦也不例外。但是劉邦的出身真是普通得不能再普通，又是終日遊手好閒、沒有禮數的樣子，因此成親是個天大的難題。當地人都不看好劉邦，認為他是個一事無成的「不務正業的混混」，都敬而遠之，誰還願意將自己的女兒嫁給他啊。劉邦也想成親，可是到了而立之年還是單身一人。

父親劉太公在責罵劉邦不務正業的同時，還責罵他三十好幾了，還娶不到老婆。

這時出現了一個叫呂公的人。呂公不是沛縣人，因為在家鄉和人結下了冤仇，就帶著家人搬到沛縣來住。這個呂公和沛縣當時的縣令是好友，很快就在沛縣扎下了根。呂家家境殷實，加上又有背景，因此在沛縣很吃得開，經常有人來上門拜訪，拉拉關係，套套近乎。

　　一次，呂公舉辦盛大的家宴。縣裡的大小官員和有頭有臉的人都去參加。劉邦聽說了，也去湊熱鬧，順便白吃白喝。蕭何當時受呂公的邀請，擔任司儀，幫著接待賓客。因為來的人實在太多，需要做一下限制；同時也為了防止那些白吃白喝的人進來，蕭何就宣布了一條規定：凡是賀禮錢不足一千錢的人，一律到堂下就坐。劉邦一個錢也沒有就大搖大擺的進去了。他灑脫慣了，隨口就對負責傳信的人說：「我出賀錢一萬！」呂公聽說來了出賀錢一萬的貴客了，趕忙出來親自迎接。他見劉邦氣宇軒昂，與眾不同，非常喜歡這個年輕人，當即請劉邦入上席就坐。酒席間，呂公殷勤招待，劉邦也不客氣。酒足飯飽後，呂公又將劉邦盛情留下，提出要將自己的女兒嫁給他為妻。劉邦喜出望外，滿口答應。旁人都很吃驚。

　　酒席結束後，呂公的老婆很生氣，罵自己丈夫說：「你不是把自己的女兒當作寶貝一樣嗎？你經常說要替女兒找個貴人。沛縣縣令與你的關係很好，多次提出要娶我們女兒，你都不答應。現在你怎麼就這麼輕易地將女兒許配給劉季這個人了呢？」呂公說：「這不是你這樣的女子所知道的。」

　　劉邦很樂意這門親事，劉太公也非常高興。劉邦便和呂氏結了婚。呂氏就是日後的呂后。

　　我們有必要把劉邦作為一個標本，放在歷史發展的縱向上進行研究。

　　劉邦身上有幾個鮮明的特點。首先是不務正業，不安心於整個社會給他設定的角色和位置；其次是為人機靈而且聰明，只是找不到用武之地；第三是他過早地「混社會」，在社會上組織能力和號召能力都還不錯。乍一看，這不就是典型的「不務正業的混混」嗎？但劉邦這樣的人物並不是古代歷史的特例。他的出現是由中國古代社會的特性決定的。這個社會一直沒有產生清晰的分化。經濟、文化、社會生活都沒和政治分離開來。政治總括社會一切，包括個人的前程發展。一個年輕人的人

生選擇餘地非常有限。政治限制著所有的人。不論是繼承父業還是其它，王朝政府都不會允許變更職業和雲遊各地的遊民的出現。這是一個追求超級穩定和鞏固秩序的社會。對於農民階層來說，終日辛勤勞作，「雞犬之聲相聞，老死不相往來」就是社會對他們的要求。評價一個農民子弟的唯一標準就是遵循父輩的印痕，從小到大好好在地裡耕種。為什麼就不能允許其中出現異數呢？這個社會不僅需要農民，也需要其它的角色。就劉邦的性格來說，他雖然不願意做農民，但這也不能抹殺了他從事其它更有前途的職業的可能性。

少年的劉邦雖然遊蕩，但還是要按照法律服徭役。劉邦就被派到咸陽去服役。在咸陽，少年劉邦看到了出巡的秦始皇，遠遠看去，秦始皇坐在裝飾精美華麗的車上威風八面。劉邦喟然嘆息說：「哎，大丈夫就要像秦皇這樣！」這就是他的志向。

劉邦其實有一份挺不錯的工作。他混入了秦朝的「公務員隊伍」。

劉邦成年後參加了秦朝低層官吏的考試，結果考中了，被任命為泗水亭長。亭長相當於官府的基層小幹部，主要負責解決鄉間的糾紛和維持治安，有時也去執行縣裡交代的抓人押人等吃力不討好的差使。很有可能是縣裡看中了劉邦頗有幾分幹勁，在當地又混得熟，就讓他做了亭長。劉邦做亭長的時候，依然是遊蕩嬉戲，但是轄區內治理得還不錯，和縣裡的官吏們也混得很熟，名氣比以前還大了。蕭何和曹參等縣裡的小吏都成了他的好友。

秦朝的刑法很重，漸漸的押送刑徒服役就成為劉邦的主要工作之一。一次，劉邦奉命押送一隊刑徒去驪山服役。還在路上的時候，多數勞工就逃亡了。一路上，人是越走越少。刑徒逃亡，負責押送的官吏是要負責的。走到豐西澤的時候，負責押送的劉邦乾脆將剩下的勞工全部放走。結果有十多個人不願意逃亡，表示要跟隨劉邦。劉邦就帶著這群

人在河南東部和徐州一代流蕩，過著半盜半俠的生活。分析劉邦這一驚人的舉動，在其中發揮作用的與其說是劉邦對官府的痛恨，倒不如說他與生俱來的躁動心理和豪俠作風。

傳說，一天夜裡，劉邦一行人在山中行進。劉邦派出一個人前去開路。一會開路的人回報說，前面有一條大白蛇阻擋在路中間，好生嚇人。劉邦之前剛喝了酒，醉意朦朧。他大咧咧地說：「壯士行路，有什麼可害怕的。大家別怕，跟我來！」劉邦於是提著一把劍，勇敢地向前行。看到攔路的大蛇，劉邦二話不說，上前揮劍就是一砍，將大白蛇斬為兩段。在同伴的讚嘆聲中，路開通了，大家繼續跟著劉邦前進。沒走多遠，劉邦醉意上來了，倒頭就睡。那十幾個人卻聽到後頭有一老婦人在劉邦殺蛇的地方哭泣。有人好奇，回去問老婦人哭泣的原因。老婦人說，剛才有人將我兒子殺死了。那人又問，你的兒子是怎麼被殺的啊？老婦人說，我的兒子是化成白蛇的白帝之子，因擋在路上被赤帝之子劍斬了。聽到這話，大家開始覺得老太太在說謊。但突然間，老太太就不見了。有人忙將此事告訴劉邦。劉邦聽後暗自高興，頗為自負。

秦始皇在世的時候，常常認為「東南有天子氣」，於是多次東巡以求鎮住這股氣。劉邦帶著一群人到處逃亡的時候，要努力躲避官府的追捕。奇怪的是，劉邦的妻子呂氏每次都能找到他。劉邦很奇怪，問妻子原因。呂氏說，你藏身的地方常有彩雲繚繞，所以很好找。劉邦聽了，就更高興了。同伴們將這兩件事情廣為傳播。當地和周邊的很多人相信了，都以為這股天子氣就是劉邦發出的。於是投靠劉邦的人越來越多。劉邦的日子過得還不錯。

以現代人的眼光來看，這兩件事情都是謠傳或者是附會的。可能是西漢王朝建立後，官府為了增加開國皇帝的合法性和權威性，有意編造傳播。這和杜撰劉邦出生情況的目的一樣，是有意識的政治行為。但更

有可能是劉邦聯合呂氏共同編造出來，後來傳播開來，被人們作為信史記載下來。就像陳勝吳廣製造的「大楚興，陳勝王」的神話一樣。難依靠正其真假。

劉邦命運的真正轉機發生在西元前二○九年。

當年陳勝、吳廣點燃了秦末農民起義的烈焰。起義軍建立的「張楚」政權和秦朝公開對立。中原很多郡縣出現了百姓殺死首長和官吏響應陳勝起義的事。天下形勢變得難以捉摸。

劉邦家鄉沛縣的縣令著急了。他平時並不體恤百姓，在轄縣內的官聲並不好。這個縣令既有野心，又怕百姓造反，於是就想透過響應起義來繼續掌握政權，於是就找手下的蕭何和曹參來商量。蕭何和曹參就勸縣令將本縣流亡在外的人召集回來，一來可以增加力量，二來也可以杜絕後患。蕭何、曹參說：「您是秦朝的官吏，現在要背叛秦朝率沛縣子弟起義，恐怕得不到本縣百姓的響應。您應該召回逃亡在外的人，可以聚集幾百個人，壯大自己的力量。那時候再要求民眾響應，大家就不敢不聽了。」當時沛縣逃亡在外的人中最有名、力量最大的就是劉邦了。劉邦此時已經聚集了數百人。縣令覺得蕭何和曹參的話很有道理，就叫劉邦的妹夫樊噲去將劉邦找回來，共謀起義。劉邦很樂意參與縣令的造反計畫，便帶人往回趕。

就在樊噲連繫劉邦的時候，沛縣縣令後悔了。他怕劉邦帶著隊伍回來後，在縣裡生變，怕劉邦不服從自己，到時候就等於是引狼入室了。他趕緊下令閉城拒守，不讓劉邦進城，同時要誅殺蕭何、曹參兩人。蕭曹兩人害怕了，趕緊逃出城去報告劉邦，加入了劉邦一夥。

劉邦來到沛縣城外，得知情況生變。他根本就沒想要撤退，而是向城內射進許多書帛，告訴沛縣的家鄉父老說：「天下苦於秦國的暴政已經很久了。現在父老鄉親們替沛縣縣令守城，但城外諸侯並起，難免會有

遭到屠城的命運。我們不如一起誅殺縣令，挑選賢德的人立為首領，響應諸侯。這樣做就可以保全家室了。不然的話，父子都遭屠殺，無能為力了。」城裡的百姓覺得很有道理，就攻殺了不得人心的沛縣縣令，打開城門迎接劉邦入城。

造反後，大家都推舉劉邦為沛令。劉邦說：「天下方擾，諸侯並起。如果挑選首領失誤，就可能一敗塗地。我不是不想做大家的首領，只是怕自己能力淺薄，不能保全父老鄉親。這樣的大事，還是請大家挑選更合適的人吧。」當時蕭何、曹參等人都是文吏出身，退卻不前。他們怕起事失敗後，秦朝誅滅了他們的家族，因此一致推舉劉邦出頭。因為劉邦本來就是逃亡的小幹部，有罪在身，也不怕再多加一條殺頭的罪。加上劉邦在沛縣百姓心目中本來就有機靈不羈、為人仗義的印象，因此大家強烈推舉劉邦：「我們都知道劉季相貌奇特，是大富大貴的樣；我們去卜筮，上天也說劉季最適合做沛縣的首領。」劉邦在形式上退讓了好幾次，其它人都不同意。最後劉邦被推舉為沛公。

劉邦便設祭壇，祭祀黃帝、蚩尤，高調起事。因為劉邦之前以赤帝之子自居，所以將旗幟都換成赤色。在反秦的紅旗下，劉、蕭、曹、樊等人招收沛縣子弟，聚集了三千人的武裝力量。

當時是秦二世元年的九月，劉邦四十八歲。

陳勝、吳廣這支農民起義軍的主力，卻在不斷壯大的同時走向了衰敗。

陳勝、吳廣這支起義軍的發展，很大程度上得益於他們「首義」的優勢。天下對秦朝的不滿積壓很久了，現在有人挑頭造反，就呼啦啦地都湧去支持。但是軍事上的成功不能掩蓋陳勝、吳廣等人在政治上的致命缺陷。張楚政權的領袖們都是貧農出身，苦大仇深有幹勁，但對於政治缺乏嚴密的思考和規劃，本身也缺乏良好的教育。隨著形勢的發展，

起義軍的弱點和內部矛盾也逐步暴露出來。身為「革命領袖」的陳勝變得驕傲、腐敗，漸漸脫離了群眾。在政治上，陳勝聽信讒言，誅殺將領，導致政權內部上下離心。各地的將領也不再聽從中央的節制。圍攻滎陽的將領田臧與吳廣意見不合，竟然假借陳勝的命令殺死吳廣。而進軍關中的周文部隊因為孤軍深入缺乏支援，被秦朝大將章邯消滅。章邯繼續在滎陽獲勝，率秦朝主力撲向陳勝。陳勝戰敗，突圍逃到城父（今安徽蒙城西北）的時候被叛徒殺害。至此，陳勝、吳廣起義發生不到一年就失敗了。

雖然陳勝、吳廣起義軍的餘部之後還在堅持戰鬥，但起義的主導權被六國的舊貴族所竊取了。在吳中起義的楚國舊貴族項梁、項羽叔侄力量最為強大，擁立了楚國王室為新的楚懷王，恢復了楚國，成為名義上的領袖。其他奪取起義領導權的貴族也紛紛自立為王。沛縣的劉邦力量尚小，就加入了楚懷王的陣營。

農民起義打碎了秦朝殘暴的統治，卻造成了貴族割據一方，反秦爭霸的局面。

雖然秦王朝分崩離析，還保有相當強大的實力。章邯大軍打敗了項梁的軍隊，殺死項梁，又北上進攻趙國，包圍了都城鉅鹿。楚懷王調兵遣將，出師救趙。同時派出一支部隊向西進攻關中地區，命劉邦為主將。但是項羽也堅持要求出兵關中。於是楚懷王規定雙方兵分兩路，各自進攻，約定「先入咸陽者為王」。

宋義、項羽在黃河流域遭遇秦朝主力。當時雖然增援趙國的軍隊很多，但是各軍懾於秦軍的威勢，不敢進攻。宋義也只是駐軍黃河南岸，畏縮不前。項羽怒而殺死宋義，率軍渡過黃河，挑起了鉅鹿之戰。在鉅鹿之戰中，項羽與章邯的大軍進行了決戰。項羽破釜沉舟，以驚人的勇氣，創造了戰爭奇蹟，以絕對劣勢的軍隊打敗了秦軍主力。章邯率殘餘

部隊向項羽投降。其他各增援軍隊都被項羽的戰功所震懾，主將們戰後求見項羽時都匍匐前進。項羽儼然成為了起義各軍事實上的首領。

因為有項羽的掩護，劉邦兵出河南，在西進的過程中幾乎沒有遭遇大的戰鬥，進展迅速。劉邦攻下陳留，還獲得了秦朝囤積的大量物資，壯大了力量。最後，他選擇秦軍防守薄弱的武關進入關中，兵臨咸陽城下。咸陽城內的秦朝朝廷發生了內亂，秦二世被趙高殺死，趙高又被子嬰殺死。倉促即位的秦朝第三位皇帝子嬰最後向劉邦的軍隊投降，秦朝滅亡。劉邦幾乎兵不血刃就占領了關中地區。

劉邦剛進入咸陽城的時候曾經一度飄飄然起來。他以「關中王」自居，流連於秦朝富麗堂皇的宮殿和百花爭豔的後宮。劉邦準備在關中常住下來，享受勝利果實。樊噲勸他天下尚未平定，提醒劉邦不要忘了秦亡的前車之鑑。但是劉邦根本聽不進去。他本來就是好色貪玩之人，現在面對著秦朝奴役天下多年所聚斂的財物，怎麼能不怦然心動呢？謀士張良也來勸劉邦以事業為重。不知道是張良的口才比較好，還是劉邦意識到了問題的嚴重性，劉邦隨即將秦朝府庫封存，率領軍隊撤退到咸陽郊外的灞上。在這裡，劉邦避免了變成「第二個陳勝」。他面對數不盡的金銀財寶和美女珍饈中能夠不動聲色、秋毫無犯，可見他的自制力之強，志向之大。他的志向不是「關中王」之流的割據君主，而是當年秦始皇那樣的九五之尊。這不是一輩子小心謹慎、勤勤懇懇的劉太公教給劉邦的，而是劉邦從幾十年闖蕩社會、半盜半俠的生活中提煉出來的。

劉邦到達灞上之後，馬上召集關中名士，和大家約法三章。第一，殺人者死；第二，傷人及盜抵罪；第三，其它秦朝的苛刻法制一律廢除。苦於秦末暴政的關中百姓歡呼雀躍，民心一下子就支持劉邦了。許多百姓都唯恐劉邦不做關中王，離開他們。劉邦一正一反的這兩步棋，是他在爭霸天下過程中的關鍵招數。

儘管如此，劉邦現在的實力依然遠遠落後於主要競爭對手項羽。

項羽打敗章邯，收編了秦朝軍隊，立刻就氣勢洶洶地領兵四十多萬人直奔關中而來。到函谷關的時候，項羽吃驚地發現劉邦已經平定了關中，還派兵拒守函谷關。他在盛怒之餘，立即領兵攻下了函谷關，衝向咸陽，尋找劉邦來了。項羽大軍駐紮在戲下（今陝西臨潼東北戲水西岸）。一場爭奪天下的大戰在關中地區展開。

劉邦此時只有十萬軍隊，士兵的戰鬥力也遠遠比不上項羽的得勝之軍。即將開始的戰爭其勝負一目瞭然。

劉邦陣營內有人在懸殊的實力對比面前，向項羽投誠，告密說劉邦有做關中王、收取秦朝天下的志向。項羽也志在天下，下定決心要起兵殲滅劉邦。他的謀臣范增也勸他除掉劉邦要趁早。項羽於是開始整軍備戰，準備第二天一早就發起進攻。

在這千鈞一髮之際，項羽的叔叔項伯改寫了歷史。項伯和張良是好朋友。他看到張良在敵方陣營中，即將成為劉邦的殉葬品，於心不忍，連夜潛入劉邦營中找到張良，要他趕緊逃走。張良很忠心，立即將消息透露給劉邦，並建議劉邦趕緊拉攏項伯，先解釋自己沒有和項羽爭奪王位的野心。於是，劉邦設盛宴招待項伯，還和他約定為親家。劉邦對項伯說：「我進入關中後，把吏民登記造冊，把府庫封存起來，就是等著項將軍來的。我派兵把守函谷關，不是要阻止項將軍入關，而是替項將軍防守好關中地區，以防止外人侵占。我和將士們日夜都盼望將軍你們能早點來，沒有絲毫私心，怎麼會有造反之心呢？」說完，劉邦請項伯替自己向項羽將軍說情，消除誤會。項伯輕信了劉邦，不僅答應充當劉邦的說客，還建議劉邦第二天趕早去項羽營帳親自說明情況，當面賠禮。劉邦也答應了。

項伯當天夜裡返回己方軍營，對項羽轉述了劉邦的話，認為劉邦為項羽掃除了入關的障礙，是有功之人，不應該猜疑他，更不能消滅劉

邦。同樣缺乏思考的項羽也輕信了，下令取消了第二天的進攻計畫。

　　第二天一早，劉邦只帶了樊噲、張良和一百名精銳親兵，如約來到項羽軍營請罪。劉邦當面向項羽賠禮道歉。項羽展開宴會款待劉邦。在酒宴上，不甘心的范增多次暗示項羽趁機下手，項羽都不為所動。范增只好讓項莊在席間借舞劍為名，趁機刺殺劉邦，結果被項伯、樊噲破壞，沒有成功。劉邦在驚嚇之餘，找了個機會離開宴會，溜回了大營。范增得到消息後，悔恨地說：「豎子不足與謀。奪項王天下者，必是劉邦！」

　　這是一次非常著名的宴會。因為發生在項羽的鴻門大營中，得名「鴻門宴」。劉邦主動向項羽示弱，透過交出滅秦的戰利品和政治主導權，避免了被消滅的命運。鴻門宴之後，項羽在咸陽城大肆屠殺，投降的秦王子嬰也被殺死。耗費了無數百姓心血的大宮殿阿房宮被項羽放火焚燒，大火經月不熄。項羽的所作所為和劉邦之前的表現一經比較，使他馬上失去了民心。火燒阿房宮後，項羽又分封各路將軍為王，共封了十九個諸侯王。其中劉邦被封為漢王，領地是巴、蜀和漢中的四十一縣，國都為南鄭（今陝西南鄭）。項羽自己為西楚霸王，掌握富庶的東方之地，並控制了軍隊最高統帥權。國家統一的觀念已經為天下人所接受，項羽的分封只代表了少數舊貴族的利益，一下子就失去了普通百姓的支持。於是天下有識之士揭竿而起。造反抗秦本來是因為不想再過那種動盪不安、紛爭不寧的生活。項羽為了少數人的利益，將天下恢復到了人們已經捨棄的春秋戰國的混亂紛爭的局面，是百姓斷然不能接受的。

　　項羽分封了諸侯，各諸侯去封國就職。對權力的慾望使各個諸侯隨即展開了互相的征伐和屠殺。

　　秦末百姓造反本是希望推翻秦朝來恢復安定與穩定的生活。現在秦朝推翻了，局勢卻更加動盪了，何人之過呢？是爭權奪利的諸侯。人們會在亂世中支持誰呢？是那個能給天下帶來安定的人。

劉邦忍氣吞聲前往南鄭的時候，只擁有項羽分配的三萬軍隊。從關中撤往南鄭的途中，為了消除項羽對他的猜疑，也為了斷絕其它王侯對漢中的襲擊，劉邦接受張良的建議，將通向漢中的棧道全部燒燬。經過短暫的臥薪嘗膽，劉邦在漢中積蓄了力量，乘項羽忙於與東方諸侯戰爭的時候，暗渡陳倉（今陝西寶雞市東），以迅猛之勢從背後重返關中，擊敗章邯，迫降司馬欣、董翳。而項羽的表現又一次證明了自己是政治場的外行人。他非但沒有處理好東方各國的矛盾，還嫌名義上的領袖的楚懷王「多事」，先尊楚懷王為「義帝」再把他殺掉。劉邦在關中大展拳腳的時候，項羽正在放心地攻打齊王田榮，對西邊沒有加強防範。結果劉邦有充分的時間東出函谷關，來和項羽爭奪天下。劉邦還打著為義帝報仇的旗號聯絡諸侯，聲討項羽，拉開了楚漢戰爭的序幕。

戰爭一開始，劉邦利用項羽停留在齊國作戰的時機，鼓動諸侯聯軍趁虛攻占了項羽的都城彭城。項羽得到消息後緊急率領三萬精兵返回國內，一舉殲滅劉邦聯軍二十餘萬。劉邦僅率數十騎逃脫。劉邦喘息待定後重整軍隊，依託關中基地和有利地勢好不容易才穩住了陣腳。

▲ 西楚霸王項羽

　　之後，楚漢戰爭進入了長期對峙階段。劉邦的動作比較多，穩定關中基地，說服項羽部將轉換陣營，派韓信去北方攻城略地；而項羽的動作堅定而勇猛，直搗劉邦的滎陽大本營，將對手團團包圍。最危急的時刻，項羽抓住了劉太公，聲稱如果劉邦不投降就把老人家煮了。劉邦則說自己與項羽情同兄弟（估計在反秦起義的時候，各支義軍的首領都稱兄道弟），劉太公是自己的父親也是項羽的父親。如果項羽煮了劉太公，希望項羽能夠分自己一杯羹。這段軼事使我們在千年之後，還能感覺到劉邦的流氓氣。最後，劉邦用陳平反間計離間項羽和范增，迫使范增衝動返鄉，死在了路上。然後遣部將紀信假扮劉邦去楚軍詐降，使得劉邦乘機逃出滎陽。劉邦之前的籌劃在這時發揮了作用，幫助他反敗為勝。事業有成的韓信率北方軍隊南援，劉邦的盟友則騷擾項羽後方。項羽腹背受敵，疲於應付，失去了戰場上的優勢。最後，劉邦和項羽訂盟，約定以鴻溝為界，中分天下，各自退軍和睦共處。東歸楚，西歸漢。這就是「楚河漢界」典故的出處。訂立盟約後，項羽撤軍。天下似乎恢復了寧靜。

　　楚漢訂盟後，劉邦本要按盟約退兵。但張良、陳平等人提醒劉邦抓住項羽撤軍的良機，背約追擊楚軍。劉邦沉吟片刻，對全軍下達了追擊令。

　　當時項羽和劉邦的勢力相當，誰都沒有扳倒對方的把握。

　　劉邦畢竟從小闖蕩社會，流氓習氣濃厚，善於「不講道德」地抓住任何機會。項羽機械地遵守盟約，全軍而退。而劉邦非但不退，還將此作為進攻的良機。就這麼一個「道德選擇」改變了政治格局的力量天平，為一個新的王朝的奠基。

▲ 漢高祖劉邦畫像

　　劉邦的追擊大軍在固陵趕上項羽，可一時間還打不贏。劉邦之前曾大力封賞籠絡韓信、彭越、黥布等人，此時終於產生了效果。劉邦最終在垓下重創楚軍，項羽自刎於烏江（今安徽和縣境內）。據說在決戰時，劉邦的大將韓信演出了「四面楚歌」的攻心大戲。韓信下令讓楚國的俘虜在項羽軍營四周唱起悲歌，哀傷異常，徹底打擊了楚軍的士氣。項羽見敗局已定，帶領二十八騎殺出重圍。傳說在途中，項羽等人找到一個老農，詢問去路。老農對項羽之前的所作所為很不滿，將項羽等人指向了沼澤地。結果項羽一干人等被大批追兵圍得嚴嚴實實。項羽最終自刎身亡。還有一個流傳很廣的傳說是，項羽在最後時刻在長江邊遇到了從江東老家來的一個亭長，撐著小船來渡項羽回去。項羽感嘆當年跟隨自己征戰的江東子弟兵所剩無幾，「不肯過江東」，自刎在了江邊。

　　劉邦取得了楚漢戰爭的勝利，又陸續消滅了農民起義的同僚。西元前二〇二年，劉邦在山東定陶泗水之陽舉行登基大典，建立新王朝，定國號為漢，定都長安。因為劉邦建立的漢朝與之後劉秀建立的漢朝相比，首都位置在西，所以在歷史上被稱為「西漢」。

中國歷史上的第一次農民起義並沒有產生一個農民王朝，而是催生了一個由前朝小官吏稱帝的新王朝。西漢王朝的開國元老基本上是秦朝基層官吏、地主豪強和六國遺老遺少。

為什麼農民沒有享受到勝利果實，掌握新王朝的領導權呢？究其原因，不僅是因為農民群體存在著致命的政治缺陷，也不能忽視劉邦的個人作用。劉邦本人在稱帝後曾頗為得意地進行了「經驗總結」。漢高祖五年，劉邦置酒洛陽南宮，問大臣們：「朕為什麼得到了天下？項氏又為什麼失去了天下啊？」都武侯高起、信平侯王陵回答道：「陛下慢而侮人，項羽仁而愛人。然陛下使人攻城略地，所降下者因以予之，與天下同利也。項羽妒賢嫉能，有功者害之，賢者疑之，戰勝而不予人功，得地而不予人利，此所以失天下也。」意思是說與項羽相比，劉邦用人不疑，賞罰分明。劉邦聽後，補充說：「公知其一，未知其二。夫運籌策帷帳之中，決勝於千里之外，吾不如子房。鎮國家，撫百姓，給饋餉，不絕糧道，吾不如韓信。此三者，皆人傑也，吾能用之，此吾所以取天下也。項羽有一范增而不能用，此其所以為我擒也。」他認為自己勝利最主要的原因就是得到了眾多人才的輔助，用好了這些人才，使其各盡其能。我們可以把它理解成劉邦對自己「得道多助」、奪取天下的贊同。劉邦對社會的熟悉和深入掌握，使他不僅能團結、號召人才，而且能制定符合民心的方針政策。而原本居於優勢的項羽，囿於貴族世家狹隘鄙習，脫離百姓民心；加上他個人剛愎殘暴，缺乏智謀，又不能採納部下正確意見，難逃覆滅的命運。

讓農民起義軍安慰的是，劉邦畢竟是農民家庭出身的皇帝，他的事業畢竟脫胎於農民起義的大潮。秦末農民起義對西漢王朝的建立，功不可沒。

第三章　東漢：腰斬王朝的重興

　　王莽的新朝把漢王朝「腰斬」成了東西兩段。綠林和赤眉的農民起義雖然為漢王朝的重建與復興提供了可能，然而真正完成這個重任的是與西漢王朝血緣非常疏遠的「皇族」劉秀。從昆陽之戰到河北崛起，劉秀也經歷了從參加農民起義，到脫離農民的過程，成長為「農民起義的叛徒」。

　　西元一七年，南方荊州鬧饑荒，餓死了許多人。

　　王莽的新朝敝政良多。饑荒實在是小事情。王莽把天下搞得一團糟，不僅沒有解決西漢遺留的問題，還常常腦瓜一熱就衝動地推行「復古改制」的措施。但是政治清明、百姓安居樂業的盛世並沒有出現，人們的生活水準反而退回到了原始水準。王莽還不聽忠言，不斷加強控制，頒布一個又一個的嚴刑峻法，鬧得天下怨聲載道。

　　老百姓們惹不起跑得起，紛紛脫離戶籍逃亡。

　　荊州的饑民們紛紛逃入沼澤地區，挖野荸薺充饑。沼澤裡的流民越來越多，野荸薺卻有限，人們常常為了爭奪野菜而相互爭鬥，迫切需要建立一套合理的分配制度。恰好有兩個新市來的強人 —— 王匡和王鳳，主動出來調解爭鬥，分配野菜，得到了大家的擁護。王匡、王鳳周圍聚集了幾百個饑民，還有許多逃亡罪犯前來投奔，力量就越來越大。然而人越多，荸薺越顯得有限，吃野菜的日子也快過不下去了。大家眼看著全要餓死了，王匡、王鳳一合計，這日子過不下去了，乾脆造反吧！一場轟轟烈烈的農民起義就這麼開始了。

　　王匡等人占領了綠林山（今湖北大洪山），以此作為根據地，攻占四周鄉鎮。在短短幾個月的時間裡就發展到了七八千人。這支起義軍被

稱為「綠林軍」，百姓們則叫他們「綠林好漢」。綠林軍攻城略地之後，都要打破國家機構，釋放無辜的囚犯，搬出繳獲的戰利品回綠林山自用並且外散發給貧民百姓。官府派了兩萬官兵來圍剿綠林軍，沒有成功，反而壯大了綠林軍的聲勢。越來越多的人將投奔綠林山看作是人生出路。不幸的是，第二年綠林山爆發了傳染病，有一半的人被疾病奪去了生命，剩餘的人撤離綠林山，分頭堅持作戰。他們各自占領一塊地盤，不僅很快恢復了元氣，而且發展出了不同的武裝 —— 新市兵、平林兵和下江兵。這三路人馬都由綠林山起義軍衍化而來，繼續沿用「綠林軍」的名號。

綠林軍在荊州蓬勃發展的時候，東方興起了一支「赤眉軍」。

話說琅琊郡海曲縣（今山東日照）有一戶姓呂的人家，母子相依為命。兒子在縣裡當差，不肯毒打欠稅的窮人，違背了上級的命令，被縣官殺害。這件事激起了公憤。縣裡的窮苦百姓本來就對生活失去了信心，現在見好人遇害，衝進官府殺死了縣官。事情鬧大了，呂母只好帶著大家逃入黃海，公開與官府為敵。呂母遇害後，部下轉投了山東的另一個起義領袖樊崇。樊崇在莒縣起事，後來占據了泰山。樊崇起義軍發展迅速，帶給青州和徐州的官府沉重的打擊。西元二二年，王莽派重臣王匡（和綠林軍中的王匡同名同姓）、廉丹率約十萬大軍找樊崇過招。樊崇不敢怠慢，積極備戰。為了區分造反者和官兵，樊崇命令部下都將眉毛塗成紅顏色，作為識別的記號。由此，樊崇起義軍被稱為「赤眉軍」。結果，赤眉軍戰勝了前來鎮壓的官軍，迅速壯大到十萬多人，勢力遍及青、徐、兗、豫等州縣。

▲ 王莽時期量器

赤眉軍基本由農民組成，始終保持著農民起義軍的鮮明特色。赤眉軍成員幾乎都不識字，命令由口頭傳播；組織壯大後，成員們不知道如何建立完備的組織，只是沿用漢朝鄉官的名稱，大小頭目分別稱為三老、從事、卒史等。赤眉起義軍對普通百姓秋毫無犯，規定傷害百姓者重罰，殺死百姓者處死。因此，赤眉起義軍得到了東方百姓的支持。

此外，河北一帶有以銅馬軍為首的大小數十支起義隊伍。王莽的新朝政權在農民起義的浪潮中過早地進入了風燭殘年。

南陽郡春陵鄉（今湖南寧遠北）的兩個兄弟 —— 劉縯和劉秀，不自覺地被捲入了綠林赤眉起義的大潮之中。

劉縯和弟弟劉秀是漢高祖劉邦的九世孫，出自漢景帝的兒子長沙王劉發一系。他們的父親劉欽只做了小小的縣令，家道已經敗落了。劉欽很早就死了，漢家的天下又被王莽篡奪了，劉縯劉秀兄弟倆失去了貴族身分。儘管劉家的境況大不如以前，但家境還相對富裕，可以支撐兄弟兩人遊學、交結豪俠和從事大宗商貿。

也許是與劉邦的血緣有點遙遠，劉縯劉秀兄弟倆的性格與劉邦有著巨大差別。

劉邦是能夠在鴻門宴上低三下四，在背後大搞流氓手段，陰柔和剛健並存的貨色。劉縯性格極其外向，鋒芒畢露，史書說他「性剛毅，慷

慨有大節。自王莽篡漢，常憤憤，懷復社稷之慮，不事家人居業，傾身破產，交結天下雄俊」。劉縯毫不隱藏自己對王莽篡奪天下、廢除漢朝宗室的不滿。當時官府不許劉姓子弟做官，滿懷政治理想的劉縯無處施展拳腳，心裡怨恨，常常結交天下豪俠。給劉縯扣一頂「圖謀不軌」的帽子，應該不算是冤枉他。

劉秀雖然與劉縯是同胞兄弟，但性格迥異。劉秀九歲的時候，父親劉欽就死了，由叔父劉良把他撫養成人。劉秀打小就養成了內向的性格。他年少時曾去長安求學，學習《尚書》。劉秀的學習成績很一般，《後漢書》記載他對學業只是「略通大義」而已。劉秀沒學到什麼，就回老家種地了。哥哥劉縯志向宏偉、好俠養士，常常取笑弟弟整天樂呵呵地抱著鋤頭，沒出息。每逢此時，劉秀就憨厚地傻笑，作為回應。兄弟倆的老祖宗劉邦有的時候也顯得「很傻很天真」，實際上劉邦是在裝傻，在韜光養晦，而劉秀的確是缺條筋，是「真傻」。

劉縯在家裡蓄養了許多賓客。賓客的待遇很有限，有的人就「業餘」從事打家劫舍的活動，也不排除其中有人參加「反政府活動」。官府知道了情況，自然要來刁難劉家。官吏們常來找劉縯兩人敲竹槓。劉秀怕了，乾脆跑到新野躲起來。劉縯則祕密召集他的豪傑朋友們商量說：「王莽暴虐，百姓分崩。今枯旱連年，兵革並起。此亦天亡之時，復高祖之業，定萬世之秋也。」平時，劉縯和劉秀相處，常自比漢高祖劉邦，志向不小，並且將劉秀看成是劉邦那幾個整天在地裡勞作的兄弟。現在劉縯公開提出了恢復漢室的造反計畫，得到了豪傑和賓客的響應。大家四處聯絡，準備起義。

劉秀那邊也沒閒著。他逃難到新野後，聽說附近的大都市宛（今河南南陽）的穀價高，覺得這是個賺錢的好機會，又跑到宛連繫買家想高價賣出自己在老家種的穀物。宛城也有豪強李通等人在準備造反，正缺

少一個前漢朝的宗室作為號召。現在劉秀自己送上門來，李通等人趕緊以圖讖遊說劉秀：「劉氏復起，李氏為輔。」劉秀知道哥哥劉縯也在籌劃舉事，加上內心深處也躁動不安，於是決定造反。

結果，劉縯在舂陵，劉秀與李通等在宛城，鄧晨在新野同時起義。其中劉縯在舂陵召集劉家子弟賓客七八千人，聲勢最為浩大。劉縯自稱天都部，自比擎天之柱。劉縯、劉秀等人的起義軍被稱為「舂陵兵」。

劉縯、劉秀等人在嚴格意義上來說不能算是農民。他們參與農民起義大潮與綠林、赤眉起義有著本質的不同。他們不是為了生存，而是為了謀取政治發展。

劉縯起義後，由於才能出眾，表現活躍，很快成為荊州造反者的中堅人物。他意識到任何一支起義軍都難以與新朝的政府軍單獨對抗，大家需要聯合起來。劉縯率領舂陵兵主動投靠綠林軍系統，與新市兵、平林兵和下江兵等部聯合行動，算是正式「混入了農民起義軍隊伍」。劉縯還利用人們殘存的對西漢王朝的美好記憶，到處灌輸恢復漢朝的思想理念，也得到了不少人的支持。各部起義軍加上綠林軍連續打敗新朝的政府軍，斬將殺敵，占領了荊州大部，大軍進圍荊州北部、中原南部重鎮宛城。

隨著事業的發展，綠林軍內部矛盾開始顯現。首先是隊伍內部派系林立，缺乏統一的指揮。其次就是劉縯風頭太盛，取得一個又一個的勝利，造成其他首領很大壓力。而一些貴族、官吏出身的起義者在取得部分勝利後開始想著封官授爵的問題了。有些人就提出要推舉一位天子，建立新的王朝，這個提議得到了多數人的響應。

那麼推舉誰當皇帝呢？西漢王朝滅亡僅十多年，人們對西漢和劉姓宗室普遍存有好感。正統觀念迫使起義者首先認為新皇帝要從劉姓宗室中尋找，才能上順天意，下合人心。但是參加綠林起義軍的劉姓宗室很多，到

底推舉誰呢？春陵兵系統想推舉劉縯，劉縯也頗有自立為帝的意思。但是新市兵和平林兵派系的將領本來就擔心劉縯勢力過大，嫉妒劉縯的聲望，搶先推出了一個破落宗室劉玄做皇帝。劉玄算起來是劉縯和劉秀的族兄，混得很不好，當時在平林人陳牧手下當一個屬官。這樣一個看起來很弱的人選得到了多數綠林軍將領的支持。因為在他們看來，劉玄沒有實力、沒有根基，是做一個「虛君」的好材料。推舉劉玄可以保持並擴大自己的利益。劉縯見自己處於少數派地位，只好提出擁戴皇帝、建立王朝時候過早。一來赤眉軍的勢力還很大，需要徵求他們的意見；二來是槍打出頭鳥，綠林軍擁立了皇帝，容易成為王莽政權的頭號打擊對象。因此，劉縯建議等推翻新朝、收服赤眉軍以後再立皇帝。（最主要的原因，劉縯沒有說也不能說，那就是他自己覬覦皇帝寶座。）劉縯的意見遭到了多數派的反對。劉縯顧全大局，不得不同意擁戴劉玄為帝。

西元二三年，綠林軍各派系正式擁戴劉玄稱帝，恢復漢朝國號，年號「更始」。劉玄建立的政權被稱為「更始政權」，劉玄被稱為更始帝。劉玄封劉良為國三老，王匡為定國上公，王鳳為成國上公，朱鮪為大司馬，劉縯為大司徒，陳牧為大司空。其餘諸將都列位九卿將軍。沒有上佳表現的劉秀也被任命為太常、偏將軍。更始政權建立後，漢軍主力加緊圍攻重鎮宛城。為了阻斷新朝南下增援的軍隊，更始政權派王鳳、王常和劉秀等人帶領部分兵力迅速攻下昆陽（今河南葉縣）、定陵、郾縣等地，掩護在宛城作戰的主力部隊。

局勢對新成立的更始政權非常有利。

王莽果然將更始政權當成了心腹大患，決心拿老本和更始政權決一死戰。

在得到宛城受圍的消息後，王莽嚴令大司空王邑、大司徒王尋從各地調兵四十二萬，又驅趕虎、豹、犀、象等野獸助威，組成「百萬大

軍」，浩浩蕩蕩地南下增援宛城。王莽的大軍文臣武將雲集，隊列蔓延上百里，輜重車輛從新朝控制的各個州縣出發，好不威武。王邑、王尋等又會合了在潁川的嚴尤、陳茂各軍，力量更加強大。

起義軍知道王莽興師動眾來報仇後，派劉秀帶領幾千人馬前進到陽關（今河南禹縣西北）去見識一下所謂的「百萬大軍」。如果可能的話，順便狙擊援軍南下。劉秀一看到王邑、王尋的大軍，就覺得用自己的幾千人去狙擊，無異於自取滅亡，急忙率軍撤回昆陽。新朝軍隊進逼昆陽。昆陽城內，王鳳、王常和劉秀等人的部隊總共不過萬餘人，與敵軍實力差距懸殊。漢軍內部人心惶惶，有人提出應該放棄昆陽，迅速後撤。

這時候，劉秀幹農活培養出來的細緻、穩重的性格發揮了作用。他反對棄城而逃，勸阻大家說：「現在是生死關頭，我們必須堅守昆陽。雖然我軍缺兵少糧，但只要齊心協力還有一線生機；如果放棄昆陽，我們非但不一定能逃脫追兵的圍剿，而且包圍宛城的主力部隊會腹背受敵，導致全軍覆沒。」最後大家被劉秀說服，商定由王鳳、王常留守城池；劉秀等十三人乘敵軍立足未穩，連夜縱馬殺出重圍渡過昆水（今河南葉縣輝河），前往郾城、定陵調集援兵。

在包圍昆陽的新朝軍營中，嚴尤認為昆陽城池小而堅固，而漢軍主力駐紮在宛城，應該捨棄沒有策略意義又難以攻克的昆陽，直接進攻宛城。只要打敗宛城的漢軍主力，昆陽也就不攻自破了。嚴尤的正確意見沒有得到主將王尋的認可。王尋自恃優勢，認為百萬大軍攻破昆陽易如反掌，如果連昆陽小城都攻不下，就難以向朝廷交待。新朝的百萬大軍紮了上百座營寨，把昆陽城圍得像高麗菜包住心一樣。昆陽城外旗幟蔽日，塵埃連天，衝殺嘶叫之聲響徹雲霄，百里之外的人都能聽到。昆陽守軍在城內百姓的支持下，頑強抵抗，前仆後繼，打退了新朝政府軍一波又一波的進攻。官軍也花了大力氣。他們製造了巨大的雲車、無數的

衝車，還挖了道地，想方設法地攻城。戰鬥最激烈的時候，昆陽城內下著陣陣「箭雨」，城內軍民行走的時候都需要背著大門板防身。但就是如此艱難，昆陽城也巍然不動。嚴尤再次建議放鬆對昆陽的圍困，鬆開一個口子，讓守軍看到希望，引誘守軍突圍，以便占領昆陽。王邑、王尋再次否定了嚴尤正確的建議，用最原始的方法加緊攻城。

突圍後的劉秀在郾城、定陵等地也遇到了困難。外線的漢軍聽說昆陽幾乎被圍成了一座「死城」，哪個還願意冒大險馳援昆陽。一開始劉秀根本招攬不到援軍。他分析認為外線各個將領更看重現有的財富和地位而不是革命理想。於是劉秀耐心地告訴大家只有積極進攻，才有可能獲取更多的財富和更高的地位；如果消極防禦，等新朝的百萬大軍移師來進攻的時候，大家的性命堪憂，更談不上財富地位了。劉秀反覆解釋，最終召集了一萬多人馬，奔赴昆陽前線而去。

劉秀在昆陽之戰中的表現讓所有人都不得不對他刮目相看。

人們很容易錯誤地以為那些小心謹慎、做事穩重的人能力一般。劉秀就是這樣的人，甚至還表現得有些懦弱。但穩重謹慎與能力低下之間沒有必然的關係。他們只是為人低調而已，很可能才華橫溢，或者厚積薄發，等待一鳴驚人的機會。他們缺乏的是一個機遇。劉秀就在昆陽這座小城等來了歷史賜予他的機遇。

劉秀知道昆陽守軍望眼欲穿，等待著援軍的到來。他挑選了一千多名精銳的步騎兵作為先鋒，主動向新朝軍隊發動衝擊。此舉的象徵性大於實際意義，劉秀著實是勇氣可嘉。王尋見劉秀只有一千人，輕蔑地指派了數千人迎敵。兩軍交戰，漢軍奮勇無比，以一當十，一舉殲滅敵軍上千人。首戰告捷，昆陽守軍和援軍都士氣大振。得勝後，劉秀又偽造了漢軍主力已經攻占宛城的「捷報」並且把它射入城中，進一步鼓舞了昆陽軍民守城的士氣，同時又故意將部分「捷報」射入敵軍的軍營。消息

很快就傳開了，新朝大軍本來就因為被阻礙在小小的昆陽城下，失去了銳氣，現在被假情報迷惑，士氣更加沮喪，無心戀戰了。而劉秀等漢軍援軍全部到達後，又挑選了三千精銳渡過昆水，列陣向新朝大軍挑戰。王邑、王尋等人再次盲目輕敵。

這次，他倆還是給了劉秀一點面子，親自率領一萬軍隊出營迎戰。新朝的大軍由各地抽調而來，缺乏統一的訓練和約束；而地方提供的軍隊多數是拉壯丁拉來的農民，士氣和戰鬥力都很低下。王邑、王尋了解這些情況，出戰前嚴禁其他各軍擅自行動，只在旁邊看著自己消滅劉秀援軍就可以了。結果一打起來，漢軍奮勇爭先，新軍漸漸支撐不住了。那邊觀看的新朝大軍因為事先有約束行動的命令，都不敢出援，竟然坐觀主將失敗。城內王鳳等人見狀，率軍鼓噪而出，夾擊敵軍。頃刻間，昆陽城下喊殺聲四起，新朝大軍陣容大亂。在不到一萬人的漢軍面前，四十二萬人的數量和裝備優勢一點都沒發揮出來。

上天也實在是不保佑新朝，就在決戰開始的時候，天氣大變，狂風驟起，隨即雷電交加，傾盆大雨覆蓋在大地上。新朝大軍為了壯大聲勢，帶了許多虎、豹、犀、象等猛獸。這些猛獸突遭天氣變化，都嚇得四肢發抖，四散奔逃，攪亂了新軍的陣勢。劉秀、王鳳等人越戰越勇，殺得敵人全線崩潰，倉皇逃跑。逃亡過程中，王尋被殺，上萬新軍官兵又因踐踏和溺水而亡。王邑、嚴尤、陳茂等人踏著屍體狼狽逃回洛陽。戰後清點，新軍僅有幾千人逃回洛陽。王莽的主力部隊就這麼被消滅了。

昆陽之戰是以少勝多、以弱勝強的奇蹟，是改變官軍和造反者實力對比的關鍵戰役。

造就這個奇蹟的人就是劉秀。

昆陽之戰的輝煌為漢朝復興帶來了好運，卻給劉縯、劉秀兄弟帶來了厄運。

　　劉縯不僅是起義軍的中堅，更是更始政權中聲望最高的領導者。為了革命事業，劉縯毫不畏懼，奮勇作戰，「陳兵誓眾，焚積聚，破釜甑，鼓行而前」，衝鋒陷陣，取得了一個又一個的勝利。劉縯指揮著更始政權的主力部隊，將宛城團團包圍。但是威名遠揚的劉縯還是沒有改變鋒芒畢露的毛病，自稱柱天大將軍，被王莽視為心腹大患。王莽開出了食邑五萬戶、黃金十萬斤和上公之位的賞格，懸賞他的人頭。王莽還命令長安的官署及天下鄉亭的門側堂上，都要畫上劉縯的圖像，讓士兵天天對著圖像射箭。然而這些絲毫沒有影響劉縯的聲望。漢軍圍攻新野時，遲遲未能攻克。新朝的新野守將潘臨高呼：「只要得到劉司徒（劉縯）的信，我們就獻城投降。」不久劉縯真的來到了新野，潘臨也真的開城投降了。劉秀在昆陽創造奇蹟的時候，劉縯也攻克了宛城。更始帝劉玄把政權的大本營遷到了宛。宛城成為漢朝的臨時首都。這樣，劉縯和劉秀兄弟倆的名聲就更大了。

　　有人勸劉玄把劉縯除掉，一來出於妒嫉，二來出於派系利益。

　　劉玄略微猶豫了一下，就把劉縯誘進宮來殺掉了，扣上的罪名是「抗旨」。劉玄雖然是個能力平庸的人，常常在朝會時面對奏事茫然無措，但是他在維護皇權、妒嫉功臣方面的能力一點都不差。當然，劉縯自身也有功高震主、不知韜光養晦的缺點。

　　劉縯遇害後，劉秀成為了劉玄等人的下一個動手目標。劉秀與劉縯兄弟情深，聽到哥哥被殺的噩耗，悲痛欲絕。他明白自己的處境非常危險，也知道憑自身的力量絕對不是劉玄等人的對手。劉秀不願意脫離已經恢復的漢朝政權另立門戶，就馬上趕到宛城，宣布和劉縯「劃清界限」，還跑去向劉玄哭訴，發誓效忠。他放棄軍隊，在宛城住了下來，既不參與政事也不為劉縯戴孝，毫無喪兄的憂傷之情，終日飲食玩樂。日常交際中，當有人問起昆陽大戰的情形，劉秀絲毫不講自己的所作所

為，將功勞全部讓給其他將官。最後，連劉玄都覺得有點對不起劉秀這個「老實人」了。

其實，劉秀是在表演。如果有人絲毫都不念手足之情，這個人不是鐵石心腸，就是矯揉造作的高手。劉秀怎麼可能對兄長被殺之事無動於衷呢？但是他要保護自己，才能爭取日後為兄長報仇。劉秀本來就具有經天緯地之才，如今的突然變故和惡劣環境激發了他的潛力。其實劉秀的表演存在許多紕漏，只是劉玄等人沒有發現而已。只要再細心一點的人就會發現，劉秀雖然在外吃喝玩樂，但自己在家一點酒肉都不沾；他的枕席每天都有哭泣之痕。更重要的是，好幾個親信和大將都曾經去劉秀家探望密談過。

在宛城的短暫歲月是劉秀的脫殼蛻變時期。

沒多久，王莽的人頭就被送到宛城來了。

王莽在昆陽之戰中損耗了王朝主力，喪失了還手之力。漢軍很快就攻占了洛陽和長安，砍下了王莽的人頭。二三年，劉玄帶著更始政權大搖大擺地回到了西漢王朝的舊都長安。

當時，更始政權只是在名義上恢復了漢家的江山。東方有赤眉軍，北方有銅馬起義軍為首的河北起義軍，其他地區還有許多割據政權。劉玄在長安能夠指揮的地區很有限。於是，劉秀就向劉玄請求，希望能夠去河北為朝廷開疆拓土。

劉玄爽快地批准了劉秀的請求，任命劉秀為破虜大將軍，封武信侯，行大司馬事，去鎮撫河北諸州郡。劉玄多少也看出了劉秀要藉機「單飛」的企圖，但是他也有一箭雙鵰的想法。河北不是誰想經營就能經營成的，當時河北各路起義軍和地方勢力不服劉玄統帥，擁兵數以百萬計。劉秀帶領屈指可數的隨從，如果能夠蕩平河北各股勢力，就為更始政權掃除了大患；如果劉秀失敗了，那麼河北的地頭蛇就為劉玄消滅了

大患。無論結果如何，劉玄覺得自己都能坐收漁利。

　　結果，劉秀根本就沒有按照劉玄的想法去做。劉秀採用鄧禹、馮異等人「延攬英雄，務悅民心」的建議，不在河北打仗，而是收攬人心壯大自己。劉秀考察吏治，廢除王莽苛政，分遣官員，循行郡縣，清除冤獄，籠絡人心。他還大規模恢復西漢王朝的政治和法律，贏得了百姓的支持，尤其是河北上層人物的歡迎。河北有很強大的農民起義軍勢力，但是上層人物總覺得和那些底層農民出身的實力派首領們缺乏共同語言。現在劉秀來了，大家和他非常有共同語言。劉秀很快就得到了信都、上谷、漁陽等地地主官僚集團的支持，儘管有強大的敵人的追殺和進攻，還是很快就站穩了腳跟。不久，劉秀鎮壓和收編了活躍在河北的銅馬農民起義軍，收降數十萬人，擁有了雄厚的實力。

　　河北發生的事情讓遠在長安的劉玄後悔了。更始二年（西元二四年），劉玄派使者封劉秀為蕭王，召他回長安。他想剝奪劉秀的實權，吞併劉秀的勢力。大將耿弇勸劉秀說：「劉玄必敗。山東根本就不聽劉玄的號令，而劉玄的皇親國戚在長安橫行霸道，天下局勢沸騰，和王莽時期沒有兩樣。這天下應該由您來平定。」劉秀很贊同耿弇的意見，打發使者回話說河北未平，還不能回長安。此後，劉秀基本甩開更始政權，單幹起來。二五年春，劉秀分別鎮壓了元氏、北平、安次等地的農民起義軍。起義軍殘部敗退到漁陽，劉秀堅壁清野，斷絕起義軍糧草，再武力鎮壓，殲滅起義軍主力。至此，河北農民起義軍和地方勢力基本上被劉秀平定。當年六月，劉秀在部下的擁戴下，在鄗（今河北柏鄉北）稱帝，國號依然採用「漢」，重建漢政權。劉秀建立的就是東漢政權。

▲ 漢光武帝劉秀畫像

劉秀用短短兩年時間就建立了東漢王朝，可謂神速。

劉秀在河北稱帝的時候，山東的赤眉軍開始大舉進攻更始政權。

更始帝劉玄入主長安的時候，赤眉軍是願意投降的。但是劉玄只給將領一些虛職，缺乏誠意，在收編招安赤眉軍將士的根本問題上也談不攏。綠林和赤眉這兩支最大的農民起義軍最後兵戎相見，水火難容。西元二五年，數十萬赤眉軍兵分兩路由樊崇和徐宣分別率領，進攻關中。赤眉軍雖眾，但軍紀散漫，被稱為「群賊」。有人就建議赤眉軍也要扶立一位劉姓宗室做皇帝，「扶立宗室，挾義誅伐」，以便與更始政權抗爭。樊崇等人欣然採納了這個意見，馬上動手在軍中尋找前朝宗室。一開始找到了七十多個宗室，後來挑選了血緣最近的三人，最後選中了十五歲的劉盆子。劉盆子是在亂世中被裹脅著參加赤眉軍的，在下級軍官劉俠卿手下放牛。史書為了避諱，說劉盆子是「牛吏」。據說劉盆子這個皇帝是拈鬮抓來的，估計他被選中的主要原因是年幼無知，是充當傀儡的好材料。赤眉軍首領們拜倒，對著披頭散髮、赤腳爛衣的劉盆子三呼萬歲的時候，竟然硬生生把劉盆子嚇哭了。行完禮後，劉盆子放著九五之尊

的享受不要，仍然回到劉俠卿部隊中當他的「牛吏」，弄得劉俠卿還得日夜提心吊膽地看護劉盆子。赤眉軍政權由御史大夫樊崇和丞相徐宣掌握實權。據說赤眉軍將領之中只有樊崇認字，所以才讓他做了御史大夫。

長安城中的劉玄也和王莽一樣，把國家治理得一團糟糕。他為帝後就沉湎於宮廷享樂，重用岳父趙萌，放任其專權。更始軍內部發生內訌，大將王匡轉投赤眉軍，成為了樊崇等人的嚮導。赤眉軍殺向長安，劉玄卻濫殺申屠建、陳牧、成丹等綠林軍重要將領。西元二五年九月，赤眉軍攻入長安，劉玄先是逃走，後來投降赤眉。為了免除後患，劉玄在當年年底被縊死。

現在是兩個劉姓天子在爭奪天下：劉秀與劉盆子。

誰料到赤眉軍這支純農民起義軍在進入長安這個花花都市後，也坐不了江山，迅速腐壞墮落了。

赤眉軍軍紀敗壞到無以復加的地步，燒殺劫掠，無所不為，甚至還盜掘了長安附近西漢王朝列祖列宗和王后的陵寢。劉盆子這個皇帝基本上是個擺設。地方偶然向他進獻貢品，也被亂軍搶走，落不到手裡。臘祭日裡，劉盆子在長樂宮大擺宴席招待赤眉軍將領。誰料將領們在宴會上拳腳相向，士兵們也衝進來搶劫酒肉，最後還是衛尉聞訊率兵入宮，斬殺了肇事者上百人才鎮住了場面。劉盆子當時嚇得魂飛魄散，從此更不敢過問政事了。他的哥哥劉恭讓弟弟乾脆辭職，不當皇帝算了。天下哪有皇帝辭職的道理？劉盆子去向樊崇等人辭職，自然沒有得到「批准」。

赤眉暴虐，喪失了民心，再加上長安周邊連年戰亂，供給有限，很快就待不下去了。樊崇等人先是帶著赤眉大軍西進陝甘，一無所得，最後不得不折回東方，想返回山東。

劉秀趁赤眉軍在長安的時候，占領了洛陽。這時，劉秀集中了二十萬大軍，埋伏在赤眉大軍必經之路的兩旁，專等赤眉軍鑽進包圍圈。

為了保證赤眉軍能夠鑽進包圍圈，劉秀派大將馮異到華陰誘敵深入。

赤眉兵果然一路向東。馮異把赤眉軍的先鋒包圍在崤山腳下。戰前，他向赤眉軍下戰書，約定決戰的時間和地點。樊崇按時派遣一萬多赤眉軍來到約定地點。馮異派出的部隊打扮得和赤眉軍一模一樣。混戰在一起，赤眉軍根本分不出敵我。正當赤眉軍為難之時，赤眉軍模樣的漢兵高喊「投降！我們投降。」他們紛紛放下武器，引得真正的赤眉軍不辨真偽，也都繳械投降。

消滅赤眉軍一部後，劉秀的漢軍又在西元二七年閏正月將赤眉軍主力包圍在宜陽。此時的赤眉軍已經疲敝不堪、饑渴多日了，突然落入裝備精良、以逸待勞的漢軍主力的重重包圍之中，驚惶失措。樊崇等人自知不敵，只好派劉恭前往漢軍中求降。劉恭問劉秀：「劉盆子率領百萬大軍投誠，陛下將何以待之？」劉秀簡要地回答：「我保證劉盆子不死。」樊崇、徐宣、劉盆子最終決定肉袒出降。赤眉軍全部放下武器，武器實在太多，堆積在宜陽城西幾乎蓋過了附近的熊耳山。劉秀調動人力提供伙食，保障十餘萬俘虜都能得到久違的飽飯。

第二天，劉秀在洛水之畔召見了劉盆子君臣。劉秀問劉盆子：「你說你自己該不該死？」劉盆子回答說：「我罪當應死，幸虧陛下可憐我，才赦免我的死罪。」劉秀笑著說：「你真狡猾，我們劉姓宗室中沒有笨人。」劉秀果然信守諾言，沒有加害劉盆子，還讓他做了趙王郎中。劉盆子後來患眼疾失明了，東漢朝廷又賜給他滎陽均輸官地，食稅終身。劉盆子最後得以善終。

問過劉盆子，劉秀又問樊崇等人：「你們後悔投降嗎？如果不服，朕現在就讓你們回去重整軍隊，我們再來決一勝負。朕並不強求諸位。」徐宣等人叩頭說：「臣等出長安東都門的時候就決定要歸順陛下，如此百姓也可以安居樂業。只是具體施行困難，所以沒有告訴大家。現在能夠

投降陛下，簡直是逃離虎口，重見天日，打從心底高興，不後悔。」劉秀客觀地說：「你們做了許多無道的壞事，所過之處都要夷滅老弱，溺社稷，汙井灶。但是你們做了三件好事：一是攻破城邑，縱橫天下，卻沒有拋棄結髮妻子；二是能夠擁立宗室為皇帝；三是其他造反者平時擁立傀儡，情況緊急時就殺死自己擁立的皇帝，拿著他們的首級來投降。而你們能夠將一個完整的劉盆子交給朕。」劉秀允許他們與妻子兒女居住在洛陽，每人賜宅園一處，田地二頃。

消滅赤眉軍後，劉秀統一天下的事業進入了掃尾階段。之後，他征服了關東、河西、巴蜀，終於完成了統一大業。

劉秀迅速重建漢朝的事跡是奇蹟。這個奇蹟的發生，既可以在當時的社會找到思想基礎，又是劉秀付出極大代價的產物。

新朝夾在西漢和東漢之間，等於是將四百年的漢朝腰斬成了兩段。但是新朝改制失敗，激化了社會矛盾，社會各階層反而寄希望於劉漢王朝的重建。人心思漢的社會輿論也成為社會各階層的共同選擇，最終促成東漢王朝的建立。趙翼讀二十二史時感慨「歷觀諸起事者，非自劉氏子孫，即以輔漢為名，可見是時人心思漢，舉天下不謀而同。是以光武得天下之易，起兵不三年，遂登帝位，古未有如此之速者，以因民心之所願，故易為力也。」

劉秀為漢王朝的復興付出的最大代價就是改變了個人生活軌跡，最慘痛的代價就是兄長之死，最刻骨銘心的代價就是放棄了真愛。

劉秀早年喜歡上了當地名門望族陰家的女兒陰麗華。陰家相傳是管仲之後，家產也頗為豐富。而劉家早就失去了貴族身分，成為新朝整治防範的對象。劉秀愛慕陰麗華，相當於高攀。劉縯遇害後，劉秀主動趕回宛城請罪。就在劉秀強顏歡笑、人生最為艱難的時刻，陰麗華說服家人主動嫁給了劉秀。劉秀在宛城與陰麗華舉辦了熱鬧的婚禮，給人沒心

沒肺、花天酒地的印象，一定程度上讓劉玄放鬆了警惕。但陰麗華很清楚丈夫的內心，常常勸慰丈夫，指出劉玄氣量狹小，建議丈夫向河北發展。為了使丈夫安心發展事業，陰麗華新婚後不久就回娘家居住。在劉秀心中，陰麗華不僅是真愛，更是賢內助。劉秀在河北發展之初，兵微將寡不說，連立腳的寸土之地都沒有。占卜的遊民王郎一度在河北重鎮邯鄲稱帝，勢力很大，向北方各地發號施令，追殺劉秀。劉秀難以立足，倉皇出逃，一路上為了防止被人發現，餐風露宿，「晨夜不敢入城邑，舍食道傍」，滿臉都是凍瘡和傷痕，淒不忍睹。為了改觀局勢，劉秀透過關係勸降真定王劉揚。劉揚有顧慮，提出了要劉秀娶自己外甥女郭聖通為妻，以此作為歸降的附加條件。劉秀痛快地同意了。劉揚數萬軍隊的歸附，極大改變了劉秀與王郎之間的實力對比。但是劉秀的婚姻徹底被政治需求給攪混了。

東漢王朝的復興清晰地向我們展現了豪強菁英借農民起義的浪潮開國創業的歷程。

第四章 唐：體制內的造反者

　　《隋唐英雄傳》是中國人家喻戶曉的民間故事。它刻畫了隋末農民起義過程中程咬金、秦瓊、羅成、徐茂公等傳奇英雄的形象，營造了瓦崗寨那麼一個豐富多彩的表演舞臺。隋末唐初的英雄人物無法確數，但最大的、最成功的英雄肯定不是那些膾炙人口的豪俠好漢，而應該是李淵。沒有其它英雄像李淵那樣在隋朝政治體制中呼風喚雨，又藉著風起雲湧的造反浪潮建立了自己的王朝。

　　做事情要講時機。時機不對，即使出發點很好，也往往事倍功半，甚至事與願違。

　　政策的實施和推廣也要找準時機，一看是否具備社會是否具備了推行政策的基礎，二看人們的心理是否能夠接受這些政策措施。

　　隋煬帝楊廣就不明白這個道理，即位之後推行了繁重的政策方針。比如修建長城、打通西域，發展與少數民族關係；開鑿運河，將南北經濟連成一體；改革中央和地方制度，以及頻繁出兵鎮壓反叛等。這些政策方針政策的出發點都是好的，有些政策功在千秋，對後世產生深遠影響，但卻「禍在當地」。人們不適應那些繁重的政策，更不適應那些貫徹執行政策的人物，社會上也為這些方針政策付出了沉重的代價。結果造成廣大農村耕稼失時，田地荒蕪，作為王朝核心地區的河北山東地區遍地臭穢的屍體，景象悽慘。自然災害又不請自到，百姓困窮，財力俱竭。後世認為隋煬帝罪大惡極，「罄南山之竹，書罪未窮；決東海之波，流惡難盡」。可以說，楊廣在一個錯誤的時機，用錯誤的方式方法推行了許多正確的政策方針。

　　大業七年（西元六一一年），楊廣幾乎動用了全國的軍隊，徵調整個

華北的農夫提供後勤，大舉進攻高麗。這時候天下的忍耐到達了極限。山東鄒平人王薄在長白山（今山東鄒平南）起義，號召拿起刀槍造反。躲避徭役的、生活過不下去的人紛紛揭竿而起。從此農民起義風暴席捲隋朝的大部分領土，全國各地興起的起義軍數以百計。這些起義軍少則數百人，多達十餘萬人，前仆後繼，最後匯成三大的農民武裝：河南山東的瓦崗軍、河北的竇建德軍和江淮地區的杜伏威軍。

政策失誤的隋朝很快就淹沒在了農民起義的大潮之中。

在所有農民起義軍中，最耀眼的是瓦崗軍。

河南有個人叫翟讓，是東郡法曹，不知道出於什麼目的，「執法犯法」，犯下了死罪被關進大獄。一個好心的獄吏放了他。翟讓只好在大業十二年逃到瓦崗（今河南滑縣南），建立山寨，從事招攬農民造反的新職業。同郡的單雄信勇猛好鬥，地上和馬上功夫都很了得，也組織了一群少年前往入夥。最早加入瓦崗軍的還有濟陰郡離狐的徐世勣。徐世勣的年紀很輕，眼光卻很厲害。他認為翟讓在本地打打劫、反反官府，沒有什麼大的前途，建議瓦崗軍前往滎陽、梁郡交界搶劫汴河運輸，壯大自己。瓦崗軍因此很快就發展成軍需充裕，南北聞名的擁有上萬人的大武裝。

但瓦崗軍的大發展還要等到李密加入以後。李密出身隋朝貴族大將家庭，是名將李弼的後代，從小就繼承了蒲山公的爵位，而且「才兼文武，志氣雄遠」。隋煬帝即位初期，李密就被授予了左親衛府大都督的職位。李密在上層社會的交遊相當廣泛。他是有「靠山王」之稱的楊素的兒子楊玄感的「刎頸之交」。大業九年（西元六一三）春天，隋煬帝第二次大規模征討高麗。時任禮部尚書的楊玄感在黎陽（今河南浚縣東北）督糧。楊玄感見天下起義軍星羅棋布，決定趁火打劫，牟取更大的富貴。他就和親信們滯留漕糧，割據黎陽城，公開造反了。楊玄感等人

大徵丁夫，又偽稱前線謀反，要求周邊郡縣提供軍隊，以便組織自己的大軍。李密聽到好友造反的消息後，忙從長安趕到黎陽，成為楊玄感的謀主。李密早就有了造反的念頭，現在為楊玄感提出了三條建議，分別是北上幽州，截斷楊廣的退路；西進長安，控制潼關準備割據；近攻洛陽，占領大城市。本來楊玄感的造反，動靜很大，許多改弦更張的政策主張獲得了許多人的支持。隋朝統治集團內許多貴族子弟和官僚都參與其中。形勢一片大好。缺乏策略眼光的楊玄感選擇了圍攻洛陽。洛陽作為東都，城池堅固，糧草充足，防備嚴密，任由楊玄感反覆猛攻，就是矗立不倒。結果楊玄感浪費了寶貴時機。隋煬帝聞訊緊急從高麗前線撤軍，來討伐楊玄感了。楊玄感腹背受敵，大敗遇害。李密身為造反的重要參與者，被「緝拿歸案」。儘管他在押解途中賄賂士卒越牆而逃，但往日的身分地位徹底失去了。李密隱姓埋名，在六一六年投靠了瓦崗軍。

李密出身政治世家，諳熟政治策略和戰術。他的到來讓瓦崗軍發生了質的飛躍。李密建議翟讓率輕騎襲占官府的大糧倉，開倉濟貧，贏得人心，再積蓄力量，放眼全國。瓦崗軍很快分兵長途跋涉，攻占了隋朝最大糧倉之一的興洛倉。瓦崗軍不僅繳獲了大量軍糧，擴充了隊伍，贏得人心，還斷絕了洛陽周邊的糧食供應，沉重打擊了隋朝政府。李密又派遣徐世勣率兵北渡黃河，會同其他起義軍一舉攻占了黎陽倉，再次開倉放糧，得到了二十多萬的新軍隊。瓦崗軍迅速成為天下最大的造反武裝，黃河中流的許多州縣都投降了瓦崗軍。河北的竇建德等人也歸附瓦崗軍。瓦崗軍發展到了「振臂大呼，眾數十萬，威之所被半天下」的巔峰。

隋朝軍隊接二連三地進攻瓦崗軍，結果都沒有成功。躲在江都的隋煬帝派遣王世充率領精銳軍隊防守東都，專門負責剿滅瓦崗軍。結果王世充也被瓦崗軍打得夠嗆，勉強維持住對洛陽城四周的統治。在勝利面

前，李密大力培植勢力，圖謀將瓦崗軍勢力據為己有。他自稱「魏王」，這就和瓦崗軍的老領導翟讓等人產生了矛盾。翟讓的親屬和舊部都建議翟讓不可大權旁落。李密搶先下手，設宴邀請翟讓等人赴宴。宴會前，李密將翟讓的護衛人員支開。宴會上，李密拿出一張好弓請翟讓觀賞。翟讓放鬆了警惕，被預先埋伏的刺客從身後斬殺。李密隨即屠殺了翟讓的兄侄、舊部，任命親信統領了瓦崗全軍。從此，瓦崗軍成為了李密的私人武裝，也褪去了農民起義軍的色彩。

李密殺翟讓，應該受到道德的譴責。可對於一個政治力量的崛起，乃至於一個國家的政治變遷來說，這實在不值得大驚小怪。政治與道德無關。誰能肯定地說到底是翟讓還是李密才能帶領瓦崗軍取得更長足的發展呢？取得內訌成功的李密有著勃勃的稱帝野心。依據瓦崗軍的力量，他衝刺皇帝的寶座也並不是不可能的事情。但是李密一旦自己成為逐鹿中原的主角之後，喪失了原先的政治判斷力，也像楊玄感一樣將主要力量集中在攻占東都洛陽上面。結果瓦崗軍列重兵於堅城之下，歷經數年也沒有進展。

李密沒能實現登基稱帝的志向，但牽制住了隋朝的主要力量。雙方在洛陽四周打得死去活來，誰都幹不了其他事情。這就為其他力量的崛起提供了便利。

人們熟悉的隋唐英雄們多數是瓦崗軍的成員，多數英雄故事都是圍繞瓦崗展開的。

在眾多好漢中，「混世魔王」程咬金是知名度最大的。在演義中，這個程咬金紮過掃把，劫過皇銀，因為不識字又沒記性，只會揮大斧頭，而且只有三招。也就是這三招，讓程咬金「三斧定瓦崗」，成了瓦崗寨大魔國的國王，外號「混世魔王」。程咬金心機簡單、為人豪爽、粗中有細，在演義中的命運極好，後來把瓦崗寨主的位置讓給了李密，投降了

唐朝，歷經高祖、太宗、高宗、武則天、中宗、睿宗六朝，活到一百多歲才善終，可謂是福將。

演義中的程咬金是以歷史上的程知節為原型的。

歷史上的程咬金並非貧寒出身，而是世家大族之後。曾祖、祖父和父親都是北齊王朝的州縣大員。程知節從小就勇武聞名鄉里，尤其善於馬槊。李密在瓦崗軍發達的時候，程知節加入了瓦崗軍，指揮李密的親軍。在李密和翟讓內訌的過程中，程知節是堅定站在李密一邊的。李密兵敗後，程知節被王世充收編。程知節不願為王世充部下，轉投秦王李世民帳下。在唐王朝消滅各地割據勢力的戰鬥中，程知節立下赫赫戰功，被封為宿國公。在唐朝的內訌中，他堅定站在李世民一邊，險遭陷害。玄武門事變中，程知節是李世民一邊的活躍分子。此後，程知節宦海沉浮，歷任高官，最後告老還鄉。麟德二年（西元六六五年）病死後獲得了陪葬昭陵的待遇。

秦瓊、王伯當、羅藝、羅成等人也都有歷史原型。但藝術形象與真實形象間也都存在重大的差異。雖然真實的程咬金等人並非家世窮困、身分乾淨的農民出身，但參與農民起義的事情是千真萬確的。

隋末造反者中，演義中的程咬金這樣的農民造反者和楊玄感、李密那樣的野心家，一半對一半，平分秋色。

唐國公李淵就屬於後者，只是他隱藏著更深，更出乎人們的意料之外。

隋朝李家是發源於西魏時期的世襲貴族家庭，也是一個胡漢混血民族融合家庭。唐朝建立後，李家自稱是十六國時涼武昭王李氏的後代，現在研究普遍認為李唐皇室很可能是胡人，北魏弘農太守李初古拔的後裔。雖然李家有多半漢人血統，因為功勞卓著，曾被北周王朝賜姓「大野」。所以李淵早年也被叫做「大野淵」。這就像隋朝皇室楊家的情況一

樣。楊堅早年也被稱為「普六茹堅」。楊家和李家都是因為軍功得到北周
王朝賞識的漢人家族，同為北周的八大柱國將軍。李淵的母親獨孤氏與
北周明帝獨孤皇后、隋文帝獨孤皇后是姐妹關係，都是同為八柱國之一
的獨孤信的女兒。因此，李家和楊家還算是親戚。

　　李淵七歲時父親就逝世了，但依靠父輩的祖蔭，承襲父爵做了唐國
公。因為貴族身分，李淵很早就入仕了。在隋朝建立之初，李淵補為千
牛備身。隋文帝楊堅在位時，將李淵看作是與自家有世交的「侄子」，又
看作是本家的「外甥」，照顧有加。加上李淵和皇子楊勇、楊廣等人年紀
相仿，李淵和皇室關係密切，在隋朝早期的日子相當好過。如果有人說
李淵對朝廷懷有二心，想必沒有幾個人會相信。隋煬帝即位後，李淵的
官運就不太亨通了。據說是因為他過分喜愛自己養的駿馬和獵鷹，不肯
獻給隋煬帝，所以隋煬帝就暗中刁難自己這個表親。後來，李淵在妻子
竇氏的提醒下，開始積極向隋煬帝進獻駿馬、獵鷹和玩物，官運立即亨
通起來，先後任滎陽（今河南鄭州）、樓煩（今山西靜樂）兩郡太守、殿
內少監、衛尉少卿。六一五年，李淵出任山西河東慰撫大使，兩年後拜
太原留守。雖然算不上是隋朝政壇呼風喚雨的人物，但沒人否定李淵是
朝廷的顯貴，是現有政治體制的既得利益者。

　　人們往往更喜歡演藝中風風火火的隋唐英雄們，而忽視了李淵這樣
深藏不露的低調英雄。

　　李淵地位上升的時期正是農民起義風起雲湧的時期。

　　李淵最初是以鎮壓造反者的正面形象出現在隋史中的。他一開始也
對各地的農民起義軍咬牙切齒，參與謀劃鎮壓方略。因為各地洶湧的農
民造反者們逐漸動搖了隋朝的統治，直接威脅著李淵這個既然利益者的
權益。六一七年，馬邑郡人，鷹揚府校尉劉武周因為和太守王仁恭的侍
女私通，先下手為強，以貪汙之名殺死了王仁恭，造反起兵。劉武周自

稱天子，建立定陽國。李淵就在鄰近的太原擔任留守。他以討伐劉武周為名，招兵買馬。李淵和二兒子李世民、親信劉文靜、長孫順德、劉弘基等人積極募兵，十餘天就聚集了超過一萬人的軍隊。但是李淵並不出兵攻擊劉武周，還祕密派人召回在河東的長子李建成和三子李元吉。這讓人很懷疑李淵大張旗鼓擴充勢力的真實意圖。

此時的李淵內心已經起了不臣之心。

李淵相貌慈眉善目，身材胖碩，似乎看起來是那種既平庸又中庸的官場老油條。實際上，他並不是那種保守頑固、對隋朝愚忠的人。隋朝的統治被造反者動搖了，李淵開始覺得自己沒有必要始終坐在隋朝這條船裡隨著王朝一起覆滅了。李淵長期在與起義軍作戰的第一線，非常清楚造反者已經遍布全國，朝廷已經無力鎮壓。隋朝的滅亡是遲早的事情了，李淵不得不為自己的前途考慮。最開始，李淵效忠隋王朝是因為可以從中獲得權益；現在，李淵要留意自己的出路了。出鎮太原的時候，李淵曾對李世民說：「唐固吾國，太原即其地焉。」隱約透露出割地自守，稱霸一方的意思。而荒誕嗜殺的隋煬帝也一直猜忌李淵。隋煬帝一次出巡途中，徵召李淵來行宮覲見。李淵稱病沒有前來，隋煬帝大為不滿，續而猜疑起來。當時李淵的外甥女王氏在後宮做妃子。隋煬帝不經意地問她：「你舅舅為什麼不來啊？」王氏說舅舅生病，來不了了。隋煬帝再問：「李淵的病，能讓他死嗎？」李淵聽到這段對話後，更加恐懼，不再輕易去朝見隋煬帝。他以縱酒沉湎，納賄貪汙的表象來掩護保存自己。隨著隋朝形勢的日益惡化，李淵造反的念頭從出現到深入發展。之前的招兵自肥就是壯大自己實力的表現。

二兒子李世民在李淵造反思想的發展和造反實踐過程中，造成了推波助瀾的作用。李世民從小經歷軍陣，聰明的名聲遠播在外。隨父親守太原時，李世民已經是很有政治眼光和宏大志向的年輕將領。天下群雄

並起，隋朝官府已經處於風雨飄搖之中，李世民敏銳地預料到隋朝國運將盡，正是英雄建功立業的大好時機。他充分利用父親主政太原的有利時機，積極為反隋爭霸進行活動。李世民一邊廣交英雄豪傑，聯絡晉陽縣令劉文靜、晉陽宮副監裴寂奔走謀劃；一邊積極招兵買馬，準備起事反隋。正史記載他為後來的晉陽起兵做好了充分的準備。劉文靜曾經因受李密株連，被捕入獄。李世民以探視為名，與他在獄中擬定了召募兵士、西入關中、創立帝業的起兵計畫，並透過裴寂將這個計畫轉告給了李淵。

　　唐初的歷史是被人為修改刪定的。根據記載，李世民最終勸李淵下定了起兵太原的決心。李世民第一次勸父親李淵說：「今上無道，百姓困窮，晉陽城外都是戰場。父親如果只滿足於現在的身分地位，那麼天下到處是寇盜，朝廷又有嚴刑峻法，我們隨時處於危亡之中。不如順應民心，在晉陽起兵，轉禍為福。這就是所謂的『天授之時』啊。」李淵一聽，大驚失色：「你怎麼說出這樣的話來，我現在就把你抓到官府去。」話說到這個份上，李世民也只好不再勸了。李淵也沒有把他扭送官府。

　　不久，李世民第二次勸李淵起義：「現在盜賊越來越多，到處都是，父親大人受詔討賊，現在情況又怎麼樣了呢？如果您能夠討蕩群賊，朝廷也會功高不賞，依然會身陷危局。父親如果聽從我上次勸您的話，就可以避禍。我說的是萬全之策，請父親大人不要懷疑。」這一回，李淵不像第一次那樣堅決拒絕，而是以無可奈何的口吻說：「今日破家亡軀由著你去，化家為國也由著你吧。」

　　之後，李淵「討賊不力」，隋煬帝要興師問罪。李世民乘機第三次規勸李淵：「現在的朝廷是君昏臣亂。父親盡忠是沒有意義的。現在晉陽士馬精強，宮監蓄積巨萬，如果以晉陽的資源舉事，何患無成！」李淵這次在李世民的勸說下，終於下了起義的決心。當然這些都是唐朝初期李世

民修訂的歷史的說法，如果沒有李淵早有不臣反叛之心，如果沒有李淵利用身分暗中進行了準備，太原起兵最終不會付諸實施。

還有一段流傳很廣的故事，也可以說明李淵是自動走上造反道路的。傳說晉陽宮監裴寂和李淵交好，往來甚密。裴寂為了前途計，早想投靠新主子了。對太監來說，唯一的方法就是扶立新天子。他看中了李淵的潛力，決定促成李淵造反。一次，裴寂請李淵飲酒，將他灌醉。之後，裴寂安排隋煬帝留在晉陽宮的妃子和宮女為醉酒的李淵侍寢。一夜風流清醒後，李淵意識到了事情的嚴重性：隋煬帝要是知道自己與妃子睡覺的事情，肯定饒不了自己。裴寂於是勸說李淵造反。《新唐書》正式將這個傳說記入正史。它還增加了一些情節，說整件事情其實是李世民和裴寂兩人的陰謀。事後，裴寂勸說李淵舉事，李淵在大驚之餘還是猶豫不決。裴寂恐嚇說：「事發，你我大罪當誅，現在只有叛隋一條路可以走了。」李世民在關鍵時刻，出現在談話中，敦促父親造反。李淵覺得自己被算計了，一開始還拒絕作亂臣賊子，揚言要將李世民送官法辦。但是片刻思考後，李淵點頭同意了。

太原副留守王威和高君雅都是隋煬帝的親信，安插在太原監視李淵。他倆意識到情況反常，判斷李淵極有可能加入造反者的行列，決定先下手除掉李淵。他們假稱將在晉祠舉辦祈雨儀式，請李淵主持，準備暗中埋伏士兵殺掉李淵。晉陽鄉長劉世龍知道了王、高兩人的陰謀，告訴了李淵。

知道王、高兩人的刺殺陰謀後，李淵是不想造反也不行了。

六一七年五月十五日早晨，李淵和王威、高君雅議事。劉文靜領太原屬下開陽府的司馬劉會政趕來，說有密狀呈給李淵。原來劉會政告兩位副留守勾結突厥，圖謀不軌。李淵認為證據確鑿，將二人拿下正法。王威、高君雅不甘束手就擒，召喚親兵隨從拔出兵器拒捕。無奈，大殿

外湧入李世民早已經埋伏好的鐵甲精兵。沒幾個回合，王、高等人就被俘了。當天，王威和高君雅被斬首。當時，突厥趁中原大亂，時常入侵中原。太原城外時常出現遊蕩的突厥騎兵。李淵為除去王、高二人找的理由非常自然，他人找不出確切的反對證據來。

除去兩個礙手礙腳的奸細後，李淵開始明目張膽地準備起兵。六一七年七月，李淵率軍三萬在太原誓師，正式起兵。身為從隋朝陣營中脫離出來的高級貴族，李淵一開始就顯露出比一般造反者高明的地方。他不稱王稱霸，而是發布了興兵檄文。其中，李淵宣稱自己是替天行道，而不是爭權奪利。他斥責隋煬帝聽信讒言，殺害忠良，窮兵黷武，致使「豺狼充於道路」，民不聊生。因此，李淵起兵的目的是要廢掉昏君，改立明主，拯救萬民於水火之中。這樣聲明為李淵減輕了許多政治阻力。同時，李淵的目的也是非常清醒、明確的。那就是直取隋朝的心臟——首都長安。李淵不像農民軍一樣，攻城略地，擴充地盤，也不像楊玄感、李密一樣，腦袋發熱，目光短淺，聚焦在少數大都市上。起兵後，李淵採取了靈活正確的策略，一面派遣劉文靜出使突厥，請求突厥可汗派兵馬相助，主要目的是減輕突厥南下的軍事壓力；一面招募軍隊，率師直向長安衝去。

在所有造反者中，李淵只能算是一個中等規模的勢力。從太原到長安，沿途有數倍於己的隋朝軍隊。當李原的三萬軍隊沿汾水南下到達賈胡堡時，隋朝長安留守方面就派虎牙郎將宋老生率精兵兩萬扼守霍邑，左武侯大將軍屈突通駐河東，阻截李淵。李淵這時遇到了大麻煩。上天大雨傾盆，軍隊又缺糧，背後則傳來突厥與劉武周將乘虛偷襲太原的情報。李淵倉促招集將佐，決定撤退，而且一部分軍隊已經啟程了。兩個兒子李建成和李世民就勸他說，困難是暫時的，如果全軍撤退回太原，李家就只能做一個割據頭目了。李家起兵的目的不是割據，而是造反奪

天下。李淵醒悟後馬上召回軍隊，猛攻霍邑。不久，後方軍糧運到，突厥偷襲太原的消息也被證實是個假情報。而霍邑在唐軍猛攻面前失陷，宋老生被殺。長安變得無險可守，成為了李淵的囊中之物。李淵一路上瓦解農民起義軍和收編地主武裝，壯大自己，進軍到長安時已擁有二十萬軍隊了。

客觀的說，李淵抓住了千載難逢的良機。此時李密領導的瓦崗軍正在洛陽與隋朝的主力王世充軍激戰，關中地區空虛。而河東方向的隋朝官軍為了抵禦河北各地的農民起義軍，不敢西進進攻李淵軍隊。結果造成了李淵的部隊遇到極少的阻礙，坦然前進。

李淵的確得感謝各地農民兄弟為他營造的良機。

防守長安的代王楊侑是個小孩，是隋煬帝的孫子，算起來也是李淵表孫子輩的。

楊侑根本就不懂事，任由城內留守的幾個頑固大臣主持守城。長安孤城很快就被唐軍攻破，李淵勝利占領了首都。這時，李淵早年的政治經歷和官場實踐為他充分利用長安的價值提供了幫助。一進城，李淵就號令三軍：「犯隋七廟及宗室者，罪三族。」唐軍嚴格做到了這一點。城內的隋朝高官、貴族和百姓的心理迅速安定了下來。李淵入城後，仿效漢高祖劉邦當年與關中居民的約法三章，他也約法十二條，規定殺人、劫盜、背軍、叛者死，廢除隋朝的嚴刑峻法和苛捐雜稅，嚴格執行。長安城很快就從安定中走出來，轉而支持李淵了。李淵帶來了新的秩序，更好的制度，為什麼不支持他呢？

占領了首都並不意味著占領了天下。李淵知道目前的力量和皇帝寶座還是有距離的。當時代王楊侑好好地躲藏在王府中。李淵就把他抬了出來，尊為名義上的皇帝。義寧元年（西元六一七年）十一月，楊侑在大興殿即皇帝位，改元義寧，遙尊遠在揚州的爺爺楊廣為太上皇。李淵

立楊侑為天子就取消了隋煬帝的正統性，占據了最高的法統地位。他又以楊侑名義自加假黃鉞、使持節、大都督內外諸軍事、尚書令、大丞相等頭銜，進封唐王，綜理萬機。李淵長子李建成成為唐世子，次子李世民封秦王，三子李元吉封齊王。

廢黜昏君，拯救黎民的政治宣傳的背後通常都隱藏著一顆衝擊最高權位的慾望之心。以丞相的名義輔助國政，總理一切，這都是之前的權臣們奪取大權的一貫準備步驟。從魏晉故事到隋文帝楊堅代周都是如此。李淵的特殊之處是他在起兵五個月之後就做到了前人花費數十年才做到的一切。李淵曾概括自己的幸運說：「我雖失意於後主（指楊廣），幸未負於先帝（指楊堅）。」在這裡，他依然將自己當作隋朝的臣子，得意地炫耀自己才是隋文帝楊堅的繼承人。六一八年的正月丁未，隋帝楊侑下詔賜唐王李淵劍履上殿，入朝不趨，贊拜不名的待遇，唐王儀仗加前後羽葆、鼓吹。李淵在事實上與皇帝寶座已經很近了。

李淵畢竟是官場老手，面對許多農民造反者夢寐以求的皇帝寶座，他壓住了內心的衝動。

六一八年晚些時候，隋煬帝楊廣在揚州被殺。

兩年之前，楊廣不顧隋朝安危，再次巡遊揚州，沿途有人膽敢進諫，殺無赦。他很清楚這是在逃避，更清楚其實去哪裡也逃避不了。在揚州的日子裡，楊廣就預感到了這個結局。在揚州的楊廣心裡日夜受到起義烈火的煎熬。晚上他難以安睡；即使入睡，夢中又常驚呼有賊，需要宮女像哄孩子那樣搖撫、哄著才能入睡。

有一次，隋煬帝對著鏡子發呆說：「這麼好的頭顱，不知道誰來砍它呢？」

眼看大部分領土已被起義軍所控制，隋煬帝決定遷都到長江以南的丹陽（今南京），命民眾為他修建宮室。但禁衛軍將士都是關中人，早

就不願久居南方，現在見皇帝要繼續南遷，軍心浮動，紛紛謀劃逃歸故里。六一八年三月，右屯衛將軍宇文化及、將作少監宇文智與將領司馬德勘、裴虔通等人率領士兵殺入宮中縊死了隋煬帝，隋朝滅亡。之所以被縊死，還是楊廣自己的選擇。叛軍們原來要用兵器殺死楊廣，楊廣則要求給自己留個全屍去見祖宗。

　　楊廣的死給長安的李淵勢力帶來了不大不小的震動。隋煬帝死後，楊侑做皇帝對抗隋煬帝法統的作用降低了；但另一方面，楊侑又名正言順地成為了天下的君主。只是現在，楊侑的第二方面作用不一定非要由他來承擔：他姓之人也可以稱帝號令天下。隋煬帝剛死，楊侑進封李淵為相國，總百揆，備九錫之禮。這又是之前篡位者的一貫步驟。唐朝置丞相以下，立李淵高祖以下四廟於長安通義里第。李淵已經開始了新王朝世系的建設工作。在攻入長安後，絕大多數臣民就已經默認李淵的統治地位。三月，楊侑就以李淵「功德日隆，天曆有歸」的理由想禪讓天下給李淵。李淵沒有答應。五月，楊侑又一次要禪位給李淵。他派使持節、兼太保、邢部尚書、光祿大夫、梁郡公蕭造，兼太尉、司農少卿裴之隱奉皇帝璽授於高祖。兩人帶去了禪讓詔書。這一回李淵決定接受帝位。

　　五月二十日，甲子日。李淵選擇登基稱帝。他改大興殿為太極殿，即皇帝位。重新被稱為代王的楊侑又一次回到皇宮，親手將皇帝的寶璽交付李淵。因為李淵封爵是唐王，新的王朝定國號為「唐」，仍然定都長安；李淵就是唐高祖。為了慶祝自己在不到一年內完成了從太原留守到皇帝的變化，李淵下令自己起兵經過的州縣全部給復（免賦稅徭役）三年。

　　當月，李淵封楊侑為酅國公。與之前的遜帝一樣，楊侑沒有被允許前往封地，而是閒居長安。第二年，也就是武德二年五月（《新唐書》為

八月）楊侑薨，年僅十五歲。正史沒有記載楊侑的死因，因此野史就認定他是被李淵毒死的。楊侑在位沒有任何建樹，主要舉動就是一再給李淵加官進爵，還多次下詔要求讓位。因此死後給他上諡號就有一定的難度，最後唐朝稱楊侑為「恭帝」。

唐朝建立時，還只是一個偏居關中的地方政權。

當時天下的大部依然被農民起義軍占領著。最強大的農民起義軍瓦崗軍在唐朝建立前後，仍然耗在洛陽東邊和王世充激戰。李密是和洛陽城槓上了，結果把實力都拖了進去，喪失了寶貴的發展機遇。當東南方向的宇文化及率軍北上的時候，李密的瓦崗軍處境就很危險了。李密下了一步臭棋，投向了王世充，與宇文化及作戰。宇文化及是被打敗了，瓦崗軍也徹底被拖垮了。王世充翻臉相向，李密只好向西投降了李淵。做了唐朝的臣子後，李密才發現自己還是想當皇帝，叛變唐朝想東山再起，事敗被殺。瓦崗軍的餘部融入了唐朝軍隊中。

洛陽的王世充在瓦崗軍失敗後，個人感覺良好，稱帝過起了皇帝癮。平定西北的唐朝大軍這時討伐王世充來了。王世充打不過，向河北的農民造反者竇建德求援，竇建德親自帥兵十萬西援王世充。河北部隊在虎牢關一戰被唐軍打敗，竇建德被俘遇害。王世充勢力隨即失敗。而河北農民起義軍餘部在劉黑闥的統率下，起兵反唐。武德六年，劉黑闥遭部將出賣，被唐軍殺害，餘部被消滅。至此，山東河北的確長達十二年的農民起義軍全被唐朝消滅了。

剩下來的江淮地區的農民起義軍情況比較特殊。杜伏威在宇文化及殺煬帝於江都的時候，沒有抓住時機向東南的隋朝殘餘發起進攻。他先是坐視宇文化及等人北上，接著又莫名其妙地向洛陽的隋朝殘餘上表稱臣，後來又遣使長安向李淵投降。天知道杜伏威是怎麼想的？他的部下也百思不得其解，士氣大挫。實事求是地講，李淵對杜伏威相當好，任

命他為淮南安撫大使、和州總管，封楚王，讓他主宰東南半壁軍事。杜伏威迅速異化為鎮壓農民起義軍的劊子手，不遺餘力地消滅江南地區的其他農民起義軍。

杜伏威打著唐朝的旗號，幫助李淵平定了東南各地，自己也壯大成為江淮一帶最大的勢力。兔死狗烹的命運隨即降臨在他頭上。打敗劉黑闥後，唐朝大軍向江淮移動，威脅杜伏威入朝。杜伏威不得不前往長安朝見李淵。這一去，杜伏威就失去了實權，被任命為太保在長安做起了寓公。杜伏威走後，部下輔公祏積極活動，在武德六年（西元六二三年）奪取兵權，在丹陽稱帝，建立了宋國，與唐朝對抗。實力壯大的唐王朝一點也不含糊，水陸俱進，分南、西、北三面進攻輔公祏。不到半年，輔公祏兵敗被殺。宋國滅亡，唐朝真正統一了中國。

上陣不離父子兵。李淵在建立唐朝的過程中就帶著大兒子李建成和二兒子李世民衝鋒陷陣。李建成和李世民都是非常傑出的孩子，為唐朝的建立立下了汗馬功勞。

二兒子李世民天生聰穎，小時候就在隋朝貴族圈子裡很有名氣，替李淵賺了不少面子。李淵出任晉陽留守時，將李世民帶在身邊。長子李建成則帶著母親、弟弟和家人在河東地區居住避禍，為李淵解除後顧之憂。李世民在晉陽參贊軍務，招兵買馬，是李淵策動太原起兵反隋的核心參與者。在決定造反爭奪天下後，李淵緊急將李建成、李元吉等兒子都祕密召到晉陽共同起事。起兵之初，李淵以長子李建成為隴西公、左領軍大都督，統率左三軍；以李世民為敦煌公、右領軍都督，統率右三軍。兄弟兩人各盡所長，也各有分工。李世民因為出色的軍事謀劃和衝鋒陷陣的能力，逐漸成為了李唐陣營的重要戰將，領兵在外，不斷立功；李建成則一直跟隨李淵身邊，負責軍中行政和後方事務。

唐朝建立後，李淵立李建成為皇太子，封李世民為秦王，任尚書

令。李建成被確立為皇太子一方面是因為他是嫡長子，是宗法制上的第一繼承人；另一方面，李建成經過長期的政治考驗，多有功勳，表現出了未來皇帝應有的素養。對於李世民，李淵以高官厚祿和軍事實權來補償，繼續讓二兒子常年在外征戰。李淵雖然是政治上的強手，但對兒子們卻很寬容。兒子們一旦有什麼過錯，他也不進行實質懲罰，責備幾句了事。但皇子們沒有像李淵希望的那樣和衷共濟，和睦相處。他們為皇權展開了爭奪。唐朝一建立就因為李淵在父子關係問題上的一廂情願和無所作為而產生了太子李建成和秦王李世民之間的權力之爭。

經常出征的李世民逐步消滅各地割據勢力，威震天下。唐朝建立後，王朝的勢力範圍被局限在關中地區。秦王李世民破李軌，平定隴西割據勢力薛仁杲，將唐王朝疆界拓展西北方面的威脅；敗宋金剛、劉武周，收復並汾失地，恢復了李元吉喪送的失地。李世民還親自指揮了虎牢戰役，一舉剿滅中原兩大割據勢力 —— 王世充和竇建德軍事集團，取得了唐朝統一戰爭決定性的勝利。毫不誇張的說，李淵的大半個天下都是李世民打下來的。李世民的威望直線上升，尤其是在虎牢之戰後進入長安時，受到部分軍民以皇帝的禮儀迎接。以洛陽為中心，潼關以東地區幾乎只聽李世民的號令。太子李建成長期經營政治中樞，在以長安為中心的關中地區構造自己的勢力範圍。在長安，文武官員基本被太子網羅在自己周圍。因此，儘管在全國範圍內，李建成的勢力不如弟弟李世民；但在關中局部，在京都長安，李建成完全擁有對李世民的實力優勢。李淵的三兒子、齊王李元吉則和李建成結成政治聯盟，共同對付李世民。

長安城中表面上捷報頻傳，暗地裡波濤洶湧。不同派別的官員們黨同伐異，爭鬥不休。據傳太子府中不斷有人（包括李元吉）建議李建成對李世民採取「非常手段」，李世民也爆發出「中毒得救」的大新聞。李

淵對此都充耳不聞。

　　武德九年（西元六二六年）六月三日夜裡，李世民突然進宮向李淵哭訴大哥李建成和弟弟李元吉處心積慮要謀害他。李世民還「檢舉」哥哥弟弟兩個人在後宮姦淫后妃、宮女。李淵措不及防，只是吩咐宮人召太子、齊王和幾位重臣明天一早來臨湖殿解決這件事情。出了這樣的「醜聞」，李淵的心情自然不好。第二天清晨，在兒子們和大臣們到來之前，李淵在宮中北海池上泛舟，舒緩心情。隱隱約約的，臨湖殿方向先傳來了盔甲相撞的聲音，越來越清晰。李淵遲疑未定，直到大將尉遲敬德手持長矛、全副戎裝地帶著一隊士兵匆匆趕來，才明白發生了什麼事情。當時發生了著名的「玄武門之變」，李世民殺死了李建成和李元吉。李淵則被尉遲敬德「護駕」到臨湖殿上。政變後的第三天，李淵下詔立李世民為皇太子，並在兩個月後傳位於李世民，自己做了太上皇。中國歷史翻開了貞觀盛世的一頁。

　　貞觀九年（西元六三五年）五月，李淵在太安宮垂拱前殿逝世，終年七十。唐朝為他上謚號為「太武皇帝」，廟號高祖。

　　縱觀李淵建唐和統一天下的過程，農民起義軍是他最大的幫手。沒有農民起義軍動搖隋朝統治根基，沒有農民起義軍目光短淺、相互殘殺，李淵這個前朝的貴族是沒有機會觸摸龍椅的。

第五章　明：不變的農民基因

　　鳳陽的一場大災荒讓朱家只有朱元璋與朱興盛兩兄弟僥倖活下來。小兄弟兩身無分文，沒有棺木，沒有壽衣，沒有墓地，拆下家裡的門板抬著裹在草蓆裡的親人，計劃埋到村外去。誰料天降暴雨。小兄弟二人走到村外的一個土丘旁時，門板的繩子還斷了，屍體滑落到土丘下面。兄弟就草草地將親人埋在此處。這座小土丘就是日後大明王朝的鳳陽祖陵。

　　朱元璋真名朱重八。「元璋」這個名字是參加農民軍後由「革命領袖」郭子興為他取的。

　　朱重八他爹叫朱五四。朱元璋發達後，改稱父親叫「朱世珍」。明朝建立後，朱世珍成為了「皇考」，被尊稱為「仁祖淳皇帝」。朱元璋他媽，叫陳二娘。明朝建立後，陳二娘也不能叫了，要叫「仁祖皇后陳氏」。朱元璋在家裡排行老三，大哥叫朱重四，二哥叫朱重六。朱重六就是「朱興盛」。「興盛」也是明朝建立後的官方叫法。

　　朱元璋全家人的名字都特別「土」，除了代號作用外沒有其他作用。可朱元璋年輕的時候一點都不覺得「土」，看看身邊的夥伴和同事，那名字取得一個比一個土。比如同事常遇春的曾祖父叫常四三，爺爺叫常重五，父親叫常六六；兒時玩伴湯和的曾祖叫湯五一，爺爺叫湯六一，父親叫湯七一等等。就是「革命領袖」張士誠的原名也是「張九四」。「張九四」有個同樣「參加革命」的弟弟，叫「張九六」。總之，當時參加造反的人誰都不能笑話誰，大家都是土得掉渣的「泥腿子」。

　　朱元璋的身世和童年生活就和夥伴們一樣，籠罩在一片貧窮與悽慘之中。

　　陳二娘生朱元璋的前一刻，還在農田裡幹活。朱元璋很有可能是陳二娘自助生產下來的。童年時代，小朱元璋就被一條線拴在桌腳或者枯木

上，自生自滅。因為朱五四和陳二娘夫婦天天彎在地裡刨食，尚不能解決溫飽，哪有精力來過問孩子的成長問題。在大饑荒的年代，朱元璋一家不幸染上了瘟疫。不到半個月工夫，六十四歲的父親與大哥、母親陳氏先後去世。朱元璋和二哥放聲痛哭之後，草草埋葬了父母。若干年以後，朱元璋為父母親人補立了墳墓，樹立了高高的墓碑。在他親書的《皇陵碑》中，朱元璋毫不掩飾當年的悲痛之情，寫道：「殯無棺椁，被體惡裳，浮掩三尺，奠何肴漿！」朱元璋直到晚年，都對父母親人的喪事難以釋懷。每每觸及此事，他都會在宮中號啕痛哭，不能自已。明朝政府於是嚴厲禁止臣民為朱元璋慶賀生日，因為慶祝生日會令他想起慘死的父母。

之後，二哥年紀大些，外出逃荒去了。朱元璋被鄰居送入皇覺寺作了小沙彌。

當時是元朝末年，政治黑暗，統治階級內訌不斷。社會經濟衰敗，元朝政府卻橫徵暴斂，階級矛盾和民族矛盾激化。不馴服的黃河也在這個時候來亂上添亂，決口了，成為了中原大患。元朝政府決定發動整治黃河的「重大工程」。這原本是有利於子孫萬代的好事，但卻是禍害當代的壞事。元政府根本沒有整治黃河的能力，只能殘暴地徵發了十五萬農夫來「作貢獻」。這件事情，成為了元末農民起義的導火線。

▲ 明馬皇后

民間祕密團體白蓮教的領袖韓山童、劉福通兩人決定利用修治黃河民怨沸騰的時機，發動起義。結果聯絡的人太多，局面太大了，導致祕密不密，起義還沒開始，官府提前就四處抓人了。韓山童被俘遇害。劉福通則逃到潁州（今安徽阜陽）打動起義。因為起義軍都以紅巾裹頭，所以這次起義被成為「紅巾軍起義」。紅巾軍起義點燃了造反的第一把火，生活極其艱辛、苦大仇深的農民見有人帶頭挑事，紛紛報名加入，隊伍迅速發展至十餘萬人。劉福通攻占汴梁後，建立了政權，拉韓山童的兒子韓林兒出來，說他是宋皇室的後裔，做了「小明王」。

在起義的影響下，大江南北出現了多支起義隊伍。許多隊伍依附劉福通，比如在濠州起義的郭子興等人；還有徐壽輝、張士誠等人則自立名號，加上早已起義的浙江方國珍等實力，將元朝的天下頓時掏空了大半。

在和尚廟裡當小沙彌的朱元璋也被迫捲入了這場轟轟烈烈的革命運動之中。

兒時玩伴湯和的一封拉攏信讓朱元璋在寺廟裡待不下去了。算了，我也去造反算了。至正十二年（西元一三五二年）閏三月初一，天剛濛濛亮，朱元璋就跑去濠州城投奔郭子興的隊伍。守城的士卒見有個和尚冒失地過來要投軍，第一反應就覺得這是個奸細，先捆綁起來再說。朱元璋反覆解釋自己來投軍的誠意，就是沒有人相信。也算他運氣好，郭子興路過，見綁著一個年輕機靈的小和尚，想到自己身邊缺個跑腿的親兵，就把朱元璋留了下來。

朱元璋入伍後，辦事機靈、作戰勇敢，而且透過自學，很快就粗通文墨，得到了郭子興的賞識，被提拔為親兵九夫長。實踐證明，造反這份職業非常適合朱元璋的個性。朱元璋的為人勇敢好狠，打起仗來身先士卒，而且「會來事」，繳獲的戰利品全部都上交郭子興，得了賞賜又全

都分給夥伴，很快就在身邊聚集了一幫子人。郭子興正需要這樣的人，把朱元璋當作心腹親信，常常交辦一些重要的事情。朱元璋都辦得不賴，更得郭子興的喜歡了。因此，沒幾個月，朱元璋在濠州起義軍中的地位扶搖直上。一天，郭子興見朱元璋年紀不小了，還是光棍一個，就想到了自己的養女馬氏。馬氏是好朋友馬公的女兒。馬公臨死把女兒託付給郭子興收養。現在，郭子興見朱元璋這個小夥子不錯，拍板把馬氏許配給了朱元璋。

朱元璋「還俗」沒幾個月，就娶了老婆，殺人殺出了名聲，可謂時來運轉、名利雙收。

聰明的朱元璋很快就發現了美中不足的地方。

儘管濠州起義軍和郭子興待朱元璋不薄，但這支部隊本身沒有什麼大的前途。濠州城裡諸將爭權奪利，矛盾重重。郭子興和其他將帥的關係並不融洽。更嚴重的是，濠州起義軍困於自保，沒有全局意識和長遠策略。朱元璋覺得不能在濠州城裡老死，既然造反了，就要幹出大名堂來。他決心自力更生，開創新局面。

至正十五年（西元一三五五年）六月中旬，朱元璋跑回老家募兵。兒時夥伴徐達、周德興、郭英等和同村鄰村的熟人聽說朱重八回來了，都跑過來敘敘舊。大家見到朱重八混出了一點人樣，頭上裹著一塊紅布，說起話來一套一套的，都很驚奇。當聽到跟著他走就管飯吃的承諾後，這些夥伴和四鄰紛紛表示願意跟著朱元璋去造反。於是朱元璋很快就募得了一支近千人的部隊，擁有了自己的隊伍。回到濠州，郭子興提升朱元璋做了鎮撫。

濠州城裡依然是死氣沉沉，讓朱元璋受不了。不久，朱元璋就帶著新募的隊伍離開了濠州，南略定遠。沿途，朱元璋招撫了張家堡驢牌寨民兵、豁鼻子秦把頭等散兵游勇，隊伍很快壯大到數千人。在定遠，朱

元璋又發了一筆橫財。定遠的元朝正規軍有數萬人之多，可沒有等朱元璋上來交戰，就主動投降了。朱元璋從降軍中挑選了兩萬精壯編入自己的隊伍。定遠有個大秀才叫李善長。李善長看到朱元璋的架勢，已經成為了一方軍閥，而且為人有遠見膽魄，就跑到軍前投奔。他向朱元璋大談知人善任、愛民戒殺的大道理。朱元璋聽得直點頭，覺得軍中正需要知識分子，就留李善長做了幕府書記。不久，朱元璋又攻占了和州。至此，朱元璋算是成了不大不小的「一方諸侯」，有實力參與中原逐鹿了。

當然了，到現在為止，朱元璋的力量還很弱小。不管他有什麼樣的創業藍圖，眼前最迫切的任務還是抓緊壯大自身力量。有個叫朱升的讀書人適時向朱元璋提出了「高築牆、廣積糧、緩稱王」的策略。所謂的高築牆就是加強軍事防備，創建牢固的根據地；廣積糧是指發展經濟生產，儲備糧食，保障軍隊供應；緩稱王則是指不要過早稱帝，以免被當作出頭鳥給打死。這三條策略說到了朱元璋的心坎了，得到了朱元璋的堅決落實。

朱元璋給自己選定的「龍興之地」是江南富庶之地。

在和州駐守的時候，糧食供應是朱元璋年部隊的大問題。與和州相對長江南岸的太平（今安徽當塗）、蕪湖等地是盛產稻米的富庶地方。朱元璋決定將根據地轉移到江南去。

這時恰好有巢湖水軍前來歸附，朱元璋親自帶著主力棄陸登船，從和州東渡長江，進攻對岸的採石。激戰中，大將常遇春一馬當先，單人持戈躍上岸邊，攻克採石，獲得大量物資。這個常遇春是戰前剛來投靠朱元璋的雜牌軍，並不怎麼受信任重用，因此再採石一戰中奮勇爭先，立下頭功。朱元璋從此對他刮目相待。採石是打下來了，朱元璋的部隊還是第一次看到那麼多的糧食和軍需。他的部隊基本上是由貧苦農民組成的，此時的第一反應就是爭搶糧食和戰利品。士兵們不僅搶糧食，還

肩扛背馱地要運回和州去慢慢享用。眼看越來越多的部隊擠在江邊，要上船返回江北，朱元璋果斷下令砍斷船纜，讓船隻順流而下。朱元璋部隊的退路斷絕了。

傳統的農民起義隊伍很自然把奮鬥目標局限在掠奪糧食物資上，缺乏眼光。朱元璋自斷後路的做法就是向大家表明：我們這支隊伍不是為了解決溫飽的烏合之眾，而是要爭雄天下的隊伍。當全軍將士對著茫茫江水大眼瞪小眼的時候，朱元璋下達了繼續向南進攻的命令。將士們見無路可退，只得拋下物資，反轉槍頭攻克了太平。太平是江南名鎮，物產庫存更為豐富。但一進入太平，朱元璋就重申軍紀，嚴禁擄掠。有個別兵士改不了貪小便宜、藏私房錢的小毛病，結果被無情地立即處死。頓時全軍軍紀嚴明，城中秩序井然。

老百姓在亂世之中最在意的不是哪一個派別的政治宣傳，而是哪一個派別最能保障自己的身家性命。攻城掠地之中，擾民是難免的。而朱元璋的部隊能做到攻克城池後與民秋毫無犯，一下子就受到了當地百姓的擁護。朱元璋的部隊很快就在江南立住了腳跟。

朱元璋可以放心地開展穩固和擴展根據地的工作。

第二年（至正十六年，西元一三五六年）年初，農民起義的老前輩張士誠在朱元璋勢力的東部向江南的元政府軍發起了攻勢，吸引了元軍主力，為朱元璋趁機拓地提供了便利。朱元璋親自率軍集慶（今江蘇南京）一帶。在集慶城外，有三萬六千敵軍將士歸降朱元璋。這些投降的部隊對前途非常擔心（極可能是怕被朱元璋集體屠殺了），情緒很不穩定。朱元璋看出降軍左右要換，軍心不定。他也不做解釋，而是從降軍中挑選了五百名青壯，編入親軍。當夜，朱元璋專門安排這五百人在夜裡守衛，由親兵統領馮國用一人統率。投降的部隊知道此事後，心裡的疙瘩一下子就化開了，情緒也安定了，安心跟著朱元璋幹了。這些小事

完全說明朱元璋的個人魅力和政治手腕。這可能是他少年時期貧困落魄生活教給他的，也是他區別於一般的農民軍頭目的重要表現。總之，在朱元璋的帶領了，全軍不到十天就打下了江南核心、虎踞龍盤的集慶。

朱元璋很得意，改集慶為應天府，很有一番上應天命、下撫百姓的味道。

集慶此後成為了朱元璋的根據地。

集慶雖然富庶，但策略環境實在不能令人恭維。江北戰火紛飛，集慶處於江南的中心位置。東邊是占據平江、湖州、杭州等地，經營多年的張士誠勢力。在張士誠和朱元璋勢力之間和周邊還有若干元朝的殘餘力量和朱元璋過不去。西邊是拉大旗作虎皮、上竄下跳的陳友諒。陳友諒就是金庸小說《倚天屠龍記》裡的那個陳友諒。歷史上真實的陳友諒一點都不比小說中那個奸詐、狡猾、兇狠的陳友諒好對付。張士誠也好，陳友諒也好，都不屬於「紅巾軍系統」，江北有許多同屬於紅巾軍、隸屬於「小明王」的勢力。這些「兄弟部隊」同樣對朱元璋的地盤虎視眈眈。

處在虎狼群中的朱元璋緊緊抓住一貫的法寶，「高築牆、廣積糧、緩稱王」，埋頭鞏固占領區，管你東西南北風。該春耕的春耕，該秋收的秋收，該訓練軍隊的訓練軍隊，不該幹的朱元璋不去招惹。他從根子上就是個合格的農民，最適應這樣循規蹈矩、日出而作、日落而息的生活了。朱元璋的運氣也很好，東邊的張士誠忙著和元朝玩「招安遊戲」，最後做到了元朝的「太尉」後忙著享受去了；西邊的陳友諒則把「老大」徐壽輝幹掉了，自己做起了「漢」朝皇帝來。這樣就為朱元璋創造了四、五年寶貴的和平時間。在權力場上，四、五年時間能夠改變多少事情啊？朱元璋就是在這段時間裡，積蓄了統一江南的實力。

實力初備後的朱元璋可沒有張士誠和陳友諒那樣的「耐性」，很快就

制定了先西後東，先強後弱的策略方針。

陳友諒和張士誠算是「養虎為患」。尤其是陳友諒，因為朱元璋的第一個拳頭就落在了他的身上。

西元一三六〇年，陳友諒覺得應該和朱元璋攤牌了。於是，他率領強大的水軍，號稱六十萬大軍，從採石沿江東下，進攻應天府，擺出一副不吞併朱元璋勢力不罷休的勢頭來。當時朱元璋不在應天。之前，名義上的首領「小明王」在江北的安豐被人圍住了，朱元璋去解圍去了。按說陳友諒把握住了一個進攻的好機會，可是他在進攻途中犯了一個策略錯誤。他好好地不去直搗應天，而是先殺入鄱陽湖，重兵圍攻洪都（今江西南昌）。洪都城防堅固，將士用命，硬是在內無糧草、外無援兵的情況下堅持了數月。陳友諒重兵困於堅城之下，喪失了戰機。那邊，解了安豐之圍的朱元璋調集二十萬軍隊到洪都找陳友諒報仇來了。

兩軍相遇於鄱陽湖。在實力對比上，陳友諒的水軍船體高大、數量眾多，占優勢；朱元璋的水軍船身短小，數量也少，處於劣勢。儘管朱元璋的部隊打得英勇頑強，不僅沒有取勝，還遭到了相當的損失。最危險的時候，朱元璋的座船在混戰中擱淺，被敵軍圍攻。朱元璋差點成了陳友諒的俘虜。但其實，在水戰中，船大並不見得是什麼好事。當年赤壁之戰的時候，曹操的水軍的船隻不就碩大無比嘛，結果還是被東吳的小船燒掉了。朱元璋也決定用火攻來對付陳友諒。他組織了許多小漁船，滿載蘆葦火藥，讓敢死隊員駕駛順著風向逼近陳友諒的船隊，然後點燃小船衝入敵陣。陳友諒的船隊大而不靈，在一艘艘靈活的火船進攻面前來不及躲避就被火船引燃。火勢很快就蔓延開去，朱元璋再趁機反攻。陳友諒的水軍一敗塗地，燒死的、淹死的和戰死的不計其數。陳友諒本人也在亂軍中受傷，回去不久就死了。歷史上稱這次戰役為「鄱陽湖之戰」。

　　鄱陽湖之戰後，陳友諒殘餘勢力沒有了還手之力。朱元璋花了幾年時間，陸續將西邊地盤收入囊中。

　　陳友諒死後，占據江南最富庶的蘇南和浙北土地的張士誠成為了朱元璋打擊的新對象。

　　張士誠是當時少數還「健在」的「革命元老」之一。他原本是幹私鹽勾當的，起義很早，一度成為元朝的心腹大患。只可惜這個張士誠發動起義的目的主要是為了追求物質享受。在占領了富貴鄉之後，張士誠和其他政治勢力都「打哈哈」，左右逢源，喪失了進取精神，一心沉溺在魚米之鄉的歡娛之中。他的隊伍也迅速腐化起來。張士誠所部的軍營中，婢妾樂器相接不絕；將領們不是大會游談之士，就是樗蒲蹴鞠，沒有人將軍務放在心上。每次有作戰任務的時候，將領們紛紛「請病假」，都不願意出征。他們醉心於升官買田造宅院，沒有了一點「革命精神」。這是農民起義者面臨的一大問題。當赤貧的起義者們驟然間獲得數不清的財富和高高在上的地位的時候，他們往往經不起物質的誘惑，喪失鬥志，自我沉淪下去。張士誠的勢力文恬武嬉，絲毫沒意識到滅亡在即。因為另一邊的朱元璋正從嚴治軍，抽調主力要對張士誠下手呢。

　　一三六六年九月，朱元璋以徐達為主帥、常遇春為副將，率二十萬軍隊大舉進攻張士誠。朱元璋所部在湖州、杭州、嘉興各地對張士誠發動了全面進攻。這些地方的守將和軍隊望風披靡，敗得一塌糊塗。多數將領投降，少數將領不知所蹤，再少數將領戰死。張士誠很快就輸得只剩下老巢平江一座孤城了。朱元璋大軍從南西北三面把它圍得緊緊的，日夜攻城。

　　平江非常城堅，張士誠的殘餘勢力困獸猶鬥，徐達、常遇春等人攻打了將近一年也沒把平江城攻下來。衰敗至此，張士誠才算稍微恢復了之前「革命前輩」的風範，不僅拒絕了朱元璋的多次招降，還組織了數

次突圍行動，可惜突圍沒成功，城中也彈盡糧絕，傷亡慘重。他估摸著
自己大限將到，先把妻妾老小趕到一座樓裡燒死，再解下腰帶要自殺。
可惜沒死成，張士誠做了俘虜。徐達派人押送張士誠去應天見朱元璋。
張士誠可能不願意在「革命晚輩」朱元璋前面俯首稱臣，在船上瞅了個
空繼續上吊。這回，他死了。

張士誠這個人其實還不錯，雖然貪圖享受，但沒有橫徵暴斂，而且
保持了江南核心地區在元末的相對穩定。直到現在，蘇州人都還懷念他。

一三六三年二月，朱元璋正準備去和陳友諒廝殺，張士誠派遣將軍
呂珍出兵圍困「紅巾軍」的老巢安豐。劉福通出戰，陣亡。韓林兒派人
催朱元璋出兵「勤王」。

朱元璋陣營在這個問題上展開了爭論。朱元璋到底該不該出兵勤王
呢？謀士劉基（字伯溫）勸朱元璋不要去增援。劉伯溫的理由很簡單：
我是我，韓林兒是韓林兒，各不相干。之前，朱元璋陣營因為還以韓林
兒政權為招牌，所以還要不時對韓林兒的牌位、詔書下跪。劉伯溫則一
律拒絕行禮。朱元璋則認為：「小明王在包圍圈中，情況很緊急。我們一
向尊奉他的『龍鳳』年號，不能袖手旁觀。」他還很重視增援這件事情，
親率徐達、常遇春前往增援。朱元璋的軍隊一舉打敗呂珍，把韓林兒迎
接到滁州來。從此，小明王成為了朱元璋的傀儡。之前，朱元璋出兵勤
王可能就是為了「挾天子以令諸侯」（這是他比劉伯溫想得遠的地方）；
之後朱元璋依然尊奉「龍鳳」年號，但只是把韓林兒當作幌子而已。

史學界據此批判朱元璋在這個時候發生了「蛻變」，成為了「農民階
級的叛徒」。的確，朱元璋已經不滿意局限在農民起義軍首領的地位上
了，他有更大的政治抱負。從人性方面來說，這是無可厚非的。而且農
民起義的種種特點表明，它的作用在於「破」而不在「立」。但天下不能
沒有統一的權威和穩定的秩序，客觀上也需要一個人跳出農民起義的亂

局，重建秩序。朱元璋想做，就讓他去做吧。

至正二十四年（西元一三六四）正月，朱元璋自立為吳王，建立了百司官屬。這時候，他的用心已經很清楚了。朱元璋這是覺得自己翅膀硬了，要爭奪天下了。當時朱元璋儼然以天子的身分向各地發布命令。所用的封拜除授及官方文牒，都說「皇帝（指小明王）聖旨，吳王（指朱元璋）令旨」。儘管小明王在前，實際上是朱元璋做主。

▲ 明太祖朱元璋畫像

一三六六年十二月，朱元璋、劉基等人覺得韓林兒在江北的滁州，不在應天，不僅礙事，而且構成了潛在的權力漏洞。於是朱元璋命令將領廖永忠去迎接韓林兒南下，乘船到應天來。誰知道，廖永忠在船隊行至瓜步的時候，在韓林兒的「御舟」上鑿了一個洞，淹死了韓林兒。事後，朱元璋就撤去幌子，成為事實的最高領袖。明朝官方史書將沉船事件記錄成一件「事故」，但更多的人認為這是朱元璋的陰謀。事後（西元一三五八年），朱元璋召見了儒生唐解實，詢問漢高帝、漢光武、唐太宗、宋太祖、元世祖平定天下立國的事情。前後種種都表明朱元璋決

心要開創一個新的封建皇朝了。朱元璋要做皇帝，「小明王」韓林兒和他那以宋朝後裔自居的農民王朝就是最大的障礙了。因此，韓林兒必須淹死。也有人認為，淹死韓林兒是廖永忠的「個人行為」。他可能是看出了朱元璋的心思，殺死韓林兒來邀功；也可能是只有建立了新王朝，廖永忠這樣的人才能「再上一層樓」，做個開國功臣，所以他橫豎都要殺死韓林兒。不管怎麼說，韓林兒的死，朱元璋是最大受益者。

至此，朱元璋已經蕩平東南群雄（主要是昔日的農民起義兄弟們），沒有可以阻擋他稱帝了。

一三六八年，四十歲的朱元璋在應天即皇帝位，國號「明」，建元「洪武」。一代又一代農民起義者呼喚了無數次的「改朝換代」，在這個時刻才算是真正實現了 —— 朱元璋就是親手參加農民起義的、貨真價實的農民。估計朱元璋在登基的時候，連自己都覺得不可思議。昔日的小乞丐現在成為了九五之尊。一高興，朱元璋露出了「狐狸尾巴」。他一口氣追尊高祖為玄皇帝，廟號德祖；曾祖為恆皇帝，廟號懿祖；爺爺為裕皇帝，廟號熙祖；父親為淳皇帝，廟號仁祖；高祖母、曾祖母、祖母和母親全都追尊為皇后。叔叔伯伯、堂兄堂弟、兒子侄子，不管是否在世，不管有名無名，只要是「朱家」的子弟，全部封為親王。這可真是典型的農民「顯擺」思想。

大明王朝就此建立了，朱元璋就是明太祖。

登基的前一年年底，朱元璋排除了徐達與常遇春這對老搭檔，率大軍開始北伐。

北伐的對象是已經被農民起義打擊得奄奄一息的元王朝。北伐前，朱元璋還向天下公布了「討元檄文」，文中提出了「驅逐胡虜，恢復中華，立綱陳紀，救濟斯民」的口號。這對於在元朝的民族高壓下生活了近百年的中原漢族人民具有很強的號召力。檄文也表示，對於自動歸順

的蒙古人和色目人與漢族人一樣看待。

元朝大敵當年，仍然在忙著內訌。元朝末代皇帝元順帝根本調動不了諸將，一點阻擋北伐軍進攻的辦法都想不出來。此前，元朝的正規軍與雜牌軍一直在北方相互絞纏了十數年之久，現在手握重兵的王保保和李思齊等人在西北和山西殺得你死我活，發誓要先解決對方再去救皇帝。結果徐達和常遇春的北伐軍節節勝利，除了在山東遭到少許抵抗外，順利地在一三六八年的四月占領開封和潼關，平定河南。王保保和李思齊這才醒悟過來，罷戰。李思齊等關中軍閥原本想退守關中，和北伐軍對峙一下。結果剛一接觸，元軍就潰不成軍。李思齊率殘部投降了。這年八月，元順帝見首都大都（今北京）孤城難守，帶著太子和後宮棄城而逃，倉皇奔向漠北。元朝政府對全國的統治就此結束。

徐達和常遇春的北伐軍隨即對王保保等元朝在華北的殘餘進行掃蕩。王保保咬牙和徐達等人幹了一仗，結果連靴子都沒了，帶著幾個人去找他的元順帝去了。元順帝見「復國」無望，死了。朱元璋說元順帝主動放棄天下，還算有自知之明，就叫他「順帝」吧。

之後朱元璋又招降了浙江的方國珍和四川的明玉珍，消滅了據守福建的陳友定和雲南的元朝梁王，使明朝成為了大一統的中央王朝。

朱元璋儘管當了皇帝，但基因決定了他始終還是個農民。

後來人怎麼評價饑寒交迫、身心備受煎熬的情形對一位少年朱元璋造成的影響都不為過。直到明朝建立後，大臣們要修皇室家譜、立傳，用極華麗的辭藻渲染朱元璋的家庭和幼年生活。朱元璋很不滿意，親自提筆忠實詳細地記錄下了兒時的悲慘記憶，毫不隱晦地留下了第一手資料。鳳陽的巨大陰影在朱元璋的心底形成了一個深藏於潛意識之中、終其一生都無法解開的死結。在人格和記憶形成的最重要時期，朱元璋就已經自我定位為農民了。他日後的行為和執政處處體現出了中國傳統農民的特性。

　　朱元璋一方面強調自己的個人奮鬥史，時時將「朕本布衣」，「江左布衣」，「匹夫」，「起自田畝」等詞語掛在嘴上；另一方面，這些話語只能他自己提起。別人若談及朱元璋早年的悲慘，輕則挨打，重則喪命。為了防止明朝皇室子孫忘記祖宗的農民出身，朱元璋十分重視對子孫進行「革命家史」教育。朱元璋不停教導太子朱標說：「汝知農之勞乎？夫農身不離歌畝，手不釋來相，終歲勤動，不得休息，其所居不過茅茨草戶，所服不過練裳布衣，所飲食不過菜羹糲飯，而國家給費皆其所出，故令汝知之。凡居處食用，必念農之勞，取之有制，用之有節，使之不苦於饑寒。若復加之橫斂，則不堪命矣！」

　　朱元璋的洪武朝，有許多匪夷所思的政策和做派。如果我們從一個農民的視角去看待這些問題，一切言行都是再正常不過的了。

　　比如洪武朝是一個「吝嗇」的王朝。不僅對官員和百姓吝嗇，朱元璋對自己也很吝嗇。

　　朱元璋出身窮苦，農民的戒奢從儉之心自始至終存於其心。他異常珍惜農民用一滴滴汗水換來的勞動成果，對奢侈鋪張行為深惡痛絕。朱元璋稱帝後，不但將官員呈獻的寶物悉數毀掉，就是正常的衣食供給也盡量節省。朱元璋很喜歡吃浙江金華所產的香米，但他擔心地方官員趁機勒索小民，於是決定在皇宮中辟出幾十畝水田來種香米，自產自銷。太原出產優質葡萄酒，元朝列其為貢品，朱元璋覺得太原到南京路途遙遠，就把它從貢品名單中勾掉了。

　　朱元璋不但不准權貴們錦衣玉食，就連對市井百姓的日常生活，無論是穿戴，還是婚嫁，都給予了嚴格的規定。百姓家的婦女，不准戴金首飾，不准穿綢緞，違令者嚴懲。當時有兩位南京的年輕人追求時髦，用紅布在褲腿上鑲了一道邊。街坊到官府上告，消息傳到朱元璋耳朵裡，他竟然大怒，下旨砍斷了這兩個年輕人的雙腿。不惜使用如此殘暴

的手段對付老百姓，可見這位當國老農的禁奢決心。

為了防止兒子數典忘祖，能夠「承主器之重」，永保大明「宗廟社稷」。朱元璋十分注意向太子朱標灌輸自己的農民思想。吳元年八月，朱元璋「祀山川畢」，將要回宮前特意命令朱標：「人情貴則必驕，逸則忘勞。……今國家初定，民始息肩，汝能知其勞乎？能諳人情則不至驕惰。今將士中夜而起，啟從至此皆未食，汝可步歸，庶諳勞逸，他日不至驕惰。」時年十三歲的朱標，聽到朱元璋讓其步行回宮的訓教，不得不步行回宮。同年十月，朱元璋派朱標前往老家拜謁祖陵，希望他能了解民間疾苦和創業之艱辛。行前，朱元璋告諭他：「今汝諸子生於富貴，未涉艱難人情；習於宴安，必生驕惰，況汝他日皆有國有家，不可不戒。今使汝等於旁近郡縣，遊覽山川，經歷田野，因道途之險歷，以知鞍馬之勤勞；觀小民之生業，以知衣食之艱難；察民情之好惡，以知風俗之美惡。即祖宗陵墓之所，訪求父老，問吾起兵渡江時事，識之於心，以知吾創業之不易也。」

朱元璋大力強化中央集權和君主專制的行為也可以從一個農民的「權力慾」角度來分析。

我們知道，農業文明是講求安定的文明。農民最渴望一切都安安穩穩的，在可以控制的範圍內運作。朱元璋自然也希望大明王朝的一切都在自己的眼皮底下發生，不要出現什麼差錯。怎樣才能做到這一點呢？集中權力，讓自己能了解、掌控天下所有的情況。

朱元璋透過學習，認為政權衰亡主要原因就是規章制度得不到遵守，政策也得不到堅決貫徹。於是他一直思考如何建立一種行之有效的政治體制，加上君主勤勉執政，以確保不會出現主嬉民荒的亂世。朱元璋為明朝政治定下的基調就是兩點：有效的制度（在朱元璋那裡發展出極端講求規範，事無巨細的制度），勤勉的君主（朱元璋認為最主要的就

是皇帝不偷懶和對下情的絕對了解掌握）。

朱元璋的執政由政治制度改革入手。秦始皇創立的君主之下設宰相輔政的政治體制框架為後世創立了制度典範，區別的只是君權與相權權限大小不同而已。明朝初年，也基本沿用漢唐舊制。南京中央設三大府：中書省，下統六部，職掌行政事務；大都督府，統管軍事；御史臺，職掌監察事務。地方設行中書省，置平章政事，總管地方事務。洪武九年（西元一三七六年），朱元璋下令撤銷行中書省，設立三司（承宣布政使司、提刑按察使司和都指揮使司），三者地位平等，互不統攝，向中央負責。洪武十三年，朱元璋借宰相胡惟庸謀反案，宣布撤銷中書省，永久廢除丞相，權分六部。六部尚書分掌天下事務，直接向皇帝負責。朱元璋唯恐後世子孫偷懶復設宰相，特意在《皇明祖訓》中明文規定不許變亂舊章：「以後子孫做皇帝時，並不許立丞相。臣下敢有奏請設立者，文武群臣即時劾奏，將犯人凌遲，全家處死。」同時將掌管全國軍事的大都督府一分為五，改為前、後、左、右、中五軍都督府，分領所屬都司衛所部隊，但調兵權統歸皇帝。

朱元璋分化、弱化大臣之權，皇帝兼行各種大權。這樣皇帝不得不處理大量的政務。專制主義皇權到了朱元璋手中得到了空前的加強，明朝皇帝也成為歷史上最有權勢的皇帝之一。據說朱元璋每天要看兩百多份奏章，處理四百多件政事，忙並快樂著。

明朝的反腐敗政策也非常值得一說。

朱元璋出身貧苦，從小飽受元朝貪官汙吏的敲詐勒索。他的家庭就是飽受層層盤剝欺壓的最底層家庭。所以，在他參加起義隊伍後就發誓：一旦自己當上皇帝，先殺盡天下貪官。朱元璋登基後，果不食言，在全國掀起轟轟烈烈的「反貪官」運動，矛頭直指中央到地方的各級貪官汙吏。

明朝規定，貪汙六十兩紋銀以上的官員，格殺勿論。

而由朱元璋制定的明朝官員俸祿，自滅亡都未改變。縣令的年俸祿不超過五十兩白銀。如果嚴格按照俸祿生活，每位縣令就都得像海瑞一樣請不起奴僕、穿補丁衣服、自己在縣衙種菜、夫人在房中紡織了。朱元璋自然明白朝廷給官員的俸祿很低，所以在地方官上任之前，通常要找他們談一次話，講講如何正確看待物質享受，如何抵制貪汙受賄的誘惑的問題。朱元璋的利害關係帳是這樣的：老老實實地守著自己的薪俸過日子，就好像守著井底之泉，井雖然不滿，卻可以每天汲水，泉不會乾。受賄來的外財真有益處麼？你搜刮民財鬧得民怨沸騰，再高明的密謀也隱瞞不住。一旦事發，首先關在監獄裡受刑，判決之後輕者服苦役，重者斬首示重。這時候你那些贓款在什麼地方？你的妻子兒女不僅享受不了，而且還要受到株連。你家破人亡了，贓物也成了別人的東西。所以說，收受不乾淨的錢毫無益處。

朱元璋的話語重心長。但明朝的官員，前赴後繼，一浪接著一浪，一排排一代代地被糖衣砲彈擊中倒下。朱元璋後來也無奈地承認自己的官員即使一開始既忠誠又堅持原則，可是不久後全都又奸又貪，能善始善終者極少。面對此情此景，晚年的朱元璋發出了「我欲除贓官汙吏，奈何朝殺暮犯」的哀嘆。

對於這樣的無奈，朱元璋只能重典治貪：一是立法嚴峻，法網嚴密；二是法外用刑。

朱元璋親自主持編訂《大明律》，嚴格規定了貪贓枉法的犯罪行為及其刑事責任。比如〈受贓〉一篇共有十一條，幾乎全部是官吏貪汙犯贓的條目，且懲罰極重，就連因公出差坐官畜、船、車附私物超過規定重量也要加刑。地方官吏貪汙錢財除斬首示眾外，還要剝皮實草。艱巨的反腐形勢使朱元璋不斷加重科罪。洪武十八年至洪武二十年間，朱元璋

「採輯官民過犯」的案件，親手制訂《大誥》。與《大明律》相比，《大誥》不僅酷刑種類多，有族誅、凌遲等多達三十多種，大多為明律所未設。且同一犯罪，《大誥》的規定要比《大明律》大大加重，絕大部分是輕罪重判甚至是無罪錯判。按《大明律》罪只杖八十或一百，而在《大誥》中竟判以凌遲。

至於什麼是「剝皮實草」呢？一天，朱元璋在翻閱一批處死貪官的卷宗時突發奇想：百姓痛恨的貪官一刀斬首太便宜了他們，何不採取挑筋、斷指、斷手、削膝蓋等酷刑。於是，他創造了「剝皮實草」的刑法，就是把那些貪官拉到每個府、州、縣都設有的「皮場廟」剝皮，然後在皮囊內填充稻草和石灰，將其放在公堂桌座旁邊，以警示繼任的官員不要重蹈覆轍，否則，這個「臭皮統」就是他的下場。明朝的官員每天都要對這一幅死人皮具辦公，的確造成了「觸目驚心」的效果。

朱元璋對腐敗行為的厭惡和懲治在後期發展到了無情打擊、窮追不捨的地步。大將胡大海的兒子犯酒禁，依法處斬不赦。駙馬都尉歐陽倫違令販私茶出境被朱元璋賜死。建國以來，浙東、浙西、廣東、廣西、江西和福建的政府官員，竟然沒有一個人做到任滿。

明朝各布政使司和各府、州、縣每年都要派遣官吏到戶部報告地方財務情況，戶部審核清楚才算了結。戶部的審核很嚴格，錢穀數字如稍有不合就得重新造冊填報。重新造冊不算困難，但是帳冊上要有地方衙門的印信才行，而從中央到地方重新蓋印往返要很長時間，因此地方官員總要攜帶備用的空白文冊，一旦遇到駁回的情況，只須重新填寫而不必往返了。這樣長期行政往來形成的慣例，上下默認，沒有人去追究。地方文冊蓋的騎縫印也不能用作他圖，沒有什麼危害。洪武十五年，朱元璋發現這種情況，震怒，認為是故意欺騙他，認為這是全國財務系統上下所有官員賴以貪贓枉法的一個漏洞。他下令將全國地方衙門主印的

官員一律處死，副手官杖一百後充軍邊地。

朱元璋在晚年，內心的農民情結發展得愈發嚴重。

朱元璋大建特務機構，派出大量名為「檢校」的特務人員，遍布朝野，暗中監視。有一次，學士宋濂上朝，朱元璋問宋濂昨天在家喝酒沒有，請了哪些客人，宋濂一一照實回答。朱元璋聽後滿意地說：「你果然沒有騙朕。」著名儒士錢宰被徵參編《孟子節文》，一日散朝回家，隨口吟詩道：「四鼓冬冬起著衣，午門朝見尚嫌遲。何日得遂田園樂，睡到人間飯熟時。」結果第二天上朝，朱元璋便問錢宰：「昨天的詩不錯，不過朕沒有『嫌』遲，改作『憂』字，如何？」錢宰一聽，嚇得忙磕頭請罪。

一三八二年，出於監控官員的需求，朱元璋將管轄皇帝禁衛軍的親軍都尉府改為錦衣衛，並授以偵察、緝捕、審判、處罰罪犯等權力，這是一個正式的軍事特務機構，由皇帝直接掌控。它有自己的法庭和監獄，俗稱「詔獄」，詔獄裡採取剝皮、抽腸、刺心等種種酷刑。在地方上，在各府縣的重要地方，朱元璋還設置了巡檢司，負責把關盤查、緝捕盜賊、盤詰奸偽。之前的歷史上，皇帝也有動用特務政治的先例。但沒有一個人像朱元璋這樣將它堂而皇之地擺到臺面上來。因為在儒家思想中，特務政治總有些上不了臺面的感覺。

朱元璋可不管這些，因為他從裡到外都是一個農民。

中國歷史上只出現過明太祖朱元璋這麼一位農民出身的皇帝。他在臺上的表演讓我們看到了一位當過老農的「本色表演」。也許這可以使我們加深對農民群體和農民起義軍從政的些許了解。

烏之卷：王朝戰爭的統一道路

第一章　王朝金戈鐵馬的往事

開禧年間，年近古稀的辛棄疾被南宋朝廷啟用，調往前線主持軍務。

辛棄疾不是南方人，而是出身於山東的金朝漢族官僚家庭。但是他背叛了自己的階層，參加了反金的農民起義。辛棄疾鬥志高昂、英勇善戰，在起義失敗後，過關斬將，投奔了南宋。從此，辛棄疾就被「冷凍」了，除了按部就班地擔任過幾屆地方官外，賦閒在家四十年。四十年中，辛棄疾都鼓吹北伐，恢復故土。一年前，朝廷終於倉促發動了北伐，可惜遭到慘敗，將帥乏人，不得不督促辛棄疾趕往前線抗敵。

年邁的辛棄疾毫無怨言，趕到了京口。面對滔滔江水，他寫下了〈永遇樂・京口北固亭懷古〉：

千古江山，英雄無覓，孫仲謀處。舞榭歌臺，風流總被，雨打風吹去。斜陽草樹，尋常巷陌，人道寄奴曾住。想當年、金戈鐵馬，氣吞萬里如虎。

元嘉草草，封狼居胥，贏得倉皇北顧。四十三年，望中猶記，烽火揚州路。可堪回首，佛貍祠下，一片神鴉社鼓。憑誰問，廉頗老矣，尚能飯否？

京口興起於三國的孫權（字仲謀）時期。辛棄疾見到千古江山依舊，「英雄無覓」，只能遙想孫權當年創立的英雄業績，感嘆歲月推移、風吹雨打，滾滾東逝的長江水將英雄豪傑的豐功偉業都沖刷掉了。

京口還是南朝宋武帝劉裕（小名寄奴）的家鄉。「斜陽草樹，尋常巷陌，人道寄奴曾住。」辛棄疾在京口的時候，城裡還流傳著劉裕的故居

已經與尋常百姓人家無異了。想當年，賭徒出身的劉裕金戈鐵馬，南征北戰，以「氣吞萬里如虎」的勢頭建立南朝第一國的。孫權也好，劉裕也好，都在京口或堅持抵抗、或率兵北伐，建立了曠世奇功。他們可謂是辛棄疾的前輩。辛棄疾渴望繼承他們的豪氣與功勳。

這是一個年近古稀老人的不滅豪情。大戰當前，浮想聯翩的辛棄疾很自然地想到了廉頗。廉頗是趙國名將，因為受讒避難魏國，內心一直想回國效命疆場。當時他也年近古稀。趙王在危急時刻，想到啟用廉頗，就派使者去看看廉頗是否還能領軍出征。可惜使者被奸臣郭開收買，儘管廉頗飲食正常、精力充沛，而且還披甲上馬來證明自己威風不減當年，使者還是回報趙王說廉頗身體有問題，不能再出戰了。廉頗從此閒置致死。在詞的下闋，辛棄疾明顯以廉頗自比。他認為自己也老當益壯，希望朝廷能委以重任，別讓自己有「廉頗之撼」。

辛棄疾最終沒能投身火熱的戰場。他太老了，生命在此終結。

辛棄疾和他所處的割據亂世並不是中國歷史的特例。

南宋時，天下的基本格局是南北對峙：南方的宋朝和北方的金朝對峙。在這兩大國之外，還有西北的西夏、西南的大理等固定政權，再往外還有吐蕃、蒙古、回鶻等強勢的少數民族。辛棄疾表露的雄心是收復被金朝侵占的黃河流域的土地。其實，即使恢復到北宋的疆域，宋王朝也不能算是嚴格意義上的統一王朝。歷史上，像元朝、清朝這樣嚴格意義上的統一王朝很少，多數時間裡天下處於多個政權並存或者是群雄割據混戰的狀態。

亂世多英豪，自然也多金戈鐵馬的往事。

且不說春秋戰國時期 —— 那個典型的割據狀態，秦朝之後，第一個亂世應該算是黃巾農民起義失敗後的軍閥混戰時期。靠鎮壓黃巾軍起家的地主豪強假公濟私，各占州縣，相互征伐，打得不亦樂乎。在北方，

主要是占據冀州，青州和並州的袁紹和占據兗州的曹操。此外，公孫度在遼東當起了土皇帝。劉虞、公孫瓚先後割據幽州。在中原，袁術先占據南陽，後來逃到揚州；劉表偏安荊州；陶謙、劉備、呂布先後占據徐州；董卓、李傕的西涼集團長期禍亂司隸；張繡雖然是小軍閥，卻盤踞在要地宛。在南方，從東到西分別是江東的孫策、益州的劉焉、漢中的張魯。最後，馬騰、韓遂分割了涼州。大半本的《三國演義》，其實寫的就是這些割據軍閥混戰的歷史。最終，殺人無數的曹操勝出。

◀ 古代戰馬頭部金飾

　　東漢末年的群雄割據局面我們透過《三國演義》已經比較熟悉了。而更多的類似局面則因為我們的不熟悉被漸漸淡忘了。比如西晉短暫統一後，中國就進入了南北朝時期。且不說東晉、宋、齊、梁、陳的南朝世系，單說北朝就進入了「五胡十六國」時期。從西晉滅亡後，北方的匈奴、鮮卑、羯（匈奴分支）、羌和氐五個少數民族在華北地區和四川地區一共建立了成漢、前趙、後趙、前涼、前燕、前秦、後燕、後秦、西秦、後涼、南涼、西涼、北涼、南燕、北燕及胡夏等割據政權，征戰不休。其實，建立北方諸國的民族除了五胡，還有漢族、高句麗、丁零等民族；北方出現的也不止十六國。所謂的「十六國」只是北方所有政權

中國祚較長、影響力大或較具代表性的國家，其他政權隨其隨滅，難以確數。又比如安史之亂後的唐朝末期，藩鎮割據。唐朝原本在要地設置軍鎮，由節度使、防禦使、團練使等作為軍政長官。但這些軍鎮名為唐朝的地方官實際割據一方，不受朝命，自相繼承征伐。再比如，多數農民起義引發的都是類似的割據局面，如隋末、元末。新朝代的創建者都是掃平割據的勝利者。

群雄割據征戰的烈火鍛造了第三類王朝——透過王朝戰爭建立的王朝。所謂的王朝戰爭就是割據政權之間為了爭奪天下和名分所進行的戰爭。割據的時候，不管各方怎麼把自己吹得天花亂墜，誰都不是真正的統一王朝，誰也不是真命天子。只有兵強馬壯的人才能在割據混戰中勝出，才能讓割據政權「鳥槍換炮」升級為全國政權。「天子寧有種乎，兵強馬壯者為之耳」說的就是這個道理。

事業的發展離不開一個強有力的領導集團，離不開領袖人物。

類似的，走過割據爭雄的亂局笑到最後的政權也好、正在分裂紛爭的各政權也好，總離不開一群領袖菁英。比如秦國和秦始皇，魏國和曹操，東晉和祖逖，南宋和文天祥，蒙古和成吉思汗。他們往往隨著割據事業的壯大而發展，事業的曲折而起伏，或成為新王朝的開國元勛，或成為舊政權的殉道者。那些被淘汰的政權往往湧現出一群又一群耀眼奪目的明星。英雄也總是相互成全的。比如秦穆公和晉文公，比如曹操和劉備，又比如朱元璋和張士誠。

在比較歷史上，人們常常感嘆中國歷史上沒有貴族。其實，這些菁英就是中國式的貴族。

什麼是貴族，或者是判定貴族的主要依據是什麼？肯定不是奢侈的物質享受。古代中國的物質成就遠遠超越了西方國家，中國上流階層的奢侈享樂常讓西方貴族望塵莫及。也不會是顯赫的軍功。西方有查理曼

大帝，中國的秦始皇、宋太祖和宋太宗兄弟、金太宗、明太祖等人軍功絲毫不遜於查理曼。判定貴族的主要依據是責任心。別看西方貴族平日裡受人尊敬、養尊處優，一旦國家有事、戰火紛飛，他們總是衝鋒在前，率領平民殺敵報國。西方影視作品中的古今貴族形象都是如此的。富有責任心和冒險精神的貴族形象甚至滲透到了神幻類的作品中，比如《魔戒》和《龍騎士》。我們的歷史上也不乏貴族，尤其是在群雄割據和王朝戰爭的時候。

東晉是在少數民族入主北方那段時間，西晉皇族司馬睿渡江在江南建立的割據政權。朝廷建立在了南方，但統治階層還是北方人。許多人對故土念念不忘。一個風和日麗的日子，一大群貴族和士大夫相邀來到新亭喝酒聚餐。有個叫周顗的人看到附近山水跟洛陽郊區十分相像，觸景生情，無限思緒化為一聲長嘆：「此處風景與洛陽無異，只是看風景的人背井離鄉，遙望北方山河變色啊。」一句話，勾起了大家亡國和思鄉的情緒，紛紛附和感嘆，有的人還傷心落淚。參加聚餐的丞相王導見大家情緒低落，嚴肅地厲聲說道：「國難當頭，正是我們同仇敵愾，報效國家的時候。只知道傷心感慨，相對流淚，有什麼用！」這第二句話，馬上勾起了大家化悲痛為力量，一致對外的激情。正是在王導等人的主持之下，南逃的晉王朝很快在江南站穩了腳跟，還湧現了祖逖渡河、淝水大捷、桓溫北伐等壯舉。在之後的劉裕北伐時，來自吳興的沈田子帶領數百人率先入關據青泥。後秦的姚泓率領數萬人，洶湧而來。沈田子激勵士卒說：「諸君捐親戚，棄墳墓，出矢石之間，正希今日耳。封侯之業，其在此乎？」這句戰前動員大有戚繼光的「封侯非我願、但願海波平」的氣概，但遠早於戚繼光。在激戰中，沈田子身先士卒，將士們以一當百，所向披靡，硬是擋住了後秦大軍的反攻。這一仗為劉裕消滅後秦，占領關中奠定了基礎，絲毫不遜色於西方魔幻大片的決戰「盛況」。

因此，我們可以自豪地說：中國歷史帶有濃厚的貴族氣息。

那些透過王朝戰爭建立的新王朝，都是帶有貴族氣的王朝。

陳勝「王候將相，寧有種乎」的一聲吶喊鼓舞了千百年來無數一無所有的小人物向權利顛峰發起永不停歇的衝擊，奴隸石勒、賭徒劉裕、鹽販黃巢、乞丐朱元璋最有資格對這個問題做否定回答。之後是漢高祖劉邦的「大風起兮雲飛揚，威加海內兮歸故鄉」，霍去病的「匈奴未滅，何以家為」，班超的「不入虎穴，焉得虎子」，陳湯的「犯強漢者，雖遠必誅」，一直到林則徐的「苟利國家生死以，豈因禍福避趨之」，中國歷史貫穿著「先天下之憂而憂，後天下之樂而樂」的責任感、功業夢和貴族氣。

秦始皇的秦朝、曹操的魏朝、劉裕的南宋、唐高祖的唐朝、朱元璋的明朝和遠遁西域的西遼王朝，哪個又不是這些貴族在激烈的王朝征戰中一刀一槍鍛造出來的？

在這一部分，我們要講的就是貴族氣、王朝風。

第二章　秦：西陲的百年崛起

　　秦朝是「並海內，兼諸侯」的第一個大一統王朝。秦王朝的崛起經過了數百年幾十代人的不懈努力，實現了從西陲邊緣的小國到南向稱帝的統一王朝的奇蹟轉變。崛起路上，環環相扣，秦國在每一環上都留下了深刻的印跡。羅馬不是一日建成的，秦王朝的奇蹟也不是一二十年塑造的。

　　秦國僻處西陲，政治起點非常低。

　　西周早期，秦國才以西周附庸小國的身分出現在史書中。「秦」地附近一個嬴姓部落的首領非子有幸做了周天子的馬伕。因為他把馬養得很好，周王一高興，就將秦這塊地方賜予了非子。一直到西周末年周宣王時，《詩·秦風·東鄰》記載說「秦仲始大，有車馬禮樂侍御之奴焉。」也就是說，秦國到了秦仲的時候才有了車馬、禮樂、侍臣等排場，之前可能就是「一貧如洗」，估計過著貴族和平民毫無差別的「原始共產主義」生活。當時在中原諸侯國看來平常無奇的物質享受，在秦人眼中就是奢華的享受了。秦人的落後與封閉可見一斑。在中原諸侯眼裡，秦國就是一個出身卑微，又長期僻處西北一隅的蠻夷。儘管秦國實力上升，中原諸侯堅持「戎翟遇之」，將秦人當作是少數民族。直到春秋前期秦國還被排斥在諸侯盟會之外。

　　西周末年的時候，原來在關中立國的周王室幾乎被犬戎滅國，狼狽東遷。秦人在秦襄公的率領下護衛周平王東遷。作為回報，周王室把實際上已經失去控制的歧以西的土地全部「賞賜」給了秦襄公，正式承認秦襄公為諸侯。這是一個具有里程碑意義的事件：秦國正式建國。

　　國家形態雖然有了，但能不能成型就要看秦人的造化了。之後的

文、憲、武、德、宣諸公，都在不斷消化周王室賞賜的土地，用武力從他人手中接收封地。八百里秦川的關中平原，具有良好的水熱條件，為秦國提供了雄厚的物質基礎；中原地區先進的工具和技術，為秦國提供了飛躍式發展的可能。短短幾十年間，秦國憑藉著後發優勢，大踏步地前進，疆土不斷東移。中國的政治中心在東方，秦國在擴張的同時，首都也在向東移動。在地圖上，秦國的西面和北面是高山、戈壁和荒漠，南面是陌生的巴蜀大地，東面被黃河、函谷關和中原大國晉國阻擋、阻攔著。四面之間還有若干並不太友好的諸侯小國壓制著秦國。秦人知道，國家的前途在東方，要擺脫西方蠻夷形象就要接近政治核心。秦國崛起的歷史就是從西戎的包圍突圍而出，向中原文明靠攏的歷史。秦憲公時候，秦國東遷至平陽（今陝西眉縣西），秦德公東遷到雍（今陝西鳳翔南）。儘管如此，秦國還是處於戎族的包圍之中。

偏僻和陷於重圍的地緣政治造就了秦國特殊的政治思想，有點類似於「精神分裂」。一方面，秦國已經開始的崛起讓秦人產生了越來越強的優越感。很多秦國人雄心勃勃。一方面，秦國的發展空間相當有限，被中原諸侯孤立的局面難以打破。很多秦國人又產生了濃厚的孤立主義情緒。他們認為秦國就是秦國，在西方待著就挺好，不願意參與中原的爭鬥。奮進的衝動和閉關自保的思想交替出現在秦國的政治理論與實踐之中。

秦穆公嬴任好就是在這樣的背景下繼位為秦國的國君的。

秦國已經占有了現在大半個關中地區了。秦穆公制定了明確的國家發展目標，就是率領秦國東進爭霸。具體而言，秦國的未來在中原，要打破孤立，而不是閉關自守。秦穆公上臺的第一年，就親自率軍征伐今天山西境內的少數民族部落茅津，取得大勝。三年後，秦穆公又迎娶了晉獻公的女兒晉姬為妻，結好晉國，希望晉國在秦國東進途中大開方

便之門。

　　秦國要參與中原爭霸，就要有人善於治國強軍，熟悉中原政治遊戲規則，了解中原的制度文化。但是秦國缺乏這樣的人才。秦穆公胸懷大志，卻苦於無賢才輔佐。有人告訴求才若渴的秦穆公說，當年晉姬嫁到秦國來的時候，有一個陪嫁的奴隸百里奚是虞國的亡國大夫，是不可多得的人材。但是百里奚不願意做陪嫁奴隸，已經逃亡楚國去了。秦穆公一心要見百里奚，原先想用重金贖回百里奚，突然又覺得如果用重金去贖一個奴隸，楚國人就知道他是個人才了，肯定不會送給秦國。於是秦穆公派使者帶著一名奴隸的市場價 —— 五張公羊皮去楚國贖人。楚國沒把事情放在心上，當即將百里奚裝在囚車裡，發往秦國。

　　百里奚當時已經七十多歲了。他之前的人生完全是生不逢時、懷才不遇的典型個案。當初別妻離子，出外闖蕩的時候，百里奚滿懷文韜武略和宏圖偉業，遊歷了齊、周、虞、虢等國，做過許多工作，對各國的民俗風情、山川險阻、政治得失都知之甚悉，結果還是流落不仕。現在，古稀之年的百里奚還要被抓到秦國治罪，楚國的同伴們都哭哭泣泣的，一副生離死別的樣子。百里奚只是淡淡一笑，他知道自己的機會降臨了。果然百里奚被押回秦國後，秦穆公親自為他打開桎梏，與他連續商談了三天三夜國事。秦穆公判定自己挖掘到了一位真正的大賢才，要重用他，只是遺憾地說：「可惜啊，大夫你已經七十多歲了。不然可以託付國政。」百里奚不謙讓地說：「如果國君要讓我去上山擒虎下水抓龍，我是太老了。但如果是治理國家，我比姜子牙還年輕十歲呢！」秦穆公很高興，就要託付國政。百里奚又推薦了好友蹇叔。秦穆公重禮將蹇叔請來秦國，任命他為上大夫，和百里奚一起執掌國政。百里奚和蹇叔兩人被稱為「二相」。

　　百里奚可能是春秋時期秦國最傑出的相國，因為是用五張羊皮贖回

來的，秦人稱其為「五羖大夫」。秦國在他輔政的五六年間，得到大治。百里奚死的時候，「秦國男女流涕，童子不歌謠，舂者不相杵。」

秦穆公一意要深入東方，爭奪中原盟主，最大的障礙是晉國。晉國不僅堵住了秦國東進的道路，而且本身就是參與爭霸的強國。

秦穆公在晉國問題上花了不少心思，希望透過干涉晉國內政來實現本國東進的目標。晉國流亡公子夷吾要歸國爭位，請秦穆公發兵護送。他許諾在事成之後，把晉國黃河以西的城池都割讓給秦國。秦穆公派兵護送他回國即位。夷吾就是晉惠公。秦穆公要求晉惠公夷吾實現諾言的時候，晉惠公假借大臣的口說：「國家土地是先君所有，當時現任國君還流亡在外，怎麼有權擅自許諾秦國土地呢？」斷然拒絕割地給秦國。晉惠公四年（西元前六四七年），晉國發生饑荒。晉惠公請求秦穆公支持晉國一些糧食。秦穆公不計較晉惠公悔約的前嫌，將大批糧食從秦國都城雍（今陝西鳳翔南）沿渭河入黃河轉汾河再轉澮河運到晉國都城絳。第二年，秦國反過來發生了災荒，赤地千里。秦國君臣轉而請求晉國支持一些糧食。晉惠公卻認為自己背約沒有割地給秦國已經讓秦晉兩家成為了仇敵，如果現在幫秦國救災，無疑是助長了敵人的力量，於是不僅斷然拒絕支持秦國糧食，還乘機派兵挑起邊境摩擦，蠶食秦國土地。

西元前六四五年，秦穆公率領度過災荒的秦國子弟兵大舉伐晉復仇。秦軍同仇敵愾，而晉軍士氣不爭。秦晉兩軍戰於韓原，晉軍大敗。晉惠公也作了俘虜，被押往秦國。晉國的將領們都認為國君被俘是奇恥大辱，垂頭喪氣，跟隨在囚車後面。深謀遠慮的秦穆公向他們保證不會傷害晉惠公。秦穆公夫人晉姬是晉惠公的姐姐，以自焚要脅秦穆公釋放弟弟回國。秦穆公於是在晉惠公和秦國訂立盟約，並留下太子圉做人質後，禮送晉惠公回國復位。

太子圉雖然是人質，依然受到了秦國的禮遇。秦穆公將宗室女懷嬴

嫁給他，希望能夠繼續維持秦晉和好，並透過晉國打開通向中原的大門。誰知道太子圉和晉惠公一樣薄情寡義，在父親晉惠公病重時拋棄懷嬴，潛逃回國爭位，成為晉懷公。

在晉惠公、晉懷公父子身上的政治投資失敗後，秦穆公轉而支持另一位晉國流亡公子重耳。重耳從楚國被接到了秦國，秦穆公親迎親送，還將五位宗室女子嫁給他。西元前六三六年，秦穆公派遣大軍護送重耳回國，跨過黃河，迅速占領晉國黃河沿岸。部分晉軍倒戈，首都被攻陷。重耳即位，就是晉文公。晉文公剛即位的時候，君位並不鞏固。呂甥等晉懷公舊臣發動叛亂，被秦穆公誘殺。秦穆公還送三千士兵作為晉文公的衛士，幫助穩定晉文公初期的政局。可以說秦穆公對晉文公有大恩，晉文公也對秦國友好。誰想到，晉文公即位後實行「通商寬農」、「明賢良」、「賞功勞」等政策，整頓內政，深化改革，一時間晉國國力大增。

晉國成為了秦國東進爭霸的更大障礙。

西元前六三五年，周王室發生了王子帶之亂。周襄王帶著幾十個隨從逃到鄭國避難，要求各國諸侯勤王平亂。周襄王早已不是往日的周天子了，威權已去，根本號召不了諸侯。各國諸侯都明哲保身，不願意出一兵一卒。

秦穆公馬上意識到這是一個難得的機會。周襄王曾派人到秦、晉求援。秦穆公在接到天子勤王命令後立即整軍出發。秦軍迅速到大黃河岸邊，準備渡河進入中原。得到消息的晉文公君臣也認為這是得以勤王的絕好機會。晉國比秦國勤王有利的地方是晉國的領土距離周王室比秦國要近。秦國必須出現在的三門峽地區，經過晉國的西南領土才能到達洛邑。因此，晉軍搶先占領了黃河邊上東進的要塞桃林塞，阻擋住秦軍東進的道路。晉文公派出使者告訴親自率隊的秦穆公說晉國已經出兵勤王

了，客氣地請秦國撤軍。秦國的將領們自然不願意將良機白白相送，氣憤難當。有人還建議攻打桃林塞，執意東進。秦穆公則淡淡地說：「重耳新立，迫切需要這樣的機會來立威揚名。我們就做個人情，把這次機會送給他吧。」秦軍於是駐軍不前。秦穆公就此錯失了爭霸中原，提升國家影響力的歷史良機。

事後，晉文公憑此次勤王甚至搶位，奠定了霸業基礎，一年後在城濮打敗了楚軍主力，為晉國樹立的霸旗。而秦國還是被壓迫在關中一隅。晉國霸業已成，秦穆公選擇與晉文公保持友好關係，支持由晉國主導的天下格局。他多次率軍跟從晉文公作戰，直到他遇到了燭之武。那一晚，燭之武從被晉國和秦國聯軍包圍得水洩不通的鄭國都城縋城而出，拄著拐杖來找秦穆公。燭之武問秦穆公鄭國和秦國相隔遙遠，鄭國滅亡後只會成為晉國的領土，秦國為什麼要幫晉國擴張土地呢？燭之武表示鄭國奉行對秦國的友好外交政策，願意成為秦國深入東方的據點。「我實在不明白，秦君有什麼必要損害秦國的利益一心幫助晉國？」

燭之武的說辭讓秦穆公覺察到，自己的壯志雄心似乎隨著晉國霸權的確立越來越沒有實現的可能了。秦穆公幫助晉文公即位，本來是希望晉國可以為秦國東進提供便利，打開通向東方的大門。不料，秦國的東進受到了日益強大的晉國的無情阻礙和打擊。為本國利益考慮，秦國應該聯鄭舍晉。秦穆公隨即與鄭國簽訂了盟約，還留下部隊協助鄭國防守，連夜班師回國了。秦穆公和晉文公主導的「秦晉之好」正式結束了。秦穆公不得不接受殘酷的現實：歷史機遇被晉文公抓住了，晉國強大了，而秦國的霸業停滯了。

晉文公只在位五年就逝世了。晉文公死後，秦國的轉機似乎來臨了。

晉文公死時，秦穆公在位已經三十二年了。他迫切需要重振秦國雄風，繼續爭霸路程。恰恰這時，留在鄭國協防的杞子等人送回情報說：

「我們掌握著鄭國首都北門的鑰匙。如果國內派軍隊來偷襲，鄭國就唾手可得了。」秦穆公很贊同杞子的偷襲計畫。可見，當時秦國上下都迫不及待地希望利用晉文公的死來擴張秦國地勢力。

百里奚和蹇叔兩位重臣卻反對偷襲鄭國，認為跋涉幾千里路去襲擊鄭國是很難成功的。一來秦軍的行動會被鄭國知道，二來秦軍風塵僕僕、精疲力竭，而東方諸侯以逸待勞、嚴陣以待，形勢危急。可秦穆公已經被爭霸中原的遠景迷惑了雙眼，堅持派遣百里奚的兒子孟明視、蹇叔的兒子西乞術和白乙丙三人為將帶兵出征。

大軍出師於東門之外。百里奚和蹇叔哭著為軍隊送行。蹇叔哭著對孟明視說：「侄子，我現在看著你們出征，卻看不到你們歸來了。」蹇叔又去和自己的兩個兒子訣別：「晉軍肯定會在崤山迎戰我軍。崤山旁邊有兩座陵墓。南陵是夏代後皋的陵墓；北陵是之前周文王避風雨的地方。你們必死在兩座陵墓之間。到時候，我去為你們收屍。」出征的將士們都覺得很不吉利，但誰也沒有把兩位老人的話放在心裡。

就這樣，秦國大軍雄糾糾氣昂昂地邁向戰場了。

第二年（西元前六二七年）的春天，秦軍到達洛邑。

按照周禮，諸侯軍隊經過王城的時候，要摘去盔甲、卸下武器，恭敬而過，以表達對天子的敬畏。秦軍經過王城北門時，兵車的車伕根本就沒停車，更沒有下車致敬，只是車左、車右的兩位戰士脫去頭盔，跳下兵車跑幾步，隨即跳上車揚長而去。

鄭國商人弦高的商隊正在前往周王室的路上，在滑國發現秦軍。弦高慌忙派人回國報告軍情，又急中生智，冒充是鄭國的使節，帶著十二頭肥牛去秦軍軍營犒師了。弦高不卑不亢地說明受命前來犒師的事情，說在秦軍駐紮鄭國期間，鄭國保證大軍的安全。孟明視等人見軍情泄露，非常震驚，決定原地觀望。鄭穆公接到弦高的情報後，忙派人去客

館察看秦國人，果然發現秦國人在厲兵秣馬，準備裡應外合。鄭穆公就派皇武子對杞子等人下了逐客令。杞子等人慌忙流亡他國。徘徊在滑地的孟明視知道內應已去，失望地說：「鄭國已經有防備了，已經達不到偷襲的目的了。如果貿然進攻，我軍必然陷入攻之不克，圍之不繼的困境。」秦軍轉而就地滅亡了滑國，撤兵回國。

　　滑國可不是可有可無的小諸侯國。滑國不僅是晉國的同姓之國，還是晉國的附庸國。滑國的滅亡戳破了秦晉不可調和的矛盾，讓晉國下定了攔截秦軍的決心。

　　當時，晉國正在忙晉文公國葬。但為了保持晉國的霸業，重臣先軫等人仍然主張對秦國採取強硬態度，說：「一日縱敵，數世之患也。謀及子孫，可謂死君乎？」與秦國的戰爭不可避免成為了晉國的普遍看法。當滑國別滅的消息傳到絳城的時候，晉襄公憤怒地說：「秦國欺侮我喪父，乘機攻滅我的同姓之國，是可忍孰不可忍。」晉襄公終於下達了截擊秦軍的命令。晉國選擇的截擊地點果然是崤山的山谷。晉襄公命令全軍將喪服染成黑色，開進崤山埋伏起來。梁弘統帥戎族軍隊作為左翼，萊駒率領右軍。崤山谷地兩側的高地上滿地伏軍，只等秦軍到來。秦軍因為進軍的時候一路暢通因而返回途中疏於防範，再加上滿載滅滑的戰利品，行軍速度很慢。四月十三日，秦軍隊列完全進入晉軍的設伏地段。等待多日的晉軍突然發起猛攻，神兵天降般撲向秦軍。巨石、弓箭和慘叫聲迅速充斥了山谷。秦軍幾乎沒有反應過來就全軍覆沒了。孟明視、西乞術和白乙丙三人見敗局已定，躲在巨石後頭，束手待擒。晉襄公在短短幾小時中就取得了被後世稱為「崤之戰」的這場戰鬥的全勝。

　　每一個大國在崛起過程中總會遭遇失敗或者挫折。短暫失利只是成長的經歷，關鍵是看到如何看待和彌補它。

　　晉襄公的母親文嬴是秦國人。孟明視、西乞術和白乙丙三個秦將被

俘虜到晉國時，文嬴說服晉襄公將三人釋放。當天朝會，先軫憤怒地質問如此縱敵行為。晉襄公猛然醒悟，立刻派陽處父帶領人馬追殺孟明視三人。陽處父一直追到黃河邊上，孟明視三人這時候已經登上渡船，划到了河心。陽處父忙將駕駛的兵車的左邊的駿馬解下來，在岸邊大喊：「三位將軍留步，國君贈與駿馬作為坐騎，特地叫我趕來相送，請你們收下！」孟明視綿裡藏針地說：「感謝晉君仁慈恩惠，不敢再收受禮物。我們有幸保全性命，三年以後再來報答晉君的恩賜。」這最後一句話簡直就是下了一道戰書。

秦穆公穿著素服，用隆重的儀式親自到郊外迎接孟明視三人。三人請罪。秦穆公公開檢討說：「我不聽從百里奚和蹇叔的話，才使你們三位遭受侮辱，錯在我。我們要專心謀劃報仇雪恥，不可懈怠！」秦穆公不僅恢復了三人的官職，還更加信任地將軍隊大權託付給他們。孟明視等人摩拳擦掌，一心復仇。

在戰敗的第二年（西元前六二六年），秦國大軍就向晉軍復仇了。

秦軍是氣勢洶洶而來，但戰果並不好。秦軍搶先突入晉國領土，在彭衙（今陝西白水東北）遭遇到了晉軍的頑強抵抗。在戰鬥中，晉軍的衝鋒打亂秦軍陣勢。秦軍再次失敗。秦穆公並不氣餒，繼續整頓軍隊，在西元前六二四年親自率兵討伐晉國。晉軍渡過黃河以後，秦穆公下令將渡船全部焚燬，表示誓死克敵的決心。有人擔心：「我們萬一再失敗了，到時候怎麼回去啊？」孟明視鄭重地說：「如果再失敗了，我們還有什麼臉面再回國去啊？」秦軍以敢死必勝的決心，一連奪得王官和郊等晉國城池。晉軍採取了避其鋒芒，堅壁清野的對策。任憑秦軍怎麼挑戰，晉軍就是不出戰。秦軍縱橫晉國領土，但一直沒有找到決戰的機會。秦穆公表面上獲得了不大不小的勝利，實際上並沒有觸及晉國強大的實力。這也表明晉國依然阻擋著秦國東出爭霸的道路。

　　三十多年來開闢東進道路的努力，近年來連續敗於晉文公父子的慘痛事實都促使秦穆公在戰場上開始反省自己的策略。尋找不到晉軍主力後，秦穆公乾脆率秦軍從茅津渡過黃河，到達南岸的崤山。三年前喪身於崤山的秦軍將士們都還沒有來得及收殮埋葬，已經變為累累白骨，情景淒涼。有些白骨縫隙中已經長出了茂密的草木，不知道是白骨掩映在草木之間還是草木生長在枯骨之間。新來的秦軍將士們面對此情此景，無不悲傷落淚。面對慘痛的歷史和殘酷的現實，秦穆公終於明白：秦國尚不具備爭霸中原的實力。理想是美好的，但國家的發展不能一蹴而就，更不能揠苗助長。痛定思痛，秦穆公下令在崤山戰場上為戰死的將士堆土標記，全軍肅立默哀。之後，秦國大軍悲傷地踏上了回國之途。

　　地緣環境、外交格局塑造著一個國家的前途。

　　秦國占據的關中地區決定了它是一個西方大國，既限制了它的發展，也為它的發展提供了許多便利。首先，關中地區雖然在國際格局上地處西方，但氣候溫潤，少有天災，農業經濟發達，「西有羌中之利，北有戎翟之畜，畜牧為天下饒」。秦人有重農的傳統，關中有穩定的農業收成。其次，關中地區地理雖然相對封閉，但地勢較高，攻守自如。關中對外的主要通道函穀道和武關道都是易守難攻的關隘。東進的道路上，山麓、丘陵與河谷廣泛覆蓋著黃土，受黃河、伊河、洛河、汝河、潁河的切割，只有一條三門峽峽谷可以通行。崤山就在這裡，懸崖高聳，上下相對高度有三百到五百公尺。這樣的地緣環境既是劣勢，又是秦國發展的優勢，雖然東進困難，卻也易守難攻。在西方，如果秦國要鞏固自守，沒有人會成為他的敵手。秦穆公要回歸的外交定位就是做一個西方霸主。

　　秦國要稱霸西方，主要是要解決與周邊少數民族的關係問題。在現在的陝甘寧一帶，春秋時生活著許多戎狄的部落和小國，「自隴以西有綿

諸、緄戎、翟、獂之戎，歧、梁山、徑、漆之北有義渠、大荔、烏氏、朐衍之戎函」。他們生產落後，披髮衣皮，各有君長，不相統一。秦國的人口比例中，只有貴族和少數百姓是華夏族血統，多數人口都是少數民族血統。秦國的崛起過程就是與周邊少數民族不斷鬥爭融和的過程。早先，少數民族常常突襲秦國的邊地，搶掠糧食、牲畜，擄奪子女，干擾了秦國正常的國家發展。最先被封為大夫的秦仲就是被西戎殺死的；秦莊公的長子世父還為西戎俘虜；世父的弟弟秦襄公將妹妹繆嬴嫁給了豐地的西戎王為妻。秦穆公先前的東進政策雖然沒有成功，但卻取得了晉國黃河以西的土地，與強大的晉國形成了勢力均衡。這就使得秦國能夠騰出手來經營西方。秦穆公調整發展策略後，採取了先強後弱，次第征服的謹慎戰術。

當時西戎諸部落中較強的是在今甘肅天水的綿諸、在今甘肅寧縣的義渠和在今陝西的大荔。這些部落都形成了固定的政權形式，其中又以綿諸最為強大。綿諸不僅有國君，還因為地在秦的故土附近而與秦國交往密切。綿諸王經常與秦穆公互通使節。

一次，綿諸派了個叫由余的人出使秦國。秦穆公向由余展示了秦國壯麗的宮室和豐裕的積儲，本意是想讓由余折服於秦國的強盛。不想由余看完後頗為不屑：「使鬼為之，則勞神矣。使人為之，亦苦民矣。」也就是說由余覺得壯觀的秦國宮殿只是秦穆公的形象工程，除了勞民傷財，沒有給他其它感覺。秦穆公大吃一驚，想不到蠻族的使節還能說出這樣的話來。他繼續問到：「我們華夏國家禮法完備，但內亂外患不斷，你們綿諸是怎麼發展的？」由余平靜地回答：「上含淳德以遇其下，下懷忠信以事其上，一國之政猶一身之治，不知所以治，此真聖人之治也。」由余的意思是其實他們也不知道怎麼治國，治國大概就像對待身體一樣，順其自然就可以了。秦穆公又吃了一大驚，不無憂慮地對內史廖說：

「鄰國有聖人，敵國之憂也。現在由余就是綿諸的賢才，也就是寡人之害，怎麼辦呢？」內史廖建議說：「少數民族地處偏僻，社會落後，人的享受也就有限。國君可以試著贈送綿諸王美女和禮樂，讓他玩物喪志。」秦穆公贊同內史廖的主張，決定從國君那打開缺口。國君被攻陷了，你大臣再賢再有能力也白搭。

於是，由余被「挽留」在秦國居住。同時，秦國給綿諸王送去美女禮樂。左擁右抱、翩翩起舞、美酒佳餚，綿諸王很快沉溺其中不能自拔。他終日飲酒享樂，不理國事；綿諸又遭遇了災荒，大批牛馬死亡。綿諸王也不加過問。於是，秦穆公這才將由余放回亂得一塌糊塗的綿諸國去。由余的確是個賢臣，數次勸諫國君要振作起來，要勵精圖治。陷在溫柔鄉裡的國君自然是聽不進去。秦穆公在那邊又頻頻拋出橄欖枝，招攬由余。由余於是降秦。

由余入秦後成為了秦國統一西方的總設計師。秦穆公的征伐策略基本是由余設計的。

西元前六二三年，秦軍出征西戎，以迅雷不及掩耳之勢，包圍了綿諸。綿諸王被抓，國滅。

秦穆公乘勝前進，二十多個戎狄小國先後歸服了秦國。至此，秦國闢地千里，國界南至秦嶺，西達狄道（今甘肅臨洮），北至胸衍戎（今寧夏鹽池），東到黃河，成為和楚國一樣的龐然大物。在秦國基本統一西戎後，名義上的天子周襄王派遣召公過帶了金鼓送給秦穆公，承認秦穆公是西戎侯伯。秦穆公終於成為了霸主，但只是地區霸國。秦國的鞏固強盛引起了東方諸侯的關注。齊景公就曾向孔子提出疑問：「昔秦穆公國小處僻，其霸何也？」秦國這個西戎小國怎麼就成為了西方的霸國呢？

有了西方作為鞏固的根據地後，秦穆公的外交變得靈活而從容。從秦穆公以後到春秋末，秦國的外交策略可以用四個字來概括：「抗晉聯楚」。

春秋後期，秦國是晉國堅定的敵人。儘管外交孤立主義情緒在國內重新成為主流，但秦國在外交棋局上運作自如。每個政治人物在政治大格局中都有自己的位置。秦穆公經過近四十年的摸索，才找到了自己的位置。

秦穆公為繼承人留下了巨大的遺產。秦穆公身後的秦國西起甘肅西部，北到寧夏，南達漢中等地。在這一大片疆域內，國家鞏固、強大而難以攻入。司馬遷在《史記‧秦始皇本紀》贊秦穆公說：「自繆（穆）公以來，稍蠶食諸侯，竟成始皇。」儼然將秦穆公作為日後秦王朝帝業的奠基者。

秦穆公死時所作的一件事情備受後人詬病。他用了一百七十七人殉葬，其中包括一些才能有目共睹的人才。秦國的文化並不發達，自身培養的人才相當有限。國家的發展相當程度上依靠吸引外來人才，為己所用。秦穆公的崛起就始於百里奚的到來。因此秦穆公用人才殉葬的做法遭到了國內外一致的批評。

慶幸的是，殉葬的行為至此得到了杜絕。秦國在春秋後期和整個戰國時代基本上向東方各國的人才敞開胸懷，吸納賢才。秦國崛起的路程可算是一個「借天下之智」的人才引進史。

秦國下一次質的崛起，要等到戰國中期一位來自衛國的人才商鞅。史稱：「里奚致霸，衛鞅任刻。厥後吞併，卒成凶慝。」

商鞅為什麼又叫做衛鞅呢？開始的時候，商鞅是衛國落魄的公族後裔，所以叫做衛鞅，入秦後被封於商地，所以又被稱為商鞅。其實，商鞅複姓公孫，真名應該是公孫鞅。

商鞅在衛國相當不得志。他早年學過刑名之學，但是進不了仕途，就從衛國流落到魏國，做了魏國丞相公叔座的門客。公叔座很賞識商鞅，認定此人有匡世之才。在他臨終的時候，魏惠王親自來到病榻前探視。魏惠王詢問他：「丞相不幸死後，何人可以委以國政呢？」公叔座毫不猶豫地推薦了門客商鞅。這個人選大出魏惠王的意料之外，他只好以

沉默代替意見。公叔座見國君不願意，就屏退左右，加重語氣對魏惠王說：「如果大王不願意重用商鞅，那就要把他殺了，免得他到別國去為他人所用。」魏惠王笑著答應了，告辭而去。

公叔座這個人很有意思，之後又把商鞅叫來，把剛才的對話一五一十地告訴了他。末了，公叔座勸商鞅趕快逃離魏國，免遭殺戮。商鞅則說：「魏王不會聽從您的話重用我，自然也不會聽從您的話殺了我。」實際上，魏惠王根本就沒把公叔座的話放在心上，之後根本就沒搭理過商鞅這個外國人。

商鞅懷才不遇，聽聞西方秦國在招賢納士，於是西入秦國，經過大臣景監的引薦見到了國君秦孝公。商鞅不清楚秦孝公的思路和喜好，同時也為了試探秦孝公，在兩人第一次談話的時候大談儒家的治國之道，把秦孝公整得昏昏欲睡。事後，秦孝公把景監叫來大發脾氣，說你推薦的那個人是個什麼東西啊。景監灰頭土臉回去後，把商鞅叫來大罵了一頓。商鞅平靜地說：「既然國君對儒道沒有絲毫興趣，我就知道應該怎麼辦了。」又說動景監安排了他與秦孝公的第二次相見。這一次見面後，秦孝公對景監說，商鞅這個人不錯，可以與之談話。原來商鞅第二次談的是霸王之道。秦孝公對霸道很有興趣，讓商鞅摸透了秦國的思路。他與秦孝公的第三次會談延續了數日之久。兩個人促膝而談，難捨難分。事後，秦孝公任用商鞅主持秦國的全面改革。

當時的秦國雖然獨霸西戎，但與東方強國相比，國力並不占優勢。國內的經濟文化各方面發展也比較落後。商鞅以強兵富國為目的，對秦國進行了前無古人的大改革。這場史稱「商鞅變法」的大改革為秦國引進了東方先進的制度和法家思路，涉及到制度、農耕、戰爭、賞罰、文字、民風等各個方面。變法的措施很多，主要有兩個：一是建立了縣制，廢除世卿世祿制，改革戶籍制度，實行連坐法等，把權力都集中到

秦孝公手中，整個秦國整肅一新；二是激發秦國人民的熱情，比如獎勵軍功，鼓勵宗室貴族建立軍功，廢除井田制，允許土地自由買賣等。秦國民風彪悍，原先勇於私鬥，現在都將注意力凝聚到了國家共同的事業上，同仇敵愾。人心、物力和士氣全集中到發展大計上來了。

商鞅變法在秦國實施十年，秦國出現了路不拾遺、鄉邑大治、百姓盛讚的富強景象。秦孝公也把首都從雍遷到了咸陽。之後秦國就定都咸陽。強大後，秦國迅速走上了向東擴張的道路。秦國首先威服了周天子，又出兵攻魏，占領魏國全部的河西之地。魏國被迫從安邑遷都大梁，走向衰敗。秦國東併六國的漫長道路由此拉開了序幕。

魏惠王這時才意識到自己犯了天大的錯誤，悔恨地說：「寡人恨不用公叔座之言也。」

秦孝公死後，秦惠文君立。改革的功臣商鞅因為樹敵太多，被車裂而死。但是商鞅的變法措施和開啟的東擴道路得到了之後歷代秦國國君的延續。

商鞅死後，秦國的東擴道路遇到了巨大的挑戰。因為秦國咄咄逼人的進攻態勢引起了東方六國集體的恐慌，進而促成了東方六國的集體抵制。當時齊國和楚國是東方六國中最強大的國家。這兩個強國結成了聯盟，共同抵抗秦國的進攻。其它國家在共同的利益下，跟隨在齊國和楚國後面對秦國作戰。因為各國的地理位置基本上是自北向南縱向排列，歷史上又稱之為「合縱」抗秦。當時六國有蘇秦等一批理論家，專門鼓吹六國聯合抗秦。六國的軍隊多次配合得當，不僅遏制住了秦國東進的勢頭，而且還將秦軍牢牢限制在函谷關以西，動彈不得。

秦國的窘境一直到又一個人才從魏國入秦才得到改變。這個人叫做張儀。

張儀最大的貢獻是在紛繁複雜的國際環境中，遊說諸侯，打破了六國合縱抗秦的局面。他判斷，六國合縱的核心是齊楚聯盟，只要離間齊楚，六國合縱就會瓦解。因為張儀外交的對象 —— 齊國、楚國和秦國

——幾乎在一個橫向線上，因此他的策略被稱為「連橫」。在當時，「連橫合縱」是國際鬥爭的主要內容，相當時髦。許多說客就以此為生。

張儀首先使楚，因為楚懷王懦弱無能，毫無遠見，而且還貪財好利。張儀勸說楚國與齊國斷絕聯盟轉而交好秦國。作為回報，張儀承諾秦國將歸還早先占領的原楚國的商於之地六百里。楚懷王被眼前利益迷惑，拒絕了屈原等大臣的的勸諫，很快就與齊國絕交，派人隨張儀去秦國接收六百里土地。回到秦國，張儀壓根就不承認曾許諾給楚國六百里土地，而說只答應給楚國自己的封地六里。楚懷王盛怒之下貿然單獨出兵伐秦。結果楚軍大敗，秦軍斬首八萬，還占領了楚國的丹陽、漢中兩地。楚懷王鬱鬱而終。楚國已經與齊國惡化關係，現在也面臨秦國進攻，只好結好秦國。正是因為六國內部並非鐵板一塊，各國的利益存在差異，張儀才能用他的三寸不爛之舌，遊說諸侯，讓「合縱」成為了泡影，大大改善了秦國的外交環境。

張儀個人反覆無常，毫無信義可言，但他成功的「連橫」表演卻讓秦國獲益不淺。

張儀之後，又有下蔡人甘茂在秦武王時入秦為相。

甘茂之後，又有楚國人魏冉在秦昭王時入秦為相。

秦國國君配一個外國丞相，似乎成為了秦國政治結構的主流和慣例。這些外國來的丞相，著實幹得也不賴。就說那個魏冉，就知人善任，挖掘出了戰國名將白起。白起生於眉地，是個秦人。他被挖掘出來後，一生征戰七十多次，竟然取得了全勝，是個名副其實的「常勝將軍」。但魏冉也有個缺點，就是在他執政的後期，權勢過大，開始侵蝕了國君的權威。而當時秦國王室各位公子各占一塊地盤和一定的權力，進一步擠壓了國君的力量。秦昭王年幼即位，生活在太后的訓斥之下，加上外有權臣，權力難免受到了挑戰。

西元前二七〇年，又一個魏國人范雎入秦，向秦昭王上書自薦。

范雎的經歷非常離奇，除了懷才不遇之外，他還因為才能出眾或者受人懷疑在生死線上徘徊了好多次。最嚴重的一次，魏國人懷疑他偷了丞相家的珍寶，將他毒打後扔在茅房任人撒尿侮辱。范雎最後是裝死才被下人扔到荒郊野外去的。魏國是待不下去了，范雎只好逃到秦國碰碰運氣。

秦昭王正在招攬賢才，希望能扭轉不利局面。他看到范雎上書後，立即召見。

入宮門時，范雎僭越，大搖大擺地走在只有秦王才能走的道路上。宦官趕緊喝令他下來。范雎高聲叫道：「秦國哪有什麼大王？只有太后、權臣罷了！」秦昭王遠遠聽到這句話，立即被戳到了痛處，趕緊引范雎密談。范雎簡要地點明了秦昭王的處境：「國君上畏太后之嚴，下惑於奸臣之態，困居深宮，勢必終身迷惑，難有作為。」接著，他勸秦王大權獨攬，無情地清洗政敵，並獻上「遠交近攻」的計策作為秦國滅亡六國的大策略。秦昭王於是廢太后、逐權臣，任命范雎為丞相，加快了秦國兼併戰爭的步伐。

范雎提出的「遠交近攻」是對齊楚等距秦較遠的國家交好，集中力量攻打鄰近諸國的策略。魏、韓兩國地處中原樞紐之地，又是秦國的鄰國。消滅這兩國，北可攻趙、南能伐楚，最後剩下的燕國和齊國就不可能成為秦國的對手了。這樣的策略分輕重緩急，由近及遠，漸次擴張，為秦國指出了統一天下的具體步驟。秦軍在這個策略的指導下，先派兵伐魏，攻城略地，接著進攻韓國，攻占地處咽喉的滎陽，將韓斷為三截。魏國和韓國都奄奄一息，不得不聽命於秦國。之後趙國成為了秦國的勁敵，雙方集中主力展開了長平決戰。秦昭王和范雎施用反間計，促使趙國在長平大戰中途換將，用紙上談兵的趙括代替老將廉頗。決戰

中，名將白起取得全勝，擊潰趙軍四十多萬。趙國由此一蹶不振。

秦國國勢越來越強。天下一統的趨勢已經不可逆轉了。

政治鬥爭很大程度上是人與人的鬥爭。掌握了人才，就掌握了政治鬥爭勝利的鑰匙。秦國雖然獨霸西戎，但並不具備壓倒東方所有六國國力集合的實力。正是因為對人才的成功吸引和運用，秦國才不斷走向強盛。外國人才一環緊扣一環地來到秦國，適時地解決了秦國在崛起過程中遇到的種種難題。這不能不說是秦國的大幸。

卻說韓國在戰場失利後，想運用陰謀詭計來報復秦國。西元前二四六年，韓國派出一名叫鄭國的水利專家到秦國，並勸說秦國興修水利。韓國的真實目的是希望秦國大興水利，借此耗費國家實力，牽制秦國東進。於是，秦國用了十多年時間，修建了鄭國渠，引水灌溉四萬多頃土地。這一大工程雖然使關中日後成為富饒之地，但確實耗費了秦國大量的人力物力，對秦國的東進造成牽制作用。秦國朝野在意識到鄭國原來是個披著水利專家外衣的間諜，韓國為秦修渠動機叵測之後，惱羞成怒。當時國內興起了一股要求審視秦國對外吸引人才政策的聲音，許多人提出了趕走所有在秦做官的外國人的要求。秦國政府很快就下達了撤免所有在秦國任職的外國人職務的任命。

楚國人，秦國客卿李斯也在罷官之列，面臨被驅逐出境的局面。

李斯，楚國上蔡人，是著名學者荀子的學生。秦莊襄王時，李斯入秦，成為丞相呂不韋舍人。因為李斯鼓吹統一六國，不斷提出兼併策略，逐步升任長史、客卿。現在，李斯對秦國國內興起的「逐客」風潮非常擔憂，就寫下了〈諫逐客書〉作為回應。在這篇名著裡，李斯回顧了秦國歷代引進人才因而強盛的歷史，高呼：「夫物不產於秦，可寶者多；士不產於秦，而願忠者眾。今逐客以資敵國，損民以益仇，內自虛而外樹怨於諸侯，求國之無危，不可得也。」是的，秦國在物質層面上

並沒有強盛的必然趨勢，正是因為用人得當、政策得當才步步有了今日的強盛局面。他的意見可以看作是對秦國歷史的一個總結，也是對秦國「借天下之智」策略的最好註解。

〈諫逐客書〉送上去後，得當了許多人的贊同，扭轉了國內排外的趨勢。逐客令撤銷了，李斯不僅恢復了官職，還提升被提升為廷尉。

秦國的統一大業是在秦始皇嬴政的手裡完成的。

這裡有必要介紹一下秦始皇嬴政。他雖然完成了秦國的百年偉業，使秦國「升級」成了「秦朝」，但因為自身經歷和思想的限制，也讓秦朝「二世」而亡。後世對秦始皇的描寫非常不堪。他被許多人認為是一個「私生子」、「病夫」加「暴君」的形象。而這一切的背後恰恰隱藏著解讀秦始皇這個人的鑰匙。

▲ 秦始皇像

　　秦始皇本來和秦國的最高權力相差很遠。秦國遠交近攻的時候，交好趙國，與趙國交換人質。秦國派了一個默默無聞、可有可無的王孫異人作為人質，前往邯鄲。正是這個異人後來在呂不韋的「策劃」下，成為了秦國的國君。很多人相信秦始皇是呂不韋的私生子。關於秦始皇為呂不韋的私生子的史實，在多本史籍中都有明確的記載。《史記‧秦始皇本紀》說：「秦始皇帝者，秦莊襄王子也。莊襄王為秦質子於趙，見呂不韋姬，悅而取之，生始皇。以秦昭王四十八年正月生於邯鄲。及生，名為政，姓趙氏。」本紀沒說趙姬已有身，只講明是從不韋那裡取來生了始皇，但結合《史記‧呂不韋傳》的記載，我們完全可以確定秦始皇是呂不韋的親子。後來班固撰《漢書》時候則直稱秦始皇為「呂政」，司馬光寫《資治通鑑》也持同樣看法。因此，儘管秦史一再否認，秦始皇的私生子身分怕不能輕易否定。

　　嬴政出生在長平之戰前後的邯鄲。戰後，異人怕受到趙國人的迫害，拋下嬴政母女逃回了秦國。嬴政只好跟著母親四處逃亡。長期的隱姓埋名、四處逃亡和貧困無助的生活不可能不對一個幼童造成不良影響。在這樣沉悶無助的氛圍中，抑鬱是必然的結果。無定的生活、家徒四壁的條件、缺乏交往的社會環境，這一切都使得未來的皇帝形成了深深的抑鬱人格。他自卑、鬱悶又多疑。心理學研究表明，憂鬱症患者由於早年不幸的遭遇和孤獨、被遺棄的痛苦經驗，往往需要以全力以赴的工作和對成功的極端追求來補償自身的自卑感，消除幼年的痛苦記憶。這對嬴政個人歷史的分析，同樣有效。

　　可能由於早年的艱難生活，嬴政的身體發育非常不好。在〈秦始皇本紀〉中尉繚說秦始皇的形象是：「秦王為人，蜂準，長目，摯鳥膺，摯，豺聲。」郭沫若先生據此分析出秦始皇有生理缺陷，認為「蜂準」就是馬鞍鼻，「摯鳥膺」就是現代醫學的「雞胸」，「豺聲」表明秦始皇患

有氣管炎。最後根據秦始皇胸形、鼻形變異與氣管炎並發的情況判斷他極可能是個軟骨病患者。

所有的一切塑造了秦始皇暴躁、多疑的性格，進而影響了國家的性格。

我們再來看秦始皇傳奇般的即位過程。

西元前二五一，嬴政遠在秦國，從未相見的曾祖父秦昭王去世，留給後人一個強大的國家和一支龐大的軍隊。苦等王位的安國君已經五十三歲了，即位後史稱秦孝文王。嬴政的父親異人改名子楚，被冊立為太子。過長的太子生涯消磨了安國君的志向稜角，也損害他的健康，加上他在宮中長期沉醉於聲色，導致身體虛空，無力應付繁雜的政務。秦孝文王在為秦昭王守孝期滿後的第三天去世，享國一年，成為中國歷史上執政時間最短的君主之一。子楚即位，就是莊襄王，任命呂不韋為相國。子楚也是個短命的君主，僅在位三年就一命嗚呼了。西元前二四六年，嬴政在呂不韋等人的扶持下即位。因為嬴政年紀還太小，從西元前二四六年，到西元前二三七年，都是呂不韋在秦國直接掌權的時代。

嬴政親政後精力過人，處事果斷，首先就將屠刀指向了呂不韋和嫪毐。

嫪毐是個「假宦官」，和趙姬禍亂後宮，並且陰謀造反。嬴政誅滅嫪毐是正常的事情，但他殺呂不韋則更多的出於集權所需。呂不韋為推行秦國統一全國大業可謂殫精竭慮，嘔心瀝血。在政治上，他並不獨攬大權，相反還注意起用老臣宿將和選拔新人才，調整統治階層內部的關係。呂不韋曾招致賓客三千人，目的就是網羅人才，「招致賓客遊士，欲以併天下」。李斯就是賓客之一，並且由呂不韋舉薦進入仕途。甘羅的故事也發生在呂不韋時期。十二歲的少年甘羅出使趙國，說動趙王割地

交好秦國，秦國答應攻燕掠地償還。秦國輕易就拓展了領土。這個奇蹟是甘羅早就的，也是呂不韋背後支持的結果。甘羅因功被封為上卿。嬴政毒殺呂不韋，主要是因為後者威望在外，不利於君王權威的維護與擴大。也有可能是嬴政為了擺脫「私生子」傳聞的困擾。

剷除了嫪、呂集團的勢力，鞏固了手中的權力後，嬴政迫不及待地啟動秦國擴張的進程。與東方六國相比，秦王政時的秦國已經擁有絕對優勢，接下來的問題是如何迅速完成統一。隨著權力的鞏固和秦國征伐的不斷勝利，嬴政抑鬱的人格弊端也不斷發作。他不許後宮任何人干預朝政；他要求前方的將領必須與自己保持直接連繫；他甚至下令所有大臣和被召見的人都不得佩劍上殿，所有的武士和侍衛都只能在自己所在宮殿的外圍值勤。

嬴政重用法家代表人物李斯，提拔軍事理論家尉繚，繼續採用遠交近攻的策略，施行「毋愛財物、賂其豪臣」的辦法，離間各國的關係，摧毀了反秦的聯盟。西元前二三〇年，依附秦國的韓國最先被滅亡。秦國由此揭開了滅亡六國的序幕。六國中軍力最強的是嬴政的出生國——趙國。嬴政以金錢重賂趙王寵臣郭開，用離間計殺死名將李牧。西元前二三八年趙國都城邯鄲被占領，趙國殘餘逃亡代地。

▲ 秦代貨幣

▶ 秦代衡器

　　面臨存亡之危的燕國向秦國派了刺客。刺客荊軻攜帶燕國地圖，假裝割地投降，求見秦王。極端看重成敗、看重拓地擴土的秦王立即召見他。遺憾的是，「圖窮匕首見」。在宮殿上，秦王不得不與荊軻上演了一場赤膊戰。這次肉搏沒有勝利者。荊軻付出了生命的代價，嬴政僥倖得勝。但是視死如歸的荊軻和寒光閃閃的匕首極大的嘲笑了嬴政的人生觀、世界觀和所作所為。嬴政嚴格限制大臣和侍衛的行動自由，來保證自己的安全，在刺殺事件中卻被證明是極大的安全漏洞。嬴政原以為不斷的征伐，不斷的勝利能夠補償自己抑鬱、自卑、多疑產生的困惑，證明自己的能力。但是他面對視死如歸，慷慨激昂的荊軻，感到了巨大的挫折感。

　　嬴政以更瘋狂的報復來維持自己的信仰和心理平衡。西元前二二七年他派大將王翦率大軍攻燕，次年攻陷燕國首都薊。燕王獻刺殺主謀太子丹。西元前二二五年他派大將王賁滅魏。兩年後，嬴政開始策劃大規模伐楚。西元前二二三年，他命李信為將出征，遭到失敗。後來又啟用大將王翦，傾注全國軍力，出六十萬大軍攻破楚國，殺其名將項燕、虜楚王負芻。其中消滅趙、燕殘餘，深入今內蒙遼寧等地。西元前二二一年秦將王賁乘齊王不備，率軍攻入齊國，俘齊王建。自西元前二三〇年至西元前二二一年，嬴政在十年之內滅亡關東六國，至此統一中國的大業完成。

　　統一後的國家到底實行什麼樣的政治制度，這在秦國朝廷裡引發了激烈的爭論。

◀ 秦代銅車馬

　　嬴政的個性對統一後的國家制度設計造成了重要作用。丞相王綰主張仍舊像夏、商、周那樣分封諸侯，許多大臣也都傾向分封制。但是廷尉李斯極力反對，主張廢分封、立郡縣，施行中央集權制。事實上，在剛滅亡韓國時嬴政就在地區推行了郡縣制。在國家制度設計上，嬴政贊同廢封建推廣郡縣制。他說：「天下所以苦戰不休，就是因為有諸侯存在。現在天下初定，如果再來分封列國，這不是重新給自己樹敵嗎？再求天下寧息，豈不太難了，廷尉議論的是。」新統一的秦朝，廢除了夏商周三代以來施行的分封制度，施行與大一統局面相適應的新的政治體制。在中央國家制度設計上，嬴政自稱皇帝，賦予皇帝至高無上的權力；中央下設三公（太尉、丞相、御史大夫）劃分軍事、行政、監察三權，又設九卿，負責具體事務，輔佐皇帝處理政務，組成中央政府。嬴政將全國分為三十六郡，郡設守，縣設令。郡縣守令，均由自己任免調派，打破傳統的世卿世祿世襲制。這一套中央集權的君主專制制度是政治制度的改革和創新，奠定了千百年來中國政治制度的基礎。

　　秦朝所做的許多事情是第一個統一王朝為了江山永固而施行的必要政策。但是秦始皇的殘暴和迫不及待使得政策推行的頻繁程度和高壓完全超過了社會和百姓的承受能力。再加上，皇帝本人的好大喜功、橫徵暴斂和秦國原本就形成的嚴刑峻法，很快就使天下民怨沸騰，動盪四

起。嬴政自稱「始皇帝」，是想讓王朝能夠一世一世地傳下去，直到千秋萬代。誰想到，秦朝只傳到第二代就滅亡了。

有人認為秦朝的速亡是秦國在統一過程中並沒有尊重並吸收東方六國的文化和制度，沒有尊重百姓。這有一定的道理。秦朝的滅亡還有一個原因：秦始皇的統一來得太快太猛，鞏固統一的政策也推行得太快太猛，加上皇帝個性原因，遠遠超過了社會實際所需。

第三章　曹魏：老子打下的天下

　　建安十五年（西元二一〇年），漢朝大丞相曹操遭遇了嚴峻的政治挑戰。戎馬數十年，曹操剿滅了一個又一個人的敵人，牢固掌控了朝廷的大權，似乎再也沒有什麼東西可以挑戰他的權威了。不，流言依然在挑戰著曹操的權威。抨擊曹操大權獨攬，懷有不臣之心的聲音與軍事勝利一樣，始終伴隨在曹操的左右。如今，反對的聲音甚囂塵上，「託名漢相，實為漢賊」、「欲廢漢自立」的罵聲若明若暗地出現了。

　　與絕大多數梟雄不一樣，曹操特別在意這些罵聲。

　　當年十二月，曹操以私人身分公開發表了一篇〈讓縣自明本志令〉，自我辯解。

　　在這篇千古奇文中，曹操回顧了自己的一生，坦誠地交待了許多「隱私」。後人從中讀到了一個梟雄內心掙扎、衝破風雨、艱難闖蕩的形象。

　　「年少，自以本非岩穴知名之士，恐為海內人之所見凡愚，欲為一郡守，好作政教，以建立名譽，使世士明知之。」

　　一開頭，曹操說自己的出身默默無聞，年少時的志向就是當個太守之類的官，讓世間知道有他這麼一個人。在這裡，曹操只說出了一半事實。少年的曹操並非默默無聞，而是臭名昭著的「閹宦遺醜」。日後魏朝的正史都無法否認，曹操的父親曹嵩原來是個小乞丐，被大太監曹騰收養。至於曹嵩的身世，「莫能審其生出本末」，也就是說不知道曹嵩是從哪來的。中國政治最看重個人的身世家族，曹操如此的身世給他的政治生涯帶來了無盡的麻煩。東漢末年，宦官亂世，名聲差到不能再差的地步。曹操有個「太監爺爺」，總是在袁紹、許攸等夥伴面前抬不起頭來。

平心而論，曹操能力出眾，儘管憑藉太監集團的權勢進入仕途，但幹得很不錯，政績顯著，也沒有偏向太監集團。相反，在大將軍何進等人籌劃誅殺太監集團時，曹操還積極參與，背叛了養育自己的那個階層。但是士大夫和文臣武將始終不信任曹操這個太監的孫子。直到後來袁紹南下與曹操爭奪天下的時候，陳琳替袁紹起草的討伐曹操的檄文還拿曹操的身世作為攻擊武器：「司空曹操，祖父騰……饕餮放橫，傷化虐民。父嵩，乞丐攜養，因贓假位，輿金輦璧，輸貨權門，竊盜鼎司，傾覆重器。操贅閹遺醜，本無令德，僄狡鋒俠，好亂樂禍。」曹操對身世劣勢也諱莫如深。

曹操從政的大環境也差到了極點。他成長的東漢末年是個饑饉遍野、豺狼橫行、道德落地的人間地獄。在軍閥拉鋸的部分地區，州里蕭條，出現吃人現象。

年少的曹操要想出人頭地，有所作為，注定要付出比常人更多的心機和勞頓。

好不容易憑能力和政績升到了典軍校尉的職位，曹操對自己的人生作了更明確的規劃。他在〈讓縣自明本志令〉中說：「意遂更欲為國家討賊立功，慾望封侯作征西將軍，然後題墓道言『漢故征西將軍曹侯之墓』，此其志也。」

此時，曹操的人生理想還是「封侯拜將」，更深層次的理想是效忠朝廷。因此當董卓作亂，曹操毅然決然地參加了關東十八鎮諸侯討伐董卓的戰役。曹操是倡議者，但諸侯們卻推舉出身四世三公門第的袁紹為盟主，天天宴會高歌，絲毫沒有進取之心。還有心恢復的曹操發起了孤獨的遠征，結果被董卓分兵擊敗。他這才意識到原來同道中人是那般稀少，表面上的同志是那樣的無情和務實。藉著討伐董卓的名義，這些人擺脫了中央王朝在名義和實質上的約束，開始了割據混戰的時期。其中

袁紹占據冀州、青州、並州，實力最強；袁術占據揚州，張繡占據南陽，陶謙、劉備、呂布先後占據徐州；劉表占據荊州、劉璋占據益州，閉關自守；張魯占據漢中，不思進取；公孫度占據遼東、馬騰占據涼州，遠離中原；公孫瓚占據幽州；孫策起步晚，占據江東。至於像嚴白虎、張燕、王朗、張楊等小勢力就更多了。曹操還是在袁紹的幫助下獲得東郡太守的官職，駐軍在東武陽，加入了軍閥的隊伍。

曹操最先占據的地區大致是今天河南省東北部和山東省的西部地區，處於中原核心地區。河南和山東大部是典型的「四戰之地」。這一地區地域遼闊，地勢平坦，除黃河天塹外無險可守。北方的遊牧民族、建國關中和江南的割據政權從來沒有放棄過對關東的軍事行動。位於四戰之地的割據政權想向四周擴展，則面臨著黃河、長江、關隘和山脈丘陵的阻礙。在爭霸的各個集團中，簡單的說，處於四戰之地的曹操集團的地緣條件是最差的，容易挨打，卻難以還手。

▲ 曹操像

曹操起點最低，心氣卻最高。他埋頭用心，苦心經營地盤。曹操了解到：「夫定國之術，在於強兵足食，秦人以急農兼天下，孝武以屯田定西域，此先代之良式也。」累積糧草，強壯士卒是前代驗證的定國之術。從建安元年開始，曹操集團開始招募流民屯田許縣，當年得穀物百萬斛。取得成功後，曹操集團在州郡設置屯田官，務農積穀。強大的屯田事業使曹操集團征伐四方，無運糧之勞。連年戰亂使得天下荒亂，饑饉遍地。各個勢力都缺乏糧穀。袁紹在河北的時候，軍隊一度吃桑椹做軍糧。袁術在江淮的時候，取蒲嬴做食物。一些軍隊甚至因為缺糧而軍隊解體。屯田得來的充足糧食在曹操「兼滅群賊，克平天下」的事業中地位崇高。從西元一九〇年起兵爭霸，曹操東征西討，十八年裡冒著槍林彈雨，先弱後強、遠交近攻，不斷壯大，先後殲滅吞併了陶謙、張繡、呂布、劉備、袁術、張楊等弱小勢力，基本統一了中原大地。

曹操回顧與群龍爭地，與野獸爭食的過程，並不謙虛地表示：「設使國家無有孤，不知當幾人稱帝，幾人稱王！」曹操是橫行殺戮，可如果沒有他成功地以戰止戰，天底下不知道會冒出多少「王侯將相」來。

很少有人關心，曹操為今日的成功付出了多麼慘重的代價。他的父母親族被屠殺，長子在對外作戰時陣亡，髮妻與自己反目。當曹操拉下臉皮去向髮妻道歉反遭冷落時，這位稱霸天下的梟雄突然感覺到了揪心的痛楚。曹操一度被呂布偷襲奪取了根據地兗州，只剩鄄城三座孤城，形勢危急。袁紹發出了收留曹操集團的建議，但遭到了曹操謀士的反對。曹操幾乎再一次白手起家，讓士兵們吃摻伴著死人肉的糧食才度過危機。三國演義的傳說中有多次曹操在戰場上被人追殺、落荒而逃、僥倖生還的記載，雖然有虛構誇張的成份，但大抵上還是有事實根據的。在即將攀登到達權力頂點的時候，曹操也曾經懷疑自己的所作所為是否值得。只有他明瞭自己幾十年來在刀口上舔血的感覺。

　　曹操在四處征戰的過程中打著的是漢朝的旗幟。他的成功和漢王朝之間有著說不清道不明的關係。在他基本統一全國後，這種混亂關係發展為了惡性政治問題。

　　曹操是以漢朝官員的身分逐鹿中原的，始終宣誓效忠漢朝，更「挾天子以令諸侯」，在道德上為自己樹立優勢的同時也樹立了極高的標準。西元一九六年，東漢末代皇帝劉協逃離戰亂連綿的關中地區，來到一片廢墟的舊都洛陽。在洛陽的幾個月裡，漢王朝的宮廷只能在城西殘留的、原大太監趙忠那座勉強有四壁的、破落院子裡臨時辦公。大臣數十人，其中尚書郎以下的大臣必須自己去城外採摘野菜充饑。他們與饑民、亂兵一樣，你爭我奪。體弱的人就再也沒有回來。當時幕僚們對曹操說，主公應該迎接困居在洛陽的皇帝，拯救形勢危如累卵的朝廷。有人反對，為什麼要搭理那個只能算作是洛陽縣令的倒楣小皇帝？曹操則明智地決定，迎接皇帝到許縣。從此，許縣成為了漢朝的最後二十多年的避居地。

　　尊崇天子讓曹操集團占據了政治高地，獲得了許多官民的支持。漢朝四百年的統治，在民眾心中留下了一時難以磨滅的影響。天下大亂，唯獨曹操迎奉落難皇帝劉協。曹操很自然獲得了漢朝殘留的精神支持。比如曹操集團日後以皇帝名義徵召人才往往能夠成功，多少是因為朝廷名義在這些人才心中依然存在影響，人們還有那麼一絲復興漢室的情緒。更直接的好處是，曹操在發展早期以天子的名義輕而易舉地接收了許多勢力空白地區（主要是在河南地區），使關中等地保持名義上的服從。曹操的統一過程就是用漢朝外表轉載曹家政策主張的過程。

　　毫不誇張的說，曹操幾乎是親手梳理了一遍中原大地，手把手塑造了一個新的王朝的雛形。等歇下來回顧畢生奮鬥成果的時候，曹操無奈地發現自己打下來的江山叫做「漢朝」，姓劉而不姓曹。矛盾就此

產生了。

一個「挾」字，決定了東漢末代皇帝劉協後半生的命運。劉協雖說是傀儡，但並不是那種昏庸無能的君主。他不同於白痴皇帝晉惠帝，也不同於樂不思蜀的蜀漢後主劉禪，而是心懷恢復祖宗大業的志向，有才有能的皇帝。這個皇位原本不是劉協的，而是哥哥劉辯的。十常侍之亂時，劉協和少帝劉辯逃出宮外，正倉皇間，迎面遇上董卓率領的三千隴西鐵騎奔騰而來。小皇帝劉辯見到這樣的情形，嚇得渾身哆哆嗦嗦，雙腿顫慄，口不能言。隨行的內侍太監和一眾文官也都沒人敢出口大氣，劉協卻挺身而出，喝問董卓：「你是來劫駕，還是來救駕？」這一聲喝硬是把桀驁不馴的董卓喝下馬來，忙解釋說是來救駕的。劉協就指向少帝劉辯高聲道：「既然是來救駕，為何見了聖上不跪！」當時劉協九歲。能以稚齡之年面對這麼大的陣仗而毫不慌亂，實屬膽識過人。據說，董卓正是因為這次經歷，對劉協印象深刻，日後扶持他為新皇帝的。就連日後的魏國君臣也承認劉協的聰明睿智。在《諡法》中，「獻」的解釋是「聰明睿智曰獻」。而劉協死後的諡號就是「漢獻帝」。

漢獻帝本人和聚集在朝廷的旗幟下（實際上就是在曹操陣營中）忠於漢室的力量對曹操的大權獨攬、專制專行的行為極為憤慨，欲先除之而後快。血氣方剛的漢獻帝不斷傳出衣帶詔，詔詔要致曹操於死地。建安四年（西元一九九年），劉協任命岳父董承為車騎將軍，祕密寫下衣帶詔賜給董承，授意他聯絡漢室大臣諸侯，聯合剷除曹操。官渡之戰前夕，董承聯絡西涼馬騰、左將軍劉備，動員自己掌握的軍隊，在許昌宣稱受漢獻帝「衣帶詔」，發動兵變。曹操毅然回兵鎮壓董承，平定劉備在徐州叛亂，再次派遣衛覬入關，穩定韓遂、馬騰集團。「除曹」行動尚未展開，與謀者董承、吳子蘭、种輯等人就被滅三族了。劉協還曾授意自己的另一位岳父伏完籌劃地下組織，再次失敗。下毒、反叛、縱火等事

件使得曹操後院起火，應接不暇。最可怕的內亂事件發生在建安二十三年春正月，太醫令吉本與少府耿紀、司直韋晃等人謀反，發兵攻打許縣，一度攻入城內，燒燬丞相長史營壘。曹操殘酷地鎮壓了這些內部反叛，殺戮了包括皇后伏氏、貴妃董氏和重臣董承等人在內的家族，很大程度上黯淡了自己的道德光芒。這些陣營內部的隱患非常麻煩，狠狠地束縛了曹操的手腳。

依漢例，群臣覲見皇帝，必有持兵甲士環列四周。曹操晚年疑心重，十數年拒絕上朝，就是為了避免可能的刺殺。

劉協扮演了一個令人同情的末代皇帝的角色，曹操則扮演了一個忙碌一生、安定了大半個天下卻落不著半點好的梟雄角色。

在〈讓縣自明本志令〉後半部分，曹操流露出了濃重的「進退無路」的情緒。

曹操已經是魏王了，掌握著軍隊，凡是一個大臣應該做的和不應該做的事情他都做了。除非登基稱帝，曹操再沒有其他的「進步空間」了。但是如果曹氏家族要奪天下，那就是篡位。曹操解釋說自己的志向其實是：「四時歸鄉里，於譙東五十里築精舍，欲秋夏讀書，冬春射獵，求底下之地，欲以泥水自蔽，絕賓客往來之望，然不能得如意。」但是天意作人，歷史卻把他推上了政治的風尖浪口，縱橫天下。曹操為漢朝延續了二十多年國祚，有人就說了，既然你功成名就，應該退休返鄉，將政權交還給皇上了。曹操又解釋說自己不能放棄權力：「然欲孤便爾委捐所典兵眾以還執事，歸就武平侯國，實不可也。何者？誠恐己離兵為人所禍也。既為子孫計，又己敗則國家傾危，是以不得慕虛名而處實禍，此所不得為也。」他說，自己不能回到封地武平縣去。執政地位越高、時間越長，仇敵就越多。曹操的仇人太多了，為了自己的安全和子孫的利益著想，曹操不能放棄兵權和政權回家閒居。這可能是每個權臣共同的

困境：權臣最後不得不透過加強集權來保障自己的利益，甚至是最基礎的人身安全。功成名就退隱山林的做法在曹操看來是「得慕虛名而處實禍」。曹操不會為了一個「忠臣」的名號主動放棄權力，解除軍隊，任人宰割。那麼為了表明心跡，曹操能做的僅僅是在〈讓縣自明本志令〉中宣布將陽夏、柘、苦三縣的二萬戶封邑交還給朝廷，只享受武平縣的一萬戶封邑收入，希望能夠以此來平息誹謗和議論。

通覽〈讓縣自明本志令〉，曹操的說法合情合理。他承認自己是權臣，承認自己的功績，也明確表示自己不會放權。有人說是他在向群臣暗示自己不會放棄軍政大權，並且要世代相傳的決心，是對天下的變相試探。這恰恰反映了一代梟雄晚年的困境。

後人只看到曹操作為曹魏實際建立者的豐功偉績，卻沒有看到那個心力交瘁的真實曹操。他為東漢王朝付出了一切，卻不想去收穫那個金光燦燦的皇位。

在曹操的政治生涯乃至曹魏王朝的建立過程中，理解官渡之戰和赤壁之戰是不可或缺的歷史功課。這兩次戰役奠定了曹魏，奠定了三國乃至是南北朝的政治態勢。

曹操迎接天子到許收服河南各地，關中等地也名義上歸附。建安五年（西元二○○年），袁紹統一了河北地區，整軍向南。天下最大的兩架軍事戰車迎頭相撞了。謀士沮授勸阻袁紹憑藉相對優勢不戰而屈曹操之兵。方法就是邊整頓內政，積蓄力量，邊派兵騷擾。袁紹則對自己的實力超級自信，發布討曹檄文，率領十萬部隊進軍黎陽，尋找曹軍進行主力決戰。

曹操親自率兵防守正面，總兵力只有一萬出頭。其中於禁率兵駐紮黃河南岸的重要渡口延津，東郡太守劉延進駐另一個重要渡口白馬，阻滯袁軍渡河和長驅南下；曹軍主力在官渡（今河南中牟東北）一帶築壘

固守，構築第二道防線。

決戰之前，曹袁兩方都展開了密集的外交穿梭，激烈的外交戰提前打響。

袁紹的外交對象是分布在曹操四周的大小勢力，希望能夠形成四周夾擊河南的形勢。他的第一個統戰對象是盤踞在南陽地區的張繡。張繡結盟劉表，與曹操進行了多年的拉鋸戰。袁紹派人給張繡和謀主賈詡書信，相約結援，共擊曹操。張繡願意與袁紹同盟。正要簽約的時候，賈詡卻對袁紹的來使說：「你回去謝謝袁紹。告訴他，袁家兄弟都不能相容，還怎麼能容天下呢？」袁紹的使節被趕跑了，雙方的外交大門就這樣被關閉了。張繡事後吃驚地問賈詡：「何至於如此呢？那現在怎麼辦？」賈詡建議張繡歸降曹操，並列出了選擇曹操的三大理由：「曹操奉天子以令天下，這是理由一。袁紹強盛，我們以少從之，不會受到袁軍的重視。曹軍眾弱，得到我們這支力量一定很高興，會重視，就是第二個理由。曹操有霸王之志，肯定會釋私怨，以明德於四海，其宜從三也。」張繡聽從賈詡，率眾歸降曹軍。曹操喜出望外，不僅盡釋前嫌，還對張繡等人加官晉爵，委以西南方向的重任。

袁紹外交工作的第二個對象是掌握湖廣大地，兵強馬壯的劉表。劉表滿口答應了，表示一定與袁紹一起滅曹，發兵北伐。袁紹等了好幾個月，毫無湖廣方向的消息。原來劉表口惠而實不至，按兵不動，坐觀成敗。時人評價劉表三個字「坐談客」，談起來頭頭是道，但很少付諸實施。袁紹外交工作的第三個對象是「江東小霸王」孫策。孫策聽說曹操和袁紹在黃河中流相持，早就謀劃偷襲許縣了，現在和袁紹一拍即合。孫策的動向對曹操集團構成了真正的威脅。曹操特地在東南方向分兵防範江東方向的進軍。誰知，孫策在一次打獵過程中遭到刺客偷襲，傷重而死。江東陷入權力交接，人心搖晃，偷襲許縣的計畫胎死腹中。

就在大戰一觸即發的時候，曹操陣營內部還真出現了變亂。

袁紹同父異母的弟弟袁術在淮南篡位稱帝，橫徵暴斂，最後窮困潦倒難以為繼，就將帝號讓給哥哥，向北方靠攏。曹操派遣投靠自己的劉備去徐州截擊袁術。結果，袁術倒是被消滅了，但是劉備也乘機攻占了徐州，與袁紹遙相呼應。曹操派遣劉岱、王忠領兵攻打劉備，失敗。於是，曹操不顧反對，親自從官渡前線率主力回師東向，進攻劉備。這是一著險棋。此時謀士田豐建議袁紹乘曹軍主力東征，大軍突襲南進。劉備也向袁紹求援，提出了夾擊曹操的建議。袁紹猶豫不決。結果曹操大軍迅速擊潰立足不穩的劉備，收復徐州。曹操安全度過險境。

中原主力決戰的序幕終於在四月隆重拉開。袁紹派顏良進攻白馬，計劃奪取黃河南岸要點保障主力渡河。曹操親自率兵北上解救白馬之圍。曹軍兵少，曹操先引兵至延津，偽裝要渡河攻袁軍後方，引袁紹分兵延津，減少白馬主戰場上的兵力。曹操乘機率輕騎，以張遼、關羽為前鋒，急趨白馬，短時間內在該地對袁軍形成優勢。顏良倉促應戰，被斬殺，袁軍潰敗。白馬之圍解後，曹操主動放棄這個渡口，遷徙白馬的百姓沿黃河向西撤退。袁軍追擊，在延津南搶奪曹軍故意散落的輜重財物，陣勢大亂。曹軍突然轉身反攻，擊敗追軍，又殺死名將文醜，順利退回官渡。袁紹初戰，雖然占領了黃河沿線渡口，突破了曹操的第一道防線，但損兵折將，消耗了有生力量，尤其是兩大名將被殺，嚴重影響了士氣。

之後的戰線長期在官渡固定下來。官渡成為了勝負的關鍵。對袁紹來說，官渡是進軍許縣的最後一站；對曹操來說，保衛官渡是保衛政權存亡的生命線。曹軍當時只有萬人左右，集中防守幾個要點，更要命的是後勤補給困難。袁軍當時連營成一線，進逼官渡。曹操幾乎沒有選擇餘地，全軍動彈不得。

　　有很多人建議袁紹不要將全部兵力都集中在官渡，因為袁紹手中的籌碼比曹操要多得多。沮授就獻策說：「北方士兵數量多，但是鬥志不及南方士兵；南方糧草少，物資儲備比不過北方，所以曹軍利在速戰，而我軍利在鏖戰。我們應該進行曠日持久的消耗戰。」謀士許攸也建議袁紹說：「主公現在沒必要與曹操在一點上相互攻擊。應該馬上分軍，其中一支軍隊取道他途，進攻許縣迎接天子。那樣大事就可以成功了。」許攸的策略其實是全面進攻策略，在將曹操主力牽制在官渡的同時，出奇兵偷襲許縣將皇帝搶到手。袁紹被暫時的優勢迷惑了雙眼，堅持在官渡和曹操對壘下去。

　　但袁紹對謀士們的建議多少也採納了部分內容，多次派遣精銳輕騎，包抄、切斷官渡戰線背後的曹軍糧道。袁軍的小股部隊多次偷襲曹軍的糧道，影響了曹軍的正常糧草運輸。曹軍採取集中運輸和武裝護送的辦法，才限制了袁軍偷襲部隊的騷擾，保證了官渡前線的糧草運輸。偷襲糧道失敗後，袁紹只能將希望都寄託在官渡，夢想透過強攻取得勝利。袁紹先造起高櫓，堆起土山，居高臨下向曹營射箭。曹軍只能舉著盾牌在營中行進，士氣低落。曹操造了發石車，以下向上攻擊袁紹的高樓，取得勝利。袁紹又造起霹靂車向曹營發火箭、火球。曹操於是用發石車還擊巨石。袁紹又造了地道，想從地下偷襲曹軍。曹操就在營地裡挖起了長塹，斷絕敵人的道地。雙方你來我往，僵持了下來。

　　曹操最先撐不住了。他底子太薄，河南地區原本幾乎就是一片赤地。經過幾個月的相持戰後，河南百姓疲乏，開始出現叛亂響應袁紹；前線也出現了嚴重的糧草缺乏。袁紹則源源不斷地獲得供給。這天，袁軍大將淳于瓊等人率領一萬多人護送上萬輛運糧車來到前線，將糧草囤積在烏巢，距離袁軍大本營四十里。

　　這時候發生的一件事給正勉力支撐的曹操帶來了關鍵轉機。《三國

志》只用一句話來記載這件事：「紹謀臣許攸貪財，紹不能足，來奔，因說公擊瓊等。」原來袁紹謀士許攸能力不錯，但自律不嚴，樹敵太多，被排擠出了袁紹陣營，深夜投奔官渡。曹操正在洗腳，聽到老朋友來了，光腳就出來迎接。坐定後，許攸問曹操：「袁氏軍盛，你打算怎麼對付？軍中還有多少糧草啊？」曹操回答：「還能支撐一年。」許攸說：「不是吧，再說！」曹操又說：「還可以支持半年。」許攸曰：「你不想打敗袁紹了吧，為什麼不實話實說呢？」曹操不得不說：「剛才是玩笑而已。其實軍中餘糧只有一個月了，怎麼辦？」許攸笑道：「你孤軍獨守，早就沒有糧草了，現在已經是危急時刻了。」他向曹操透露了一個重要情報，袁軍輜重屯在烏巢，駐軍防備不嚴，建議曹操用輕兵偷襲糧站，焚燒完盡。這樣不到三日，袁氏自敗。

關鍵時刻，曹操體現出一位領袖的魄力來。他不顧謀士武將對許攸的懷疑，親自領軍五千連夜偷襲烏巢，一舉得手。袁紹看到烏巢的熊熊火光後，還對長子袁譚說：「曹操取我糧草，我就去拔他的大營。這樣他即使偷襲得手，也無家可歸了。」袁紹一方面派張郃、高覽攻官渡，一方面派軍增援烏巢。結果曹操再次擊敗袁軍，而張郃、高覽兩人卻沒有擊敗留守官渡的曹洪，乾脆率眾投降了。消息傳到袁軍那兒，軍隊大潰。袁紹與袁譚父子兩人只率領數百騎兵渡河退回河北。其餘袁軍全部投降。

官渡一戰，袁紹主力被悉數殲滅，人才被掃蕩一空。戰後，河北各地則紛紛反叛袁紹，向曹操示好。袁紹元氣大傷，黃河南北的實力對比開始向著有利於曹操的方向轉化。曹操乘機占領了幽州、並州、冀州、青州、兗州、豫州、徐州全部和揚州、荊州的北部，並威服關中、涼州和遼東地區，很快帶甲百萬，雄視天下了。

基本統一北方後，曹操將目光對準了長江流域的三大割據勢力：劉

璋、劉表和孫權。

曹操很快選定在荊州（湖北湖南地區）的劉表為下一個進攻對象，認真操練起水軍來了。曹操為什麼先取荊州？首先，荊州是進攻南方的最佳突破點。一方面荊州處於南方的中段，占領荊州就能將南方隔成東西兩段；另一方面益州有崇山峻嶺，東吳有浩浩長江，荊州北部的平原相對容易突破。其次，滅劉表、斷長江，可以將軍鋒指向最有遠略、實力的孫權。共有長江、大兵壓境，可以對孫權造成巨大壓力。之後的歷史發展表明在這樣的情況下，劉璋在劉琮投降後主動歸順、東吳內部投降之聲四起，先取荊州的策略是正確的。

雖然曹操在荊州最終失敗了。但那不是南下策略的失敗，而是他低估了對手的實力，再加上一系列的戰術失誤導致的。

曹操遭到慘敗的那場戰役被後人稱為「赤壁之戰」。

建安十三年（西元二〇八年），曹操率領大軍南下荊州，拉開統一戰爭的最後一幕。

防守荊州北部新野的劉備棄城南逃，曹軍直撲襄陽。大軍還沒到襄陽，劉表就病死了。即位的小兒子劉琮在親曹派的鼓動下，派人求降。逃到樊城的劉備面臨被夾擊的危險，再次向荊州的物資基地江陵方向撤退，沿途掠奪了許多百姓和物資。曹操再次顯露出政治家的本色，不按常理出招，親自率領五千輕騎兵追趕劉備。曹操連夜狂趕三百多里，在當陽長坂坡追上並殲滅了劉備的主力。劉備、諸葛亮率領殘軍改道退向夏口（今武漢市）。曹軍占領江陵後，大軍密密麻麻地沿江向東推進，在長江中流地區形成了巨大的軍事烏雲。

曹操收編了荊州部隊，尤其是數一數二的水軍後，總兵力達到三十至四十萬人，其中用於第一線的主力部隊接近二十萬人。劉備在夏口會合劉表長子劉琦的駐軍後，擁有將近一萬軍隊。這一萬烏合之眾就是抵

抗二十萬曹軍的全部軍隊。

曹操顯然認為自己已經取得了荊州戰役的勝利。他的目光超越了夏口，投向了江東。賈詡進言說：「主公昔日破袁氏家族，現在收服江漢地區，威名遠著，軍勢盛大。如果我們現在利用荊州的富饒，整頓吏士，安撫百姓，使大家安居樂業，就可以不勞大眾而征服江東了。」曹操聽從了他的進言，在荊州開始了驕傲的等待。他樂觀地認為完全可以憑藉破荊州的餘威，不戰而屈服江東，於是派使者出使江東，勸降孫權說：「近者奉辭伐罪，旄麾南指，劉琮束手。今治水軍八十萬眾，方與將軍會獵於吳。」孫權將書信給群臣看，群臣們沒有不震驚失色的。江東內部投降聲四起。

曹操想錯了，高壓只能讓懦弱者屈服，卻會激發強者的鬥志和勇氣。孫權和劉備都是強者。在曹操攻破荊州的時候，孫權陣營的魯肅就以為劉表奔喪的名義前往荊州尋找破曹的機會。魯肅還在路上的時候，劉琮不戰舉州而降；劉備又在長阪坡全軍覆沒。魯肅當機立斷，臨時決定將劉備作為聯盟的對象，於是徑直趕去當陽長阪地區。他向劉備表明了江東希望聯合抗曹的意向。劉備和諸葛亮縱觀天下形勢，完全同意連繫孫權併力北向。諸葛亮來到江東，舌戰群儒，說服孫權連劉抗曹。孫劉同盟正式形成，一直維持到蜀漢滅亡為止。

還在荊州等待孫權來投降的曹操集團很早就知道了劉備向東吳靠攏的情報，仍然過分樂觀地認為孫權會順便將劉備殺了來投降。等孫劉結盟的消息傳到江陵後，曹軍裡一片失望的聲音。但是曹軍並沒有對這次結盟給予足夠的重視，這才開始真正的東進，準備以武力解決劉備和孫權。十一月，曹軍進駐江北的烏林，孫劉聯軍在江南的赤壁與曹軍對峙。曹操錯誤地將戰船首尾相連，結為一體，方便水軍的操練，伺機攻戰。周瑜和部將黃蓋決定使用火攻計。黃蓋先是用苦肉計，與周瑜一個

願挨，一個願打，取得了曹操的信任。黃蓋緊接著致書曹操詐降，到約定時刻卻率蒙衝鬥艦乘風駛入曹軍水寨，縱起火來。曹軍船陣被燒，火勢延及岸上營寨，孫劉聯軍乘勢出擊，曹軍死傷過半。曹操大軍最終被燒敗了。

曹操在赤壁的失敗主要是戰術的失敗。黃蓋放的火、水土不服和因為傳染病導致的減員，加上見勢不妙逃散的劉表降軍，即使讓曹軍減員二十萬人，曹操在第二線的軍隊依然在數量上擁有絕對優勢；加上曹軍的人才資源保存完好（曹操陣營多數重要將領都沒有參加赤壁之戰，分守各處），因此與孫劉聯軍相比，曹操依然占據優勢。

令人費解的是，曹操在赤壁之戰失敗後竟然主動率部北退，只留少數部隊固守已經占領的荊州部分領土。

赤壁之戰失敗後，曹操為什麼放棄原先南進征服江東的策略呢？後人分析曹操撤軍北還，找到了許多原因。包括赤壁大戰的失敗暴露了曹操陣營的許多問題（比如戰線太長、孫權在東部合肥的騷擾、關中豪強的反叛），曹軍缺乏進一步作戰的水軍等等。如果從曹操個人經歷和心境來分析的話，曹操放棄激進統一策略的主要原因是：他老了。曹操已經進入了晚年，心態不復當年了。他暫緩與江東的直接交戰，是為了精心經營荊州已有的地盤，訓練水軍，更是想回北方檢驗畢生的成就，考慮家族政治遺產問題去了。劉備就指出曹操在赤壁之戰後「無復遠志也」。但曹操略一遲疑，孫、劉勢力就逐漸發展壯大起來了。尤其是孫權勢力全力攻占江陵，打敗曹操留在荊州的部隊，使曹操在統一進程上再次後退。

中國統一的希望就這樣暫時喪失了。人們再一次見到大一統王朝是三百七十三年後的隋朝了。

建安二十五年（西元二二〇年）正月，魏王，丞相領冀州牧曹操病逝於洛陽。

《三國志》為曹操的一生做出了輝煌的評價：「終能總御皇機，克成洪業者，唯其明略最優也。抑可謂非常之人，超世之傑矣。」

曹操的轟然倒下，給晚漢政局帶來了什麼樣的變數呢？忠心漢室的人們希望扭轉權臣當道的局面，打擊曹操勢力，收回皇權，直至最終的劉協親政。曹操陣營內部也許有些人在觀望，在動搖，但是多數人還是希望繼續之前的政治格局的。那就是「明劉暗曹」。身逢亂世的政治家們，往往更加現實。曹操在北方三十年的經營，造就了無數的既得利益者。這種既得利益與曹操的權力一樣，或多或少是名不正言不順的。對於既得利益群體而言，只有將曹操家族名正言順地扶上皇帝寶座，大家的利益才能「漂白」，同時成為開國功臣，有望擴大自己的利益。曹操堅持不做皇帝，這些人和那些利益都被壓抑著，現在曹操走了，矛盾激發了。

魏王世子曹丕是一個一心登基、竊取神器的年輕人。曹操一黨控制的朝廷中樞馬上以劉協的名義命令曹丕繼承了王位，接收了曹操所有的權力，又反過來授意朝廷改建安二十五年為延康元年（西元二二〇年）。

曹丕沒有父親曹操那麼多的思想包袱，一上臺就朝著改朝換代的目標奔去了。

曹丕的雄才大略遠遜於曹操，但卻非常適合扮演改朝換代的角色。

創業君主需要氣吞寰宇的氣魄、虎賁狼突的才幹和堅硬如鐵的意志。曹操擁有這樣的素質。曹丕出生後，也跟隨曹操征戰過多次，同時接受了曹操安排的良好的教育。但這些被動的吸收並沒有培養出他指揮官的氣勢，也沒有培養出他文學家的氣質，而是塑造了一個符合主流政治要求的，各方面都稱職的「中上之君」。與出身寒酸的曹操不同，曹丕從小就是貴公子，交遊權貴，已經被同化為貴族階層和既得利益集團的一員了。

　　曹丕這個人，有權術。政治鬥爭技巧是他的擅長之處。他追諡父親曹操為武王，葬於鄴郡高陵，命令于禁監督陵事。于禁跟隨曹操二十多年，是曹氏家族從普通士兵中提拔起來的朝廷重臣、魏軍主將。關羽北伐圍攻襄樊時，于禁以主帥之姿支援襄樊，不想中途中了關羽的水淹之計，全軍覆沒。于禁投降，副帥龐德力戰而死。後來孫權偷襲關羽，救出于禁，送歸魏國。曹丕本來就不喜歡于禁，便想利用這趟差事除去于禁。

　　于禁奉命到曹操陵墓時，發現陵屋中的白粉壁上，畫著關羽水淹七軍擒獲于禁的故事。畫中關雲長儼然上坐，龐德憤怒不屈，于禁拜伏於地，哀求乞命。原來曹丕早就令人修好了陵墓，圖上陵屋粉壁。年過半百的于禁見此畫像，又羞又惱，氣憤成病，死在了曹操陵前。

　　更恐怖的是，曹丕為了權力，可以無情無義。曹丕與弟弟曹植利益衝突，比如曹植「七步成詩」的故事已經家喻戶曉了。曹操多子，其中對曹丕的地位構成威脅的除了曹植，還有與他同父同母的弟弟鄢陵侯曹彰和蕭懷侯曹熊。而鄢陵侯曹彰則直接領兵在外。為了鞏固自己的地位，曹丕先是指責曹彰在父親死後，帶兵前來洛陽，有爭位之嫌。在華歆等人的幫助下，曹丕嚴令曹彰交割軍馬，押往封地軟禁。曹彰和曹熊最後都可疑死去。曹植雖然被生母卞氏力保，但終身圈禁在封地，沒有絲毫的政治自由。

　　不管後人的好惡，有能力、有野心、有人緣的曹丕都是權力轉移關頭的首要人選。

　　曹丕成功地創建了魏帝國，並不是所有的人都能夠跑完皇位爭奪戰的最後一程的。

　　由於割據背景和政治殘殺環境的限制，曹操的一生屬行竣法，征戰武功非凡，但被人視為多威少恩。曹丕先透過調整父親的執政，觸及父

親戎馬倥傯的時候沒有顧及的領域，提升自己的知識度。延康元年（西元二二〇年）二月，曹丕下令關津減稅，恢復什一稅制，賞賜諸侯將相以下粟萬斛、帛千匹、金銀不等，同時煞有介事地派遣使者巡查郡國，收攬民心。曹丕還調整了魏國官職，以大中大夫賈詡為太尉，御史大夫華歆為相國，大理王朗為御史大夫，增置散騎常侍、侍郎各四人，約束宦官。對劉協的監視威逼，曹丕自然也不放鬆。

在皇權轉移的時候，意識形態的準備是必不可少的。神化自己、在自己臉上貼金是最常見的做法，是最常見的做法。巧的是，在歷史的關鍵時刻，總會有大批恰逢其時的「祥瑞」出現。先是民間開始傳言曹丕出生的時候，有青色的雲氣像車蓋一樣漂浮在嬰兒身上，終日不散。風水師傅們一致認為這是曹丕至貴的證明。這時，黎民們才開始明白：原來曹丕一出生就不是凡人。

此間又出了一個叫殷登的人，說自己在熹平五年的時候記得一件事：當年譙地（曹操老家）出現了黃龍祥瑞。大名士、光祿大夫橋玄就悄悄問太史令單颺：「這個祥瑞什麼意思啊？」單颺回答說：「這說明譙這個地方會有王者興起。在五十年時間裡，黃龍會再次出現。」殷登說自己當時在場，就默默記下了這件事。四十五年後，也就是延康元年三月，黃龍再次出現在譙。當時殷登還在世，大肆宣揚這件事，引起中原轟動。最後曹丕出面召見殷登，作了一次談話，賞賜殷登谷三百斛，送回家去。之後，魏國的形勢一片大好。同月，濊貊、扶餘、焉耆、於闐等部落都派遣使者向中原奉獻。四月，饒安縣出現典型的祥瑞白雉。曹丕很高興，免了饒安縣的田租，賞賜勃海郡百戶牛酒；太常以太牢祠宗廟。

但是事情突然起了波折。當月，大將軍夏侯惇病勢。曹丕親自素服在鄴城東門發哀。有人指責曹丕的行為失禮。禮法規定，天子哭同姓於宗廟門之外。曹丕與夏侯氏並非同姓，卻哭於城門，是不當的行為。這

其實暗指曹丕家族與夏侯家族的「不正常關係」。曹丕的爺爺，也就是曹操的爸爸曹嵩原本是乞丐，被大宦官曹騰收養後才有了姓氏。東漢官場上就一直在傳，曹嵩原來是複姓夏侯的小乞丐。終曹操一世夏侯家族成員步步高陞，成為顯貴，似乎也在印證傳言。現在是曹丕登基的前夜，有人重提曹家這件不光彩的往事，殺傷力巨大。

這表明，一部分世族大家還並不認同曹氏家族登基稱帝。

曹操在世時，不少名士很瞧不起曹操，與曹操政權對抗。曹操也不時做出壓制豪族名門浮華風氣的舉動。在曹姓代劉幾成定局的時候，世族大家們需要曹丕做出保證，維護和擴大的他們的利益。曹丕本人已經完全是一個世家子的出身和行為舉止，但缺乏明確的承諾和制度上的保護，世族大家們還是不放心效忠於曹氏家族。

昌武亭侯，尚書陳群及時提出了「九品中正法」，建議改革官員人事制度。九品中正法的內容是在郡國設置中正，評議本地人才高下，分九等，按照等級分別授予官職。評議的標準主要看家世（被評者的族望和父祖官爵），其次看道德，最後才看一個人的才能。而擔任評議的都是當地的貴族顯要。這樣的制度到底對誰有利，顯而易見。草案一公布就獲得了世族大家的一片讚賞之聲。

這實際上是世族大家對曹丕出的考題，是世族大家與曹氏家族進行權力交換。曹丕毫不猶豫地批准了這個制度，開始在全國進行人事改革。它保障了世族大家們的世襲權貴，成為了魏晉南北朝時期世族勢力惡性膨脹的制度源頭。

考驗結束了，曹丕開始向皇位發動了衝刺。

五月，曹丕追尊祖父、已故太尉、乞丐出身的曹嵩為太王，祖母丁氏為太王后，封王子曹叡為武德侯。六月辛亥日，曹丕在東郊閱兵，集中兵力開始南征。這次南征，大批公卿大臣隨行，動用了大批儀仗，華

蓋相望，金鼓陣陣，完全是曹丕對個人勢力的一次檢閱，是對天下百姓的一次試探。因此整次軍事行動更像是一次盛裝遊行。曹丕先到了屢次出現祥瑞的老家譙。他在家鄉大宴三軍，並在邑東召集譙地的父老百姓，設伎樂百戲，與民同樂。在歡娛間，曹丕說：「先王非常喜歡家鄉，不忘根本。譙，真是霸王之邦。我要減免譙地的租稅二年。」當地的三老吏民聞言紛紛向曹丕祝壽，通宵達旦。幾天後，曹丕還去祭掃了先人的墓地。到了冬天，曹丕大軍終於達到長江以北。孫權整軍以待。曹丕看到東吳軍隊軍容整齊，下令班師。臨行，曹丕下令：「大軍征伐，死亡的士卒有的還沒有得到收斂，我感到非常悲痛。各郡國要為這些人收殮，送到烈士家中。官府還要出資為他們設祭。」他臨別了還不忘討好軍隊，向天下展示自己的仁慈。

曹魏王朝建立的過程，恰逢優越的外部環境。

當時的天下還是漢朝的天下。曹魏儘管占有天下的三分之二土地，但東南的吳國和西南的蜀國虎視眈眈，天下三足鼎立的局面一時間難以轉變。這是曹操「未盡的事業」。曹丕要建立自家王朝，就要逼還算是天下皇帝的漢獻帝讓位。這必然激化曹魏與吳蜀的矛盾，給敵人攻擊自己的口實。

西元二一九年和二二〇年這兩年時間裡，三方割據的形勢對曹丕非常有利。吳國和蜀國因為荊州土地的歸屬爆發了戰爭。先是東吳大將呂蒙偷襲荊州，擒殺了蜀國大將關羽；蜀國遭受沉重打擊，咬牙切齒地要找東吳報仇。雙方都忘記了曹魏才是他們最強大的敵人，自相殘殺起來。而蜀國鎮守上庸等東三郡的大將孟達看到蜀國力量削弱，反叛蜀國，率領土地和軍隊投降了曹丕。那一邊，東吳被蜀國同仇敵愾、一心復仇的氣勢給嚇住了，為了全力對抗蜀軍，主動向曹丕上書，表示歸順曹魏，替曹丕討伐蜀國。

　　曹丕面對這樣的局勢，喜笑顏開。外敵內訌，他可以專心篡位了。在《三國志》中，曹丕的傳記有幾乎一半的篇幅刊登了相國華歆、太尉賈詡、御史大夫王朗和九卿、將軍、守令的勸進書；記錄了劉協一再下詔禪讓，曹丕一再推辭；大臣們周而復始地集體勸進，曹丕不得不接受到的過程。這些文字表明，曹丕和大臣們是如何重視當年的和平權力交接——儘管所有的一切都是在走形式。綜合各處訊息，群臣逼宮的情形是這樣的：

　　文武大臣集體去找漢獻帝劉協，要求他禪位給魏王曹丕的時候，劉協驚得半晌說不出話來。劉協對曹魏的歷次反抗都失敗了，可還不願意做亡國之君。他注視著百官哭道：「本朝高祖皇帝提三尺劍，斬蛇起義，平秦滅楚。祖宗的基業世代相傳，到我這裡已經有四百年多年了。我沒有什麼過錯，怎麼忍心將祖宗基業捨棄不顧。」御史大夫王朗回答道：「自古以來，有興必有廢，有盛必有衰。天底下哪有什麼不亡之國？漢室相傳四百餘年，到現在氣數已盡。陛下還是早早退避為好，遲疑了就要生變了。」一旁的九卿、尚書和禁軍將領等都頻頻點頭。劉協見大臣們逼宮心切，乾脆大哭逃入後殿去了。

　　第二天，百官再次雲集金鑾殿，命令宦官拉出劉協。劉協恐懼地不敢出來。百官推舉曹洪、曹休兩人持劍進入後殿，逼劉協出殿。劉協的皇后是曹操的女兒、曹丕的妹妹，憤怒地說：「我哥哥怎麼做出這樣亂逆的事情來！」她大罵進入後宮的兩位叔叔說：「都是你們這些亂賊，貪圖富貴，造反謀逆！我爸爸功勛卓著，威震天下，都不敢篡竊神器。現在我哥哥登位還沒幾天，就想著篡奪皇位。老天爺是不會保佑你們的！」曹洪、曹休兩人也不理會侄女，裹脅著劉協出殿。面對再次逼宮，無可奈何的劉協痛哭流涕：「諸位大臣，你們都領取漢家的俸祿多年了；中間還有很多人是漢朝開國功臣的子孫，現在怎麼就忍心做出這樣的事情

啊？」當時大殿上群情鼎沸，宮殿內外披甲持戈的幾百人全部都是魏王親兵。劉協渾身顫慄，最終只能哭著答應禪位。

庚午日，東漢王朝的禪讓儀式正式舉行。《獻帝傳》描寫道：曹丕登壇受禪，公卿、列侯、諸將、匈奴單于、四夷朝者數萬人出席。當場燎祭天地、五嶽、四瀆，曹丕宣讀即位詔書，劉協和眾大臣跪聽。曹丕改延康元年為黃初元年，將劉協封在河內郡山陽，為山陽公，邑萬戶。劉協可以用天子之禮郊祭，上書不稱臣；劉協的四子降為列侯；更換周邊各族印璽，為魏國百官更名。總之是皆大歡喜。

曹魏王朝建立了，但王朝更替的主角並沒有登場。

魏文帝曹丕的江山其實是父親曹操打拚下來的。

曹操被曹魏王朝追諡為「魏武帝」。沒有人再敢拿曹家的身世說事，更不敢批評曹操的對漢朝的忠貞了。曹操得到了遲到的認可。所謂每代人有每代人的責任。在王朝命運中，曹操的責任就是透過軍閥戰爭的方式將競爭對手一一從地圖上抹去，將子孫扶上馬。曹操生前摘除了皇帝權杖上所有的刺，將一根光滑適手的權杖交到了兒子的手中。如果戴上皇冠的那個人是曹操，那將是名實相符的美事。吝嗇的歷史老人總不會讓理想的美事上演。

曹丕在接受禪位時，曾對左右大臣說：「堯舜之事，朕知之矣！」其實，這句話應該由曹操來說。

第四章　西遼：最後的契丹貴族

　　偉人與歷史發展的相互關係一直是歷史領域耐人尋味的永恆話題之一。我們都不能否認，一些歷史偉人的出現極大推動了歷史的發展。西遼的建立者耶律大石就是這樣的偉人。

　　身為遼朝的末代皇族，耶律大石在王朝湮滅的最後時刻才登上政治舞臺。在眾人皆醉、渾渾噩噩的大環境下，他依然保持著契丹民族原始的奮進狀態和勇敢無畏、開拓創新的精神，為本民族在異地他鄉延續了王朝的命脈。耶律大石可謂是契丹民族最後的貴族。契丹這個民族在最後時刻能夠產生這樣的貴族，可謂不幸中的大幸。

　　耶律大石是正經八百的契丹貴族，而且還是遼太祖耶律阿保機八世孫，算是遼朝的皇室疏宗。

　　耶律大石成長的時代是遼朝的末期，距離契丹民族建立遼朝已經將近兩百年，距離遼朝的滅亡只有四十年。耶律大石出生於西元一〇八六年，從小學習契丹文。當時契丹貴族文恬武嬉，整日裡溜鷹跑馬、貪圖享樂。身為皇族成員，耶律大石還能堅持認真學習，就已經很難得了。更難得的是，他通曉漢文，吸收了漢族人的政治和文化智慧。耶律大石還按照漢族的傳統，為自己取了一個字「重德」。學習之餘，耶律大石沒有忘記祖先馬上得天下的傳統，騎射功夫也沒有放鬆。總之，耶律大石從小就是一個文武兼備的有志青年。

　　遼朝天慶五年（西元一一一五年），二十九歲的耶律大石參加科舉考試，高中進士。皇室貴族在同等考試中，與熟讀經書的漢族人競技，竟然考中了。這大大長了契丹人的志氣。誰說契丹貴族在百年的安逸中已經腐化墮落了，不是還有一個耶律大石勤奮刻苦，高中進士嗎？於是，耶律大

石成為了政府樹立的榜樣和用來證明統治階級貴族清廉能幹的宣傳標本。他被擢升為翰林承旨，成為政壇上一顆冉冉升起的新星。這是一個清要的官職，被契丹人尊稱為「林牙」，因此耶律大石又被稱為「林牙大石」。

可惜耶律大石這個榜樣出現的時機不好，就在他成為翰林的第二年，也就是一一一六年，由遼朝的藩屬女真人建立的金朝大軍占領了遼朝的東京。政治明星耶律大石被任命為泰州刺史，隨著局勢發展很快就被調任祥州刺史；四年後，遼朝的上京也被攻陷了，中京告急，同時南方的北宋王朝也起了趁火打劫、占領燕雲的念頭，遼朝走到了崩潰的邊緣。耶律大石臨危受難，調任遼興軍節度使（盧龍節度使），負責守衛南京道（即幽州、燕京，現在的北京周邊地區）。

在遼朝生死存亡的關鍵時刻，年輕的耶律大石被寄予了保家衛國的厚望。

遼朝當時的皇帝是天祚帝，但國家的衰亡跡象從遼道宗時就已經開始了。遼道宗晚年，讒巧競進，契丹皇室骨肉相殘，而皇帝本人荒唐嬉戲，百官貪贓枉法，政治黯淡，各藩屬部落紛紛反叛，又導致國家年年用兵，歲無寧日。遼道宗晚年竟然昏庸到讓要當官的人擲骰子，誰贏了升誰的官的地步。

▲ 契丹人引馬圖

不知道契丹前輩看到晚輩荒唐無能到這個地步，會作何感想？契丹民族原本是一個奮發有為的民族。「契丹」字面的本意是「鑌鐵」，契丹人在發展早期也的確堅硬如鐵，剽悍勇猛、好戰兇狠，所以才能從蒙古高原一隅進軍中原，建立顯赫王朝。與契丹關係密切的鮮卑、突厥、唐朝等政權都先後煙消雲散了，但契丹民族堅持了下來，在戰爭和融合中不斷發展壯大。西元九〇七年，契丹建立了政權，四十年後太宗皇帝耶律德光改國號為遼，讓小小的契丹民族發展成了中國北方統一的政權。契丹王朝強盛時疆域東自大海，西至流沙，南越長城，北絕大漠。

這個赫赫王朝從十一世紀中期就開始衰落了。

遼朝衰亡的原因有很多，但最重要的一條是建立王朝的契丹民族失去了早期的奮進狀態和頑強鬥志。契丹貴族們不再努力奮鬥了，而是坐享其成，日漸腐敗。

晉北有一處著名的旅遊景點 —— 應縣木塔。這座精巧宏偉的佛教建築是原本不信佛的契丹人建造的。契丹人仿漢族人的做法建立王朝後，全心全意吸收學習漢朝的政治和文化智慧。契丹貴族不再騎馬射箭去謀求軍功，而是修廟建塔，滿口等級綱常。遼道宗以後到天祚朝，契丹貴族的腐敗一朝甚於一朝，信佛的「慈善事業」也越做越大。他們崇佛耽樂，不惜國力民賫，造成國勢衰弱，民不聊生。如果說契丹貴族們忘卻了祖先創業的艱辛，在享樂中荒廢了王朝賴以立足的本領，但推動了佛教的發展，也是好事。然而契丹貴族的信佛是虛偽的，掩蓋不了他們爭權奪利，互相殘殺，漠視民生的現實。現實是民怨沸騰，藩屬反叛，漢人起義，遼朝的統治已經是四面楚歌了。

遼朝中葉以後的契丹最高統治層不顧社稷危亡，卻把有限的國庫貨財肆意揮霍在佛教上，在境內遍造寺觀 —— 他們似乎相信讓百姓信佛有利於維持王朝的統治。遼道宗當政時曾一日允許三千餘人出家為僧尼，

國內有國家供養的僧尼近四十萬。遼朝皇宮內殿公開設立了佛壇，為皇帝和後宮作法事用。

香火縈繞和經聲四起中，人們似乎忘記了遼朝早先是一個「馬逐水草，人仰酪，挽強射生，以給日用」的遊牧梟雄。

遼朝的末代皇帝天祚帝應對王朝風雨飄揚的做法可以一個詞來概括：逃避。

在做了二十年糊塗享樂皇帝後，天祚帝遭遇了最大的挑戰。保大二年（西元一一二二年），反叛的藩屬女真族的軍隊在一代聖君完顏阿骨打的率領下對遼朝發起了總攻。女真軍隊一舉攻陷了遼朝的中京大定府，摧毀了契丹主力軍隊。契丹人和女真人都是崛起東北的少數民族，只是一個處於腐化的末路，而另一個處於生機勃勃的萌芽期。契丹貴族在兩百年前，也具有女真貴族那樣蓬勃的生機，取得過女真族那樣的輝煌戰績。而現在，身為契丹貴族首領的天祚帝接到敗報後，倉皇率領五千騎兵離開幽州，一路狂奔，逃入夾山。他面對勁敵人，唯一的想法就是趕緊逃到一個敵人短期內找不到的地方，躲起來再說。

逃跑前，天祚帝下詔命兒子耶律淳為南京留守。

天祚帝根本就沒打算返回故土，逃跑後就再也沒有消息傳來。南京在大敵當前、消息隔絕的情況下，陷入了恐慌。

宰相李處溫是天祚帝留下的輔助大臣，在這樣的情況下聯合奚王蕭干（奚人，封為奚國王），謀劃擁立耶律淳為新皇帝組織抵抗。當時耶律大石作為鎮守幽州一帶的節度使，在南京擁立新皇帝的事情必須徵得耶律大石的支持。李處溫就去打探耶律大石的態度。耶律大石滿口答應了。契丹族原本對領袖廢立這樣的事情，完全沒有漢族人那麼多的考慮或者說是顧慮。最早的契丹貴族挑選領袖完全看誰更有利於本民族的發展，更符合契丹民族的共同利益。如果將幽州現在的情況報告給契丹的

祖先們，他們會毫不猶豫地選擇一個新的皇帝來組織抵抗。耶律大石就保持了早期貴族的本色，也是毫不猶豫地支持了李處溫的政變計畫。他的支持為耶律淳的即位掃清了重大障礙。

第二天，蕃漢百官、諸軍將士以及一些「群眾代表」來到耶律淳府上，仿照趙匡胤的把戲將黃袍披上了耶律淳的身體。耶律淳成為了新皇帝，稱天錫皇帝，改元建福。燕雲周邊六路的文武官員都接受了耶律淳的命令。這時候天祚帝和天錫帝並立，一個在逃亡途中，一個在幽州。前者繼續被稱為遼朝，後者被稱為「北遼」。

遼朝分裂了。

耶律大石甘冒王朝分裂的代價，支持耶律淳即位，是完全出自公心。

當時女真大軍正在分兵掃蕩遼朝的殘餘勢力。幽州附近的軍隊極其有限，與風頭正勁的女真大軍完全不成比例。耶律大石認為擁立新的領導人，讓遼朝南部的殘餘勢力群龍有首是當前最有效的做法。

真實的局勢比耶律大石想得更嚴重。南方的北宋王朝已經和女真人的金朝建立了「海上之盟」，共同商定南北夾攻遼朝，滅亡契丹民族後平分土地。北宋看到遼朝主力被滅後，也抽調全國的軍事力量，趁機攻遼。其中宋軍前鋒楊可世所部的數千騎兵已經逼近燕京了。守土有責的耶律大石率部迎戰宋軍前鋒。他採取伏擊戰，很快戰勝了這支孤軍深入的宋軍。小戰後，宋朝大軍趕到了。這支由汴梁重臣童貫率領的宋軍，滿載著北宋復仇的渴望和數十年的軍需積蓄，對外號稱四十萬大軍，志在必得。耶律大石最多只拼湊了三萬遼軍與宋軍在白溝對峙。戰前，宋軍給耶律大石發來了勸降書。農耕民族出身的宋軍不會理解遊牧的契丹民族的品性。耶律大石流覽了一眼勸降書，當眾撕毀了。他對使者輕輕說：「不用多說，有死而已。」面對敵強我弱的形勢，他只能避開與宋軍的正面接戰，寄希望於兵出奇招取得險勝。耶律大石的軍隊少，但是運

作靈活，而且騎兵居多。耶律大石充分利用這個優勢，率領一支騎兵從白溝上游涉水渡河，從兩面包抄宋軍。遼軍是哀兵作戰，憑藉奇兵和奮勇作戰打敗了宋軍。耶律大石乘勝追擊，又在雄州大敗宋軍。宋朝想趁火打劫，以失敗告終了。

遼朝的危機並沒有就此解除。

這次是後方的耶律淳出現危機了。耶律淳是個懦弱無能的皇子，三個月前讓他即位為抵抗領袖就有點為難他了。即位後，耶律淳時刻擔憂天祚帝回幽州奪權，成天憂鬱，竟然身體先垮，死掉了。他的妻子蕭德妃成為了皇太后，主持軍國大事，改元德興。女主當家，外患依舊，幽州更加人心惶惶了。

最先動搖意志的竟然是宰相李處溫！李處溫本來是抵抗派的首領，但在耶律淳死後開始暗通童貫，尋找後路。他和童貫約定由他脅持蕭德妃，以北京等地投降北宋。李處溫文官當久了，顯然不擅長搞陰謀詭計，私通童貫的事情很快就暴露了。李處溫被處死，北遼的軍政大權轉到奚王蕭干和耶律大石手中。

童貫聽說李處溫的死訊後是又驚又喜。驚的是好不容易發展的內線死了，喜的是敵人發生了內訌。北宋再次出兵，下詔徵調了二十萬大軍會師北伐。北遼的涿州守將郭藥師的意志也動搖了，開城投降了北宋。宋軍占領涿州後很快前進到盧溝河畔。雙方對陣，河的對岸是耶律大石和蕭干的兩萬人。兩軍陸續打了幾仗。說實話，北宋王朝也是文恬武嬉，不修軍備。宋軍戰鬥力不行，不僅沒戰勝耶律大石，而且郭藥師部還被蕭干所部打敗了。童貫一有小敗就驚慌失措，當天晚上他看到對岸遼營中燈火通明，偶有鼓聲，錯以為遼軍在調動大軍反攻，竟然驚慌失措，燒掉營帳棄軍而逃。在如此統帥的惡劣帶頭下，宋軍當夜四散奔逃，最後演變成了全軍大潰逃。宋軍逃跑途中自相殘踏，傷亡慘重，自

王安石變法以來積蓄的軍需物資都拋棄殆盡，傷著了元氣。遼軍取得了意外的勝利。

童貫眼看著皇帝交待的任務完成不了了，私下與北方的女真人連繫，「拜託」女真軍隊「代為收復」幽州地區。金軍隨即以摧枯拉朽之勢掃蕩幽州地區，皇太后蕭德妃被近臣裹挾逃離幽州。耶律大石在前方得訊後，趕忙撤軍截留皇太后，在松亭關殺死那些佞臣。至此，北遼小朝廷失去了幽州，殘餘分子也就前途分歧發生了分裂。

蕭干力主去奚王府立國。奚王府是他的地盤，是奚族人的地盤。蕭干這麼做是出於私心的，甚至包含著有取代遼朝的意圖。而耶律大石卻堅決主張去夾山投天祚帝。他這麼做是完全出於公心的。因為幽州地區雖然喪失了，但是遼朝在西北的蒙古高原還有若干殘餘土地，「前皇帝」天祚帝也還在夾山。耶律大石要率領殘軍投靠天祚帝，是希望能夠在老皇帝的周圍收拾敗局，力圖復國。但蕭干也好，耶律大石也好，都是背叛天祚帝擁戴天錫帝的「叛徒」。天祚帝會原諒他們嗎？當時就有許多人提出了這個問題，駙馬蕭勃迭就悲觀地認為：「局勢都惡化到這個地步了，我們還有必要去投靠天祚帝嗎？」耶律大石毅然將蕭勃迭腰斬，並傳令軍中：「有敢異議者，斬！」在他的堅持下，北遼的餘部決定去投靠天祚帝。

蕭干沒有聽從耶律大石的命令，去了奚王府，結果被部下殺死。

耶律大石帶著蕭德妃，率北遼殘軍找到了天祚帝。天祚帝果然忌恨著北遼擁立耶律淳的事情，馬上下令殺死蕭德妃。他還逮捕耶律大石，責問說：「我還在，你怎麼敢擁立耶律淳？」耶律大石義正嚴辭地回答：「陛下以全國之勢，不能抵抗金軍，棄國遠逃，致使黎民塗炭。耶律淳和陛下一樣都是太祖子孫。我們擁立他總比乞命他族之人強吧？」天祚帝無言以對，只好為耶律大石鬆綁，並賜予酒食，同時赦免了參與其事的

全部人員。耶律大石在幽州危亡時刻，為挽救遼朝不顧個人安危，毅然擁立新皇帝抵抗，現在又衝破阻力投奔天祚帝，為的都是抗金復國，大義凜然，天祚帝找不到可以治他罪的地方。

更深層的，在耶律大石的政治觀念中，國家社稷是第一位的。國祚傳承要高於個人的權位。這是一條契丹民族起家的寶貴傳統，可惜已經被遺忘多時了。

耶律大石在天祚帝身邊的經歷記載得有點蹊蹺，是一個需要釐清的歷史疑點。

據說耶律大石與金軍曾經在今河北北部一帶作戰，兵敗被俘，後逃回天祚帝處。耶律大石被俘後有沒有投降呢，有著怎樣的俘虜生涯呢，又是怎麼逃回來的呢？

耶律大石在天祚帝處擔任都統，奉命襲擊金軍，寡不敵眾，反而成為了俘虜。據說女真首領完顏阿骨打對耶律大石還非常賞識，為他娶了妻子，希望能夠留住這個人為己所用。又傳說金軍統帥完顏宗望曾經綁著耶律大石，強迫他帶路襲擊天祚帝在陰山一帶的大營。偷襲取得了成功，金軍俘獲天祚帝之子秦王等宗室多人在內的大量人口，繳獲車騎萬餘乘。天祚帝因為身在應州得以倖免。完顏阿骨打對這次勝利非常高興，還下詔獎勵有功人員。其中對耶律大石是這麼說的：「耶律大石雖然不是歸降投誠人員，但嚮導有功。」可能耶律大石不自覺地有過帶路偷襲遼朝殘餘的經歷（《金史》的記載比較明確，但可信度值得懷疑），所以耶律大石和契丹之後對這段歷史都諱莫如深，彷彿耶律大石在天祚帝身邊毫無作為一樣。

在金營安了家的耶律大石顯然還有一顆激情燃燒的心，不忘復國大業。西元一一二三年九月，耶律大石竟然成功了從金營中分化出七千餘人，率領這支不小的隊伍返回天祚帝的行營。

耶律大石和天祚帝畢竟不是同路人，最終還是分道揚鑣了。

保大四年（西元一一二四年），天祚帝在得到大石的軍隊後，又從陰山室韋漠葛失處補充了兵源，這時候就自信心膨脹起來。之前他是一味逃避金軍的兵鋒，現在他卻積極籌劃出兵，收復燕雲。只要對局勢稍加分析，我們就知道天祚帝的計畫是九分冒險加一分想當然的產物。

耶律大石趕緊過去，想把皇帝拉回來，勸諫說：「金軍最初攻陷長春、遼陽的時候，陛下不駕幸廣平澱，留在都城中京；上京陷落的時候，陛下遷都燕山；中京又淪陷了，陛下西遷到雲中，又從雲中遷到現在的夾山，從來不謀戰備，幾乎使全國之地都被金人所有。國勢如此，現在再主動出戰，時機已經錯過了。當今之計，莫過於養兵待時而動，不可輕舉妄動。」耶律大石這般的勸諫，刻薄是刻薄了點，可都是大實話。他直言了天祚帝之前在局勢尚有可為的時候貪生怕死，一味逃避的醜態，指出現在遼朝只剩下點滴土地了，敵我實力對比懸殊。耶律大石反對冒險出戰，認為應該「養兵待時而動」，也就是先壯大自己再藉機復國。

天祚帝原本就對耶律大石不滿，一直隱忍不發，現在見耶律大石說出這樣激烈的言辭，桀驁不馴，終於發火了。兩人矛盾激化。耶律大石見勢不妙，乾脆拉出二百左右騎兵，連夜離開天祚帝行營。出走前，耶律大石也殺了兩個看起來就是奸臣的天祚帝親信，徹底與天祚帝決裂。

那一邊，天祚帝堅持出兵。他率領遼朝最後的主力殺出夾山，還真讓他取得了幾個小勝，但很快就被金軍主力打敗。將領散的散、降的降，不到半年天祚帝也在應州（今天的山西省應縣，就是應縣木塔的所在地）成為了金軍的俘虜，遼朝宣告滅亡。

耶律大石和他的二百人則向西北方行進。他們已經成為了遼朝最後的有生力量了。

一行人進入蒙古高原後，就進入了各個遊牧民族雜處的地區。在東南邊遼朝和金朝的戰火中，這一地區相對安定，沒有落入金朝的統治範圍。耶律大石向北渡過了黑水，沿途部族獻馬四百匹，駱駝二十頭，羊若干。這些物資支撐他們到達了北方的可敦城（今蒙古哈達桑東北）。

蒙古高原中部的可敦城在行政區劃上歸屬於遼朝的鎮州。

鎮州，顧名思義就是以鎮壓當地少數民族為目的而設立的州縣。一百二十多年前，蒙古高原中部的各少數民族部落經常反叛遼朝，不服管教，契丹人就以可敦城為中心設立了鎮州，選調了二萬餘騎兵來到鎮州作為駐屯軍，專門防禦阻卜、室韋、敵烈、烏古、羽厥等部族的反叛和進攻。朝廷規定即使內地有征討，也不得抽移這些軍隊，還不斷將犯罪的渤海人、女真人和漢人配流到此地居住。鎮州最後發展成了「因屯戍而立，務據形勝，不資丁賦」的西北邊防重地。

耶律大石到達可敦城的時候，發現當地的駐屯軍已經四散了，但還完好保存著十萬匹戰馬。更有利的條件是，距離可敦城最近的金軍駐紮在離此地三千餘里的上京，中間隔著沙漠。

耶律大石就在可敦城豎起了興復王朝的大旗，召集附近邊地七州和大黃室韋、烏古、敵烈、達密裡、阻卜、蔑兒乞、乃蠻等十八部部眾號召重建遼朝。他向這些對遼朝還心懷留戀的部族領袖們發表了「復國宣言」：「我們遼朝的祖宗艱難創業，到現在已經經過了九代國君，有兩百年歷史了。金國原本是我們的臣屬，現在卻逼我國家，殘我黎庶，屠翦我州邑，使我天祚皇帝蒙塵於外。為此，我日夜痛心疾首。如今，我仗義西行，就是想向各部求援，希望大家幫我翦平仇敵，恢復疆域。你們當中有懷念舊國，擔憂社稷，救濟生民苦難的同道中人嗎？」各部聽從了耶律大石的慷慨陳詞。難道他們依然對遼朝抱有感情，或者他們認定存在復國的希望？也許，這些發展階段相對落後的高原民族認同耶律大

石個人的鬥志、決心和勇氣。耶律大石憑藉個人威望說動各部落提供兵馬歸自己指揮，很快就組織了上萬人的軍事力量。編成新軍後，復興遼朝還需要一面旗幟，以及代表皇室的貴族。耶律大石毫不猶豫地自立為王，設置了簡單的官職。很快，一個王朝復辟的小政權初具規模了，儘管像水中浮萍一樣脆弱。

這一次，耶律大石第三次出於公心，做出了重大決策。

他用自己的無私、膽量和強大的精神力量聚攏了一批故國已經覆滅、倉皇北行的契丹貴族和依然效忠契丹的藩屬部族，重新編組了遼軍殘部和西北邊境的部族武裝，在可敦城建立了休養恢復的根據地。天祚帝覆亡的消息傳來後，在可敦城的耶律大石沒有輕易出擊，而是堅持休養生息、積蓄力量。他的存在很快引起了金朝的不安。此後的三、四年，金廷得到奏報，耶律大石的勢力不斷壯大。儘管不安，但金朝的主力已經南下進攻北宋去了，無暇北伐契丹。耶律大石的力量也弱小，難以進攻金朝。

這樣看來，喘息稍定的耶律大石離復國的目標還很遙遠。

為了復國，耶律大石做出的最重要決策就是在西元一一三〇年拔師西進。

耶律大石為什麼向西發展呢？主要原因是女真人在東方和南方的統治逐漸鞏固了，弱小的耶律大石還不具備挑戰的實力。而西方傳來了各政權發展停滯和統治者懦弱的消息，一比較，耶律大石決定去征服西方的土地和人口，壯大自己，實現「養兵待時而動」的策略，最終復國。

當年二月，耶律大石按契丹人的傳統，用青牛白馬祭告天地祖宗。他盡起可敦城的精兵，與人們揮手告別，踏上了西去的旅程。這一去，這群契丹最後的精血人才再也沒有回到東方。

耶律大石選擇的路線是橫穿蒙古高原，經阿爾泰山南麓和天山北麓

進入西域。

在從現在蒙古到塔吉克斯坦和吉爾吉斯斯坦的漫長途中，一支奇怪的隊伍在緩慢行進。他們穿著長袍左衽、圓領窄袖的衣裳，把褲腳放到長長的靴筒裡。最奇怪的是，這些男子在兩鬢各留一絡頭髮，別處的頭髮全剃光。他們都是面目彪悍的戰士，雖然衣衫並不嚴整，但緊握弓矛利刃，精神昂揚。尤其是領頭的耶律大石，目光如炬，策馬前引，充滿著王者之氣。沿途的部落和牧民見此，紛紛敬而遠之，不敢近前。

即使全副現代裝備的人們，長途跋涉蒙古高原，戰勝漫長的戈壁沙漠和險峻的群山也不是一件輕鬆的事情。更何況是一支沒有後方補給、前途未卜，要隨時應付戰鬥的古代軍隊了。耶律大石走了過來，可惜沒有留下任何文字資料，我們後人不知道其中的艱辛和見聞。近百年後，中原有一個全真教的道士，叫李志常。他陪著師傅長春真人丘處機去追尋西征的成吉思汗，走的就是耶律大石的西征路線。李志常一行得到了蒙古人的官方支持，並且準備充分，但走完全程也是九死一生的經歷。李志常後來寫了一本書，叫做《長春真人遊記》。從中我們可以窺見當年的情景：

渡河而南，前經小山，石雜五色，其旁草木不生，首尾七十里。復有二紅山當路，又三十里鹹鹵，地中有一小沙井，因駐程把水為食。鎮海公曰：前至白骨甸地，皆黑石，約行二百餘里，達沙陀北邊，頗有水草。更涉大沙陀百餘裡，東西廣袤，不知其幾千里。及回紇城，方得水草。師（丘處機）曰：何謂白骨甸？公曰：古之戰場，凡疲兵至此十無一還，死地也。頃者，乃滿大勢亦敗。於是，遇天晴晝行，人馬往往困斃，唯暮起夜度可過其半。明日晌午，得及水草矣。少憩，俟晡時即行，當度沙嶺百餘，若舟行巨浪然。又明日辰巳間，得達彼城矣。夜行

良便，但恐天氣黯黑，魑魅魍魎為祟，我輩常塗血馬首以厭之。日暮，遂行，牛乏，皆道棄之馭以六馬，自爾不復用牛矣。

　　我們從並不長時間之後的記載可以推測出，耶律大石在征途中也經過了白骨茫茫的古戰場，缺水的鹹鹵地和變化多端的天氣。任何一處都可能成為人的葬身之地。其中最艱難的斷然是沿途的沙漠了。中亞的沙漠中有著數不清的細沙，一遇到風就「風起雲湧」，如同洪水猛獸直接威脅著旅客的生命。數不清的細沙如果大海的波濤一樣在沙漠中洶湧起伏，一座座沙丘忽前忽後、乍聚乍散；更可怕的是細沙裹著礫石碎骨，形成奪人心魄的沙塵暴。中亞掀起的沙塵暴猛烈到能將石頭山都能侵蝕掉。陷入該地區沙漠中存在許多奇形怪狀的風蝕石，若干百年都是規模驚人的石頭山。其他的危險，譬如沿途寸草不生導致的補給困難，譬如車陷馬滯行進困難，譬如晝夜行軍難得休息，相比都是「毛毛雨」，司空見慣了。

　　逆境是最好的練軍地，從滿天風沙中衝出來的這支契丹新軍似乎又重新成為了「鑌鐵」。

　　這支軍隊是來征服的。途經地方原先存在的那些部落和政權對耶律大石的軍隊，一開始是牴觸的，出兵抵抗。耶律大石就地消滅抵擋者，安撫歸順者。隨著契丹勝利消息的傳播開來，有好多部族主動歸附。

　　耶律大石西征的第一個立腳點是葉密立（今新疆額敏縣）。

　　葉密立一帶有著眾多的突厥人部落，大約四萬餘口。耶律大石征服了這些突厥人，修建城池，將葉密立建設成為了可敦城之後第二個根據地。

　　葉密立在陰山地區。金朝的劉祁曾經出使西北，回來寫了《北使記》，提到了耶律大石在陰山的情況：「大契丹大石者，在回紇中。昔

大石林牙，遼族也，太祖（完顏阿骨打）愛其俊辯，賜之妻，而陰畜異志。因從西征，挈其孥亡入山後，鳩集群虯，徑西北，逐水草居。行數載，抵陰山，雪石不得前，乃屏車，以駝負輜重入回紇，攘其地而國焉。」從中我們可以看出，耶律大石花費了好幾年的時間才到達陰山。陰山高大又有積雪，關徑崎嶇似棧道，阻礙了契丹軍隊的前進道路。耶律大石下令放棄了車騎，用駱駝載著輜重才征服了陰山，進而占據了周邊地區。陰山附近資源較為豐富，適時地給風塵僕僕而來的耶律大石一行人提供了庇護。若干年後，劉祁見到陰山一帶種植著大麥和水稻，山嶺上零星分布著柏樹。但因為水分不足以支撐規模巨大的根系，柏樹往往依託著山石艱難生長。陰山一帶的城池規模可觀，「城居肆囿，間錯土屋，窗戶皆琉璃⋯⋯市井皆流水交貫，有諸果，唯瓜、蒲萄、石榴最佳⋯⋯金銀銅為錢，有文而無孔」。

民族雜處的人口組成也為契丹人成為新的統治者提供了便利條件。陰山一帶「有磨裡奚、磨可裡、紇裡迄斯、乃蠻、航裡、瑰古、途馬、合魯諸番族居焉。」劉祁出使此地的時候，看到守關者中有漢族人。實際上，從唐朝中期開始，中原各大民族就開始西遷。突厥人、漢族人、党項人和契丹人都遷徙到西域。原住的回紇人和先後遷來各民族雜居，逐漸熟悉了東方的見聞。劉祁就用八個字形容陰山一帶的風俗：「其俗漸染，頗似中國。」不只是陰山，整個西域地區都多少有點中國化。

特殊的地形和適當的風俗，為耶律大石提供了一把入住西域的鑰匙。

耶律大石就在葉密立忙著修城池，擴軍隊。他招撫附近講突厥語的各部族，聚攏零星的契丹移民，忙得慘淡，卻是實實在在的壯大成長。陰山地區雖然是個不錯的根據地，但物產畢竟有限，又是處於高山、沙漠包圍之中的一塊綠地，無法供應一支日益壯大的軍隊，離耶律大石的復國夢想還有一段距離。於是耶律大石決定繼續西行，征服更多的領土

和人口。他心中的不是一個小小的建立城邦國家的夢想，而是恢復偉大輝煌的遼朝。

　　葉密立的西邊是高昌回紇王國。耶律大石出師前給回紇王畢勒哥送去一信，先陳述了回紇和遼朝友好交往的傳統，再說現在契丹大軍西征「大食」（不是阿拉伯地區的大食，而是現在中亞地區）需要假道回紇國，要求畢勒哥讓路。畢勒哥收到這封信還在猶豫，就接到報告說耶律大石的軍隊已經先斬後奏，進入本國，兵鋒直指首都了。現在畢勒哥即使不想借道，也來不及調軍處置了，乾脆打開城門，客客氣氣地把耶律大石一行接進城中。畢勒哥好吃好喝招待了耶律大石三天，才將契丹大軍送走。臨行時，回紇國獻上馬六百匹、駱駝一百頭、羊三千隻，並表示願意成為耶律大石的附庸。畢勒哥一直把耶律大石軍隊送到境外。

▲ 卓歇圖卷

　　旗開得勝後，耶律大石繼續奔向西去。

　　耶律大石出軍回紇的消息傳到金朝之後，女真人意識到問題大了。他們未雨綢繆，決定趁機派兵追擊，剷除耶律大石這個隱患。從金朝派出的追兵來看，女真人可能還有讓契丹人自相殘殺，消耗遼朝殘餘勢力的目的。因為金朝派遣了遼朝的降將耶律余睹、石家奴等人領兵追擊。女真人顯然不想讓本民族的子弟去沙漠中冒險，沿途向西北各部族徵

兵，結果遭到諸部拒絕。金朝追兵的士氣很低落。石家奴追了一陣，找了個理由中途撤退了。耶律余睹比他做得高明一點，報告說耶律大石在回紇境內，怕他與西夏聯結，因此派人去西夏質詢。西夏回答說，西夏與回紇並不接壤，他們也不知道耶律大石的去向。公文往來中，也就沒人把追擊耶律大石的事情放在心上了。

耶律大石的西征就此沒有後顧之憂了。

耶律大石的這一次西征，最終以失敗告終了。

耶律大石在葉密立休養壯大的時候，西域各國面對共同的敵人，已經作好了迎戰的準備。耶律大石離開回紇國後遭遇了敗仗，被東喀喇汗國擊敗，不得不退回葉密立。途中又被回紇國的畢勒哥截擊了。耶律大石也意識到時機不到，「養兵待時而動」策略既要養兵，更需要找到合適的時機。時機不是可以促求的，退回後耶律大石就將重心轉移到內政上。

西元一一三二年，耶律大石在文武百官的敦請下稱帝，號天祐皇帝，建元延慶，依然以「遼」為國號。為了照顧西域實際，耶律大石同時稱可汗，號菊兒汗（也譯作古兒汗、葛兒汗，突厥語「眾汗之汗」的意思）。中國歷史稱耶律大石的遼國為「西遼」。西遼崇尚黑色，所以又被稱為「黑契丹」。突厥語的「黑」讀作「Qara（Kara）」，因此中亞和阿拉伯史家習慣稱西遼為「哈剌契丹」或「喀剌契丹」。

日後，西遼王朝的多數領土已經不在現在中國的疆域內了，西遼的主要人口也不是現在中國境內的民族，為什麼還將它看作是中國王朝呢？我們之所以將西遼作為中國王朝，並作為遼朝的延續，除了它是契丹人建立的外，還因為它的政權形式是中國式的，接受的是中國式的政治思想觀念。遼朝為適應契丹和漢族人雜處的國情，設置了南北樞密院，分管番漢事宜。西遼政權保留了遼朝的政治體制，包括南北官制。西遼政府分南北兩面，北面主管遊牧民族，南面則管轄農耕民族。西遼

多少也帶有漢族人的政治形態，保留著中原皇帝的年號、謚號、廟號等政治標誌物。西遼上層似乎使用漢語。

西遼之所以是中國王朝的最主要原因是它的立國宗旨是復國，是打回東方恢復遼朝。

耶律大石將恢復東方的遼朝作為了信仰。

西征獲得的領土和人口都只是復國計畫的籌碼。西征多成功一分，復國偉業就間接多了一分成功的希望。

西元一一三四年，耶律大石再次西征的時機來臨了。東喀喇汗國的阿斯蘭汗去世，繼位的易卜拉欣不能控制汗國內的局勢，竟然主動邀請耶律大石來都城巴拉沙袞（也譯作八剌沙袞，在今吉爾吉斯斯坦托克馬克東南）維持自己的統治。易卜拉欣簡直就是引狼入室。耶律大石快馬來到巴拉沙袞，輕易就將易卜拉欣降封為「土庫曼王」，平定內亂，將東喀喇汗國置於西遼官員和軍隊的統治之下。東喀喇汗國成為了西遼附庸。耶律大石發現巴拉沙袞地域廣闊，土地肥沃，適宜農耕，決定將此地定為西遼首都，改名為虎思斡魯朵（意為強有力的宮帳）。耶律大石為此改元康國。西遼一躍成為了中亞強國。

在兵不血刃吞併東喀喇汗國後，耶律大石認為可以東征復國去了。

三月，耶律大石以蕭斡里剌為元帥，蕭查剌阿不為副元帥，匯合耶律燕山、耶律鐵哥等人，整合七萬騎兵浩浩蕩蕩向大金國殺去。出征前，耶律大石又以青牛白馬祭天，舉行誓師大會。在獵獵軍旗下，耶律大石檢閱了出征將士，激勵部隊說：「我大遼自太祖、太宗艱難而成帝業，其後嗣君耽樂無厭，不恤國政，盜賊蜂起，天下土崩。我要率領諸位將士，遠至朔漠，期復大業，以光中興。這裡畢竟不是我們大家的祖居之地！」他又對元帥蕭斡里剌說：「元帥出征後，要記得信賞必罰，與士卒同甘苦，擇善水草立營，量敵而進，千萬不要自取禍敗也！」耶律

大石在這裡囉嗦地囑咐來囑咐去，像個上了年歲的老年人。因為只有他自己才知道，這些部隊是近十年來慘淡經營的結晶，凝結著自己的心血和巨大期望。因為各式各樣的原因，耶律大石本人沒能親自出征，所以才會不厭其煩地想把自己的意見貫徹其中。可惜的是，七萬騎兵遠行數千里，需要跨越大沙漠和群山峻嶺，沿途就不斷有牛馬倒斃途中，不斷有士兵因為疾病和饑渴減員。那邊，得到消息的金朝整軍嚴陣以待。蕭斡里刺等人對前景喪失信心，中途撤軍了。耶律大石不得不承認：「皇天弗順，數也！」他承認儘管西遼在中亞地區少有成就，但還不具備顛覆金朝的實力。

金朝在中原等了好久，沒見到西遼的一兵一卒，一打聽才知道西遼已經撤退了。經過一場虛驚，金朝朝野猛然意識到契丹餘孽已經能夠對國家安全構成嚴重威脅了。第二年（西元一一三五年）金熙宗繼位，組織了以名將黏罕為首的大軍，征伐西遼。戰前，金軍精心準備，希望能夠將西遼連根剷除，耶律大石不敢怠慢，積極備戰。金軍出發後，遇到了與西遼遠征軍一樣的問題。廣袤的沙漠很快就損耗了金軍的戰力。西遼事先在沙漠中埋伏了部隊。兩軍很快就在沙漠中展開了接觸戰，大戰三晝夜，不分勝負。金軍因為遠道而來，大戰三天後補給斷絕，很快就有許多將士被沙漠中的嚴寒凍死了。僵持不下的時候，金軍副將的血脈中留著契丹民族的血液，父親兄弟和妻子都在西遼，中途拉出數千騎兵起義，加入西遼陣營，直接瓦解了金軍的戰線。金軍在外壓內亂下，大敗。黏罕逃回。

一來一往後，西遼和金朝都意識到均勢局面已經形成。

耶律大石沒有放棄復國夢想，碰壁後將努力的矛頭轉向了開疆拓土、繼續壯大自身。

西元一一三七年，西遼擴張的矛頭與西喀喇汗國迎頭相撞。西喀喇

汗國首都在撒馬爾罕，領土也不小，算是一個區域強國，卻是更強大的塞爾柱帝國的附庸。西遼占領費爾干谷地之後，西喀喇汗國的可汗馬合木趕過來迎戰，結果被西遼大軍擊潰。馬合木隨即向塞爾柱帝國蘇丹桑賈爾求援。桑賈爾判斷西遼的擴張威脅到塞爾柱帝國的霸權，就糾集了周圍穆斯林國家的軍隊共十萬人，主要是騎兵，渡過阿姆河氣勢洶洶地撲向西遼。一一四一年九月，雙方在撒馬爾罕以北的卡特萬展開了草原上著名的一次會戰。

　　戰前，耶律大石處於劣勢，但分析認為敵軍多而無謀，分而擊之可以以寡勝眾。耶律大石將西遼軍隊分為左中右三部分，分頭對桑賈爾的聯軍發動進攻。會戰打響後，耶律大石和遠來的契丹將士憑藉勇氣，越戰越猛，在同情自己的部落的協助下，大獲全勝。桑賈爾蘇丹和阿合木可汗一路狂奔，逃入塞爾柱帝國首都不敢出來。蘇丹的妻子和聯軍的左右兩翼統帥都成為了耶律大石的俘虜。這一戰，塞爾柱帝國以伊斯蘭教為名號相號召，結果傷亡慘重，幾乎被聚殲。西遼的敵對力量一蹶不振。耶律大石大搖大擺地進入西喀喇汗國首都撒馬爾罕，扶持阿合木的弟弟伊拉欣為桃花石汗，使西喀喇汗國成為了自己的附庸。

　　位於阿姆河下游和鹹海南岸的花剌子模國成了西遼下一個目標。一一四一年，耶律大石派大將攻入花剌子模之後，迫使花剌子模國王投降，承認西遼的宗主地位，每年進貢金銀物品。至此，西遼王朝疆域達到極致，東起蒙古高原的土拉河，西括鹹海，北越巴爾喀什湖，南到阿姆河、興都庫什山和崑崙山。

　　這麼廣大的帝國，內部情況千差萬別。耶律大石分而治之、政策得當，統治相當穩定。西遼國內真正的契丹人為數很少，對征服的疆土實行直接統治有困難。耶律大石允許各地自治，但需要承認西遼王朝的統治地位。西遼對一些附庸和藩屬派遣常駐官員，沒有常駐的官員也定期

派人前去徵收賦稅和視察。屬國和臣民繳納給契丹人的賦稅很輕，並不構成負擔。中亞各族的歷史文化得到了契丹人的尊重。吉爾吉斯斯坦出土過使用阿拉伯文字的西遼錢幣。凡此種種，保證了西遼對中亞的穩固控制。

登頂中亞大地的耶律大石還是念念不忘東方的故國。

西遼大軍征服高昌回紇後，西遼的疆域越過哈密，和党項人建立的西夏毗鄰了，也就間接地與中原地區保持著千絲萬縷的連繫。

內地的南宋王朝也沒有忘記契丹人。宋高宗就曾號召金朝統治下的契丹人起而抗金，指出遼朝和宋朝原本就保持友好往來，又同樣被女真迫害。「現在我已經移駐江南，遼朝也遠徙漠北，相去萬里，音信不通……南宋計劃提兵百萬，收復中原，你們大遼豪傑忠義之士，也應協力，乘勢殲滅女真頭目，報耶律氏的深仇。平定天下後，我們兩國通好如初。」在宋孝宗淳熙年代，南宋還曾得到過西遼要假道西夏伐金的諜報。而金朝主要是透過回紇的管道得知西遼的情況。西元一一四四年，金朝曾派遣黏割韓奴隨同回紇使者出使西遼，韓奴一去久無音訊。後來回紇商人才將韓奴的死訊傳到金國。原來西遼根本就不接受金朝的使節，韓奴一到西遼就被處死了。遼朝滅亡後，中原地區分布著許多契丹人。他們聽到耶律大石的傳奇故事後，常常結成小股陸續投奔西遼。總之，西遼雖然地處中亞，但始終和中原政局保持連繫。

一一四三年，耶律大石去世，按照中原傳統被上諡號為遼德宗。

元初重臣，與耶律大石同宗的耶律楚材恰如其分地評價說：「大石林牙，……克西域數十國，幅員數萬里……後遼興大石，西域統龜茲，萬里威聲震，百年名教垂。」契丹民族全賴耶律大石的努力，才不僅避免了王朝湮滅和民族塗炭的命運，還在西方開闢了嶄新的輝煌。

耶律大石個人在國家中的作用實在太大了，以至於他的死讓西遼隨

即走上了衰敗的道路。

　　耶律大石死後，兒子還太小，皇太后蕭塔不煙攝政。七年後（西元一一五〇年）耶律大石的兒子耶律夷列開始親政。耶律夷列於一一六三年死時，兒子還是太小，耶律大石的女兒，耶律夷列的妹妹普速完成為了西遼執政。這個普速完和小叔子通姦，並殺害了親夫，導致在一一七八年爆發了宮廷事變。普速完被射死了。帝位傳到了耶律夷列之子直魯古的手裡。

　　契丹民族此時遇到了草原民族的一大難題：軍紀敗壞。西遼後期的政府軍隊公開燒殺劫掠，還常常因為對搶來的財物分贓不公發生內訌，大打出手。內部離心離德讓部分將領帶領軍隊出走，大大削弱了國力。國力的削弱讓西遼難以維持對廣袤征服地區的統治。同時西遼在各個屬國的官員也日趨腐化。花剌子模最先興起，開始擺脫西遼統治，與西遼爭奪中亞地區的霸權。一二〇六年，花剌子模蘇丹摩訶末脫離西遼。西喀喇汗國也開始倒向花剌子模。與此同時，高昌回紇不堪忍受西遼的剝削，倒向東方新興的蒙古。

　　直魯古企圖用頻繁的戰爭來遏制國家的衰敗。但是草原上已經興起了新的霸主 —— 蒙古帝國。被蒙古人打敗的乃蠻部落西遷進入西遼境內。一二一一年，乃蠻部首領屈出律趁直魯古外出狩獵的時候將其擒獲，發動政變，尊直魯古為名義上的太上皇。兩年後直魯古去世，屈出律大膽地攝取了政權。一二一八年，屈出律被蒙古大將哲別殺死，西遼滅亡。

　　至此，西遼在中亞延續了契丹國祚八十六年。期間，西遼保持了中亞地區的穩定，循俗施政，取得了伊斯蘭諸侯國的尊奉。在亡國之後，西遼的名號還在中亞居民的口頭繼續流傳。從中國歷史的角度說，西遼將中國政治和文化積極傳播進入了中亞，是中國古代歷史發揮影響力的

一大案例。正是由此，西遼被中國正史視作是中國王朝。在遼遠地面建國而被中原正統歷史紀錄，西遼是極破格的一次，甚至是唯一的一次。這一切都離不開耶律大石的一己之力。

綠之卷：草原民族的狂飆之路

第一章　寫在草原上的王朝史

西元一六一八年（明朝萬曆四十六年、後金天命三年），有個不大不小的消息在北京的士大夫圈子裡傳播開來：撫順的范家兄弟降金去了。

當年早些時候，努爾哈赤的八旗軍攻陷了關外重鎮撫順。有人在後金的軍營中看到當地的秀才范文程與哥哥二人。他們非但沒有死，也沒有受到虐待，還活得好好的。於是人們就驚訝地得出了范文程降金的結論。

那麼，范文程是誰？人們為什麼會對他降金的消息感到吃驚呢？

范文程不是一般的秀才。撫順的范家據說出自北宋名臣范仲淹一系。范仲淹後裔在明初因罪從江西謫遷瀋陽，輾轉定居到了撫順。范文程的曾祖范鏓在正德年間考中了進士，嘉靖年間官至兵部尚書，由於與權相嚴嵩過不去而離任；祖父范沉擔任過瀋陽衛指揮同知，是朝廷的中級官員。因此，范文程可算是系出名門，官宦子弟。當人們聽說「先天下之憂而憂，後天下之樂而樂」的范仲淹後代，有功名在身的范文程竟然投向了少數民族敵人 —— 後金懷抱的時候，怎麼能不震驚呢？

關於范文程投降過程的說法有兩個版本。第一種說法是後金攻陷撫順後，范文程主動持劍來到後金的軍營投降，被八旗軍留用；第二種說法是范文程在城市淪陷後成為了普通的俘虜。努爾哈赤對儒生有根深蒂固的成見，覺得天下大事都是被這些坐而論道、不務正業的讀書人敗壞掉的。所以八旗軍之前抓到明朝的儒生，通通格殺勿論。但是這一次，努爾哈赤在眾多俘虜中一眼就看中了范文程，覺得這個相貌堂堂，體格魁偉，臨陣不懼的秀才不像儒生，反而像是在亂軍中出生入死的大將，就把他叫過來問話。這一問，努爾哈赤發現范文程應答得當，見識不

凡，免了他的死，把他編入八旗為奴。兩個版本的本質區別在於前者是范文程主動投降，後者是范文程受到努爾哈赤的知遇，「被迫」投降的。

不管哪個版本是真哪個版本是假，范文程的投降是明朝的一大損失，同時是後金的一大勝利。

范文程生於明萬曆二十五年（西元一五九七年），聰穎好學，十八歲為瀋陽縣學生員。他不是文弱的儒生，能言善辯，長於用計，還有一副好體魄，完全適應奮勇衝殺的戰爭環境。他在後金沒有過多長苦日子，就被努爾哈赤提拔到身邊參與決策。范文程的真正崛起是在皇太極當政時期。一六二九年底，皇太極率領軍隊從喜峰口殺入長城之內，入薊門，克遵化。范文程就隨軍謀劃，還親自招撫了潘家口、馬欄峪、山屯營、馬欄關、大安口五座城池。明軍圍攻大安口城的時候，范文程披甲上陣，用槍炮守住了城池。當時皇太極的主力佯攻北京城，范文程和滿族將領留守遵化，身邊只有八百名士兵。明朝大軍反攻遵化，清軍被圍，范文程力戰突圍成功，在整個八旗軍中一戰成名。

范文程的崛起過程在後金的政治發展過程中具有標本意義。

後金是滿族人建立的王朝，最初的統治階層是清一色的滿族人。范文程是純粹的漢人，被編在八旗中，地位相當於滿族人的奴僕。雖然他多次隨軍出戰、參與高層謀劃，但低微的身分沒有絲毫改變，更談不上任何正式官銜了。遵化一戰，范文程因為戰功顯著才被授予游擊的世襲職位。這不是對范文程功績的簡單彌補，而是具有重大歷史意義的里程碑，象徵著一個漢人被擢升進入了少數民族王朝的統治階層。這個人的血緣關係、文化背景和思想觀念是與滿族人不盡相同的。後人將皇太極對范文程的任用意義提高到主動吸收漢族相對先進的文化和政治智慧，促進民族融和的高度，一點都不為過。後來編建漢軍旗的時候，後金朝廷群臣首推范文程出任漢軍旗的「固山額真」（也就是俗稱的旗主）。但

是皇太極卻不願讓他離開身邊，專門下諭說：「范章京才堪勝此，但固山職一軍耳。朕方資為心膂，其別議之。」皇帝公開說一個大臣有更重要的事情要辦，認為其他大臣推薦他擔任的職位發揮不了他的作用，這是多大的榮光啊？

後金政權在發展過程中，和歷史上其他的少數民族政權一樣，都面臨著如何發展壯大的問題。漢族的政治和文化因為發展時間比較長，實踐豐富，為這些少數民族政權提供了現成的參照榜樣。對於那些有志於統一天下的少數民族政權來說，如何完善自身，了解占人口多數的漢族人的思想觀念和政治文化是相當重要的。而了解、學習和借鑑要從引進、重用漢族知識分子開始。可惜許多少數民族統治階層意識不到這一點，不願意讓漢族知識分子來分享權力。皇太極則在政權發展的關鍵時期及時地重用漢族知識分子，為王朝建立壘上一塊關鍵的基石。天聰十年（西元一六三六年），皇太極改文館為內國史院、內祕書院、內弘文院，稱為「內三院」，建立類似於明朝內閣的組織。范文程被任命為內祕書院大學士，負責處理皇家公文和外交文件，隨時為皇帝提供諮詢。此時的范文程更加受到皇太極的寵信，世襲的職位也被晉升為二等甲喇章京。范文程殫精竭慮，報效皇太極的知遇之恩。在之後的滅亡明朝、入關、接收北京政權和安撫漢族百姓等重要決策上，范文程都是活躍分子，發揮了其他滿族顯貴不能發揮的作用。

康熙皇帝玄燁繼位的時候，循例要祭告天地祖宗。當時派往瀋陽祭告清太宗皇太極的就是太傅兼太子太保，同事也是四朝元老，正退休在家的范文程。這是巨大的榮耀，也是入關後的清王朝對范文程在王朝肇建過程中做出的殊勛的肯定。

康熙五年（西元一六六六年），范文程病故，終年七十歲，諡號文肅。

講完了范文程的例子，我們來談談那些來自北方草原的少數民族建

立的統一王朝。

「二十四史基本是由定居的農耕民族書寫的，視角也只能是農耕文明的視角。這樣的歷史只能是半部歷史，中國的另外半部歷史，寫在青青的草原上，是無字的。」《中國國家地理》的單之薔為我們提出了這麼一個命題：不能忽視寫在草原上的那一半歷史。

我們對歷史上的那些北方民族有太多的問題沒有弄清楚。有太多的問題困惑著我們對北方遊牧民族及其建立的王朝的認知。

北朝敕勒（亦稱高車族）的民歌〈敕勒歌〉寫道：「敕勒川，陰山下。天似穹廬，籠蓋四野。天蒼蒼，野茫茫，風吹草低見牛羊。」這就是寫在草原上的詩歌，寫在草葉上的歷史。我們曾經學習過它們，但是現實生活環境距離它們表達的內容實在太遙遠了。歷史上的北方民族及其歷史已經漸漸退縮到了遙遠的記憶之中。這一部分的各個章節描寫的就是那些由北方遊牧民族建立的王朝故事。

中國的五千年歷史可以看作是北方遊牧民族和中原農業的漢族相互交融的歷史。

早在夏商周時期，漢族地區就與周邊異族展開了較量。周朝時，北狄、西戎常常侵入漢族地區，影響周朝政局。北方的燕、趙、秦三國紛紛修築長城防禦異族的騷擾。這三國的長城成為了日後統一的中央王朝的萬里長城的基礎。此後，漢族地區對異族主要採取被動的防禦，輔以經濟、文化滲透。強大的漢王朝傾全國之力，給予了匈奴沉重的打擊，取得了漢族對異族的暫時軍事優勢。遺憾的是，匈奴去了，鮮卑、突厥、契丹、女真、蒙古等民族前赴後繼地繼承了匈奴的地盤，也繼承了匈奴與漢族的關係。漢王朝滅亡後，中國經歷了漫長而混亂的亂世，陷入了長達三個半世紀的廝殺戰亂之中。各個異族逐漸占據北方各地，向漢族學習，建立自己的王朝。隨著漢族在亂世中逐漸向南方遷移，少數

民族占據了中國北方的統治地位。據《晉書》記載，塞外內附有三十萬人，入塞匈奴有數十萬人，羯族和其它進入中原大地的十九族有一百多萬人。所以晉朝的江統在《徙戎論》中說「且關中之人百餘萬口，率其少多，戎狄居半，處之與遷，必須口實」，說的就是這個情況。

在漢朝和唐朝這兩個偉大的王朝之間，中國經歷了漫長的割據混戰的亂世。在這個亂世中，少數民族是絕對的主角。西元三〇六年，氐族人李雄在四川成都稱帝，建立了成漢政權。之後，鮮卑、羯族、羌族、匈奴等民族紛紛建立自己的政權，參與爭鬥。結束分裂割據局面的是隋文帝楊堅。楊堅重新建立了一個漢族王朝，將北周的官制恢復為漢魏舊制。之後建立的唐朝是令海外華人無比自豪的王朝，但研究表明唐朝皇室實際上並非漢人，而是帶有鮮卑胡人的血統。

唐朝之後又是一個亂世。宋朝雖然統一了長城以南地區，但它的統一是不完整的、短暫的。天下依然分裂，只是不像三國兩晉南北朝那樣激烈動盪而已。也正是在唐末和兩宋時期，北方遊牧再一次大規模南移。也正是在這一時期，中國的經濟中心轉移到了南方，南方開始源源不斷地向北方輸送糧草賦稅，南方的一批批士人舉子也開始湧向北方參加科舉。蒙古人的鐵騎再次結束了亂世，統一了中國，成為了名副其實的第一個大一統的少數民族王朝。元朝貴族雖然坐擁天下，卻沒有處理好民族關係，王朝不到百年而亡。朱元璋北伐的時候就以民族大義相號召。誰料想明朝之後又是一個少數民族建立的王朝 —— 滿清。滿清貴族的統治是民族大融合的統治，滿清王朝也是一個成功的少數民族王朝。這一切都得益於滿清貴族對民族融和的重視和在其中取得的成功。

日本學者谷川道雄在《隋唐帝國形成史論》中將北方少數民族對漢族主體地區的壓迫稱為「漢代世界帝國的自我矛盾」。對中國古代歷史的簡單考察，我們會發現北方亂世、異族壓迫和人口經濟社會南移三者的

高峰之間存在驚人的一致。從這個角度考察歷史滄桑可以發現許多有趣的內容。

　　學者王玉德在〈試論遊牧民族與中華文明的演進〉一文中將北方遊牧民族創造的文明提高到了這樣的高度：「中華古代文明有兩大支柱，那就是農耕文明與遊牧文明，遊牧民族創造的文明是中華文明的重要組成部分。」

　　後人所知道的，歷史上的遊牧民族有許多，各個民族和部族的名稱如同一個一個符號在歷史的舞臺上閃過，如肅慎、東胡、林胡、樓煩、月氏、匈奴、先零、氐、羌、烏孫、烏丸、丁零、鮮卑、抱婁、扶餘、柔然、吐谷渾、契丹、室韋、女真、蒙古、滿族，還有許多部落，錯綜複雜，或已被遺忘，難以盡數。這些民族有它們的文明，只是和漢族文明不同而已。正是不同民族的獨特文明共同匯聚成了現在中華文明的絢麗多彩。

　　首先，遊牧民族創造出來的文明是「草原文明」。中國有三分之一左右的領土是高原（主要有蒙古高原、青藏高原、雲貴高原），適宜遊牧業發展。長城以北處於較高的緯度，氣溫較低，冬季寒冷，降水稀少，且分布不均，不適宜發展農業，天然就是從事遊牧之地。遊牧民族在草原上創造了文明，其文明具有草原特徵。遊牧民族熱愛草原，歌頌草原，與草原同呼吸，與草原共和諧。草原文明是綠色的、遼闊的、豁達的、馬背上的文明，它有別於江河湖海的文明，也有別於高山丘陵的文明。其次，由於民族交融，遊牧民族也創造出了「半農半牧的文明」。這主要集中在漢族的農業文明與草原文明交接的地區。在這一地區裡，雙方既鬥爭又合作，相互學習，加上自然條件宜農宜牧，就共同發展出了半農半牧的文明。第三，遊牧民族的文明是「進取的文明」。遊牧生活養成了馬背上的民族不斷進取的精神。他們的組織性強，軍事能力高，一般都

能「呼嘯成軍，來去自如」。相對於農業文明對安定環境的渴求和維護，遊牧民族求新求變，勇於探索。這是他們的優勢。

北方遊牧民族多次南下中原，一些民族還建立了統一王朝。有趣的是，南下的遊牧民族極少有重新北遷的。他們往往被中原相對先進的文化和更優越的自然條件所「征服」，先後漢化。少數民族王朝要想鞏固對整個中國的統治，必須尊重占人口主體的漢族的歷史與文化，實行促進民族融和的政策。少數民族王朝比漢族王朝多了這麼一項考核興衰的「敏感指標」—— 借用劉邦的話來說，就是：「可以馬背上得天下，卻不能馬背上治天下。」

梳理了遊牧民族在中國歷史上的作為，認識了遊牧民族文明之後，我們總是會遇到這麼一個問題：為什麼北方遊牧民族能夠取得對中原漢族的歷史優勢？

北方遊牧民族在歷史上，首先在軍事，進而在政治上往往取得對中原王朝的優勢。一批又一批的北方遊牧民族戰勝中原王朝，陸續內遷。「遊牧民族的境遇注定了其向內地遷徙，農耕文明與遊牧文明的碰撞和衝突是不可避免的。當牧區水草豐茂的時候，遊牧民族一般不主動發動衝突。因為，他們深知農業社會的王朝是很強大，不易對付。但是，當草原不能提供遊牧民族豐富的生活資源時，他們就會到定居的農耕地區尋求生活資源，有時是透過貿易，有時是透過戰爭。農耕區的富庶，總是對他們具有強烈的吸引力。當他們有剩餘的畜產品或不能夠以武力獲得他們所需要的糧食、茶葉和布帛等物品時，他們就要用武力敲開農耕民族的大門。」

我們可以這麼簡單的理解：北方遊牧民族的優勢是建立在自然因素和經濟因素的雙重驅動之上的。正是有了自然和經濟兩方面的動力驅使，遊牧民族往往能夠取得對於渴求安穩的南方農業民族的勝利。遊牧

民族的南下與氣候因素有著直接的關係。「有關研究成果表明，平均氣候降低攝氏十度到二十度，實際上等於把緯度線南推了兩百多公里。」北方遊牧民族自然就要相應地向南移動。當代學者總結了氣候變化與遊牧民族南壓的關係，發現「每當進入寒冷乾旱的週期，北方乾旱、半乾旱的草原地區就會變成沙漠，變得人類無法生存，草原就會向南部轉移。氣候就像上帝揮舞的鞭子，驅趕著遊牧民族南下，去追逐他們已經南遷了的草原。而居住在溫帶地區的農耕民族則向原來溼熱難耐的亞熱帶地區前進，而原來在亞熱帶的人們則向熱帶推移。」而軍事力量相對較弱的中原王朝手中的財富就成為了北方鄰居覬覦的目標。客觀上，遊牧民族需要解決物質需求，主觀上貪財享樂的思想誰都有。矛盾就這麼產生了，立刻體現在軍事力量的較量之上。

當然了，遊牧民族的崛起遠比嚴密的推理論證要精彩得多。每一個遊牧民族的崛起都好像是一場精彩的話劇。有一位精彩絕倫的主角的成長並走向輝煌，有一個弱小民族的凝聚奮鬥和逐鹿中原，當中又要點綴著若干的細節……

第二章　五燕：鮮卑前輩的足跡

「慕容」是起源於少數民族鮮卑族的姓氏。歷史上知名度的最高的慕容族人可能要算「慕容復」和「慕容燕」兩位了。第一位是金庸先生名著《天龍八部》中與「北喬峰」並列的「南慕容」，後一位是王家衛電影《東邪西毒》中精神分裂的可憐人。他們雖然是虛構的人物，但矢志復國、重建燕國的性格是有歷史依據的。

歷史上的慕容家族的確在亡國與復國之間經歷了驚人的煎熬。五胡亂華時期，慕容鮮卑英雄輩出，在將近一個世紀的時間裡經歷血與火的考驗，從一個北方的小部落衍生出了中國北方的四朝燕國。其中有輝煌的成功，更有辛酸淚水、失敗屈辱和臥薪嘗膽，組成了一曲可歌可泣的建國之歌。

鮮卑族崛起於遼東地區，是遼東的沃土養育了慕容家族。

歷史上的遼東並不是現在的遼寧省東部，而是指山海關以東的遼河流域，大致包括遼寧省全部和吉林省的南部。遼東地區南臨黃海、渤海，西南透過遼西走廊與中原聯絡，西北與蒙古高原為鄰，東北是蜿蜒的長白山，東南與朝鮮隔鴨綠江相望，儼然是一副易守難攻的地形。

奔騰的遼河日復一日、年復一年地沖刷著這片廣袤的土地，在東方的丘陵林區和西方的山地高原間沖積出富饒的平原，土壤肥沃，水源充沛，溫溼愜意。從此，百草五穀、飛禽走獸都在此落戶。遼東地區也就占據了天下糧倉的地位。我們的先輩在取名的時候，因該地遼河縱貫全境，取遼河流域永久安寧之意而名為「遼寧」。遺憾的是，名副其實的好事並不總能出現。正是因為遼河流域在歷史上養育了諸多好戰的少數民族，並不安寧，所以我們才希望它能夠「寧」。

　　相對封閉的遼東自古以來就是盛產割據勢力的地方，春秋戰國的朝鮮和三國時期的公孫政權就是立足遼東的割據政權。割據政權的產生離不開封閉的地形，更離不開一位割據梟雄的領導者和一個亂世的成全。鮮卑族在西晉王朝獲齊了這三個要件。西晉建立後，遼東成為了朝廷的州郡。可惜王朝命運不濟，不久就陷入了動盪之中。西晉皇族的的八王之亂為少數民族在戰火和融合中入主中原創造了機會。遼東的慕容鮮卑是其中的佼佼者。

　　「鮮卑」一詞最早出現在東漢。一般認為鮮卑人是東胡的一支。在《三國志》、《後漢書》中鮮卑與烏桓並稱東胡。由於鮮卑人的祖先居住在鮮卑山（今內蒙古東北），故而得名鮮卑。他們身上流淌著遊牧民族的血液。東漢初年，鮮卑人開始向南遷徙，這些鮮卑部落大多聚居在遼東一帶。後來又有鮮卑部落內遷至遼西，產生了遼東鮮卑、遼西鮮卑之分。慕容鮮卑是遼東鮮卑的一部分。遷徙到遼西的鮮卑人中出了一個叫做拓拔的部落，統一華北地區，建立了北魏王朝。這些都是後話了，但可以證明鮮卑民族真是藏龍臥虎。

　　我們單單來說鮮卑一部遷徙到遼東的發展。

　　南遷的這些鮮卑部落依然過著豪邁的草原生活，「放馬大澤中，草好馬著膘」，「願作郎馬鞭，出入攘郎臂，躁座郎膝邊」。他們尚武崇力，聚散不定，呼嘯成軍。每個遊牧民族的真正崛起總是由傑出的領袖完成的。東漢末年，遼東鮮卑就湧現了這樣的傑出人物 —— 檀石槐。

　　漢時的鮮卑依附於強鄰匈奴。有個鮮卑人投鹿侯在匈奴部落從軍三年，家鄉傳來消息說他的妻子在家生子。震驚的投鹿侯奔回家質問妻子，並要殺死那個來歷不明的嬰兒。投鹿侯的妻子苦苦哀求，述說了一個充滿奇幻色彩的故事：她一次行路時遇到打雷天，朝天看了一下，恰好一個冰雹落入口中，回家後就懷孕了。投鹿侯半信半疑，不禁放下屠

刀，放過了妻子，決定將嬰兒扔掉了事。投鹿侯的妻子私下又尋回了孩子，送到娘家收養。這個孩子長大後取名檀石槐。這個傳說明顯是口口訛傳，不同的人「添油加醋」的傑作。檀石槐作戰勇猛，所向無敵，不但征服了遼東鮮卑各部，還征服了鮮卑的其他各部，統一了鮮卑地區，占據了匈奴人的故地，取代了昔日匈奴的地位。整個鮮卑民族都接受了領袖誕生地傳說，並將它作為本民族成型的「官方故事」。

鮮卑民族崛起成為北方的重要勢力後，威脅到西漢王朝北方邊界的穩定。虛弱的漢靈帝發動了對鮮卑民族的征伐。漢軍聯合南匈奴分三路北伐鮮卑，結果被檀石槐打得一敗塗地。這是一場衰頹的王朝在一個不恰當的時機對正在崛起的民族發動的不恰當的戰爭。大敗後的漢朝在此之後對檀石槐完全採取消極防禦。巧合的是，檀石槐和漢靈帝戰後不久都死去了，他們各自的疆域也都陷入了內亂紛爭。鮮卑各部重新回到了過去的分裂狀態，戰亂不休。這段短期的分裂強化了鮮卑人對統一的思念與一致。再一次的統一過程將遼東慕容家族推上了檯面。

話說遼東鮮卑一共有三部。慕容鮮卑部位於遼東鮮卑的中部，東西分別為宇文鮮卑和段氏鮮卑所包圍，而實力弱於兩部。慕容家族的首領莫護跋在曹魏初年率領其部內遷到遼西一帶。司馬懿討伐公孫淵時，莫護跋隨戰有功，被封為率義王，在遼西的昌黎大棘城（今遼寧義縣西北）建國。莫護跋家族開始學漢人戴上「步搖冠」，邁著方步走路，因此被稱為「步搖」，後轉音為「慕容」。慕容鮮卑以此得姓。莫護跋的孫子慕容涉歸也因為協助朝廷征討立功，被晉武帝封為鮮卑大單于。慕容部又轉遷到遼東北部。在不斷的遷移過程中，慕容部落越來越接近漢族地區，逐漸漢化。

歷史在此時又賜予了鮮卑族一位傑出的領袖：慕容涉歸的兒子慕容廆。

慕容廆是日後「大燕國」的實質奠基人。

慕容廆小的時候就被譽為「命世之器，匡難濟時」。父親慕容涉歸死後，叔叔慕容耐透過政變奪取了部落大單于的位置，還派人刺殺慕容廆。年幼的慕容廆只好亡命遼東，幸好被好心的漢人收留掩護才倖免於難。在漢人地區生活期間，慕容廆有自覺，也有不自覺地接受了許多漢人的文化和政治智慧，深深烙上了漢文明印記。不久，慕容耐被手下人殺死。慕容族人恭迎慕容廆回來做了新單于。

慕容廆上臺之初就將從漢人那裡學來的智慧運用到了部族的內政外交上。他首先發現了並不被祖先和其他部落重視的西晉王朝的價值，主動遣使觀見晉武帝，接受了晉朝官職，表面上自為藩屬，實際上使弱小的慕容部鮮卑獲得了「尊王」的金字招牌，多了一重保護；其次，慕容部重金聯絡其他兩部鮮卑。段氏鮮卑是當時遼東各部中實力最強者，慕容廆便迎娶了段部單于的女兒為妻。慕容廆深知，稱霸必先圖強。中原八王之亂正酣，稱王稱霸者前仆後繼。遼東最強的段氏鮮卑排斥避難而來的中原移民和漢族士大夫。而慕容廆政法分明、用人唯才，很快集中了北方五州的大量流亡士人。慕容廆移居大棘城，教人耕種，制訂與漢人相似的法令法規。慕容鮮卑加速了漢化過程，迅速繁榮起來。

慕容廆平靜地等待了十多年，其間只曾發兵進攻東北的扶餘國，迫使扶餘國王自殺。慕容廆收編了扶餘國的力量。

晉惠帝太安元年（西元三〇二年），慕容部近鄰宇文鮮卑的首領宇文莫圭統一了塞外的東胡各部，自稱單于，將進攻矛頭指向慕容部。氣勢洶洶的宇文大軍進攻慕容部的邊境城池。慕容廆沉重冷靜，親自迎戰，首戰告捷。宇文部很快又集結了十萬大軍捲土重來，將慕容廆包圍在大棘城中。一時間，亡國烏雲籠罩慕容部落。慕容廆卻談笑自若，說：「敵兵雖多，但卻毫無章法可言。勝負早在我的算計之中了。大家只管拚力一戰，沒有什麼可以發愁的！」他激勵士氣，主動出戰。宇文軍隊多而

不精，面對慕容鮮卑的反攻亂作一團，潰敗得一塌糊塗。此戰，慕容部追擊上百里，斬首數以萬計。宇文鮮卑不得不遠逃塞外，慕容部一躍由弱而強。

慕容廆戰後又花了多年時間消化建設已有的疆域，整編訓練軍隊。他採納漢王朝的郡縣制度，建立完備的政權系統與機構，設宰相、司馬、列卿將帥等官職，同時「起文昌殿，乘金銀車，駕六馬，出入稱警蹕」。《晉書》也承認慕容氏政權「皆如魏武、晉文輔政故事」。晉室早已南逃，晉元帝在南京稱帝，遙拜慕容廆為龍驤將軍、大單于。慕容廆繼續尊奉東晉為正統，派遣使者通過海路通使東晉，從而以東晉皇命討伐各部，收斂人心。

木秀於林，風必摧之，是中國特色的政治規律之一。

慕容廆的強盛讓人眼紅了。慕容鮮卑勢力的壯大促成了遼東的晉朝殘餘勢力和高句麗、段氏鮮卑、宇文鮮卑等勢力的集體敵視。遼東是南遷建康的東晉王朝的一塊「飛地」。東晉任命的平州刺史崔毖表面上是本地區的「最高軍政長官」，實際上他的話只在衙門裡算數。而高句麗和兩部鮮卑不願意慕容鮮卑做大。各個失意的勢力就在崔毖的撮合下組成了四方聯軍討伐慕容部，挑起遼東史上規模最大的戰爭。

晉太興二年（西元三一九年），四方聯軍潮水般攻入慕容部的境內，很快就將大棘城圍得水洩不通。慕容鮮卑遇到了崛起路上的第一道「大坎」。慕容廆知道本部兵馬不足以硬碰硬，在戰爭初期以逸待勞，拚死頂住。慕容廆透過戰火，很快就判斷出四方聯軍的致命缺陷。那就是他們的瘋狂進攻只是表象，沒有一致的戰鬥目標。宇文鮮卑的鬥志最強，段氏鮮卑和高句麗是因妒嫉而出兵，而崔毖就是一個空頭司令。慕容廆制定了分化瓦解，各個擊破的策略。聯軍畢竟是烏合之眾，缺乏統一指揮系統。三國的軍隊日日圍攻大棘城，慕容廆只管閉門固守。聯軍長期求

戰不得，沒事做就開始互相猜忌。這時慕容廆乘機派人帶著牛肉美酒出城，以崔毖的名義犒勞宇文鮮卑軍隊。宇文部也是太大意了，和來人把酒言歡起來。段氏鮮卑和高句麗看到宇文部與慕容廆聯歡，自然懷疑他們在搞對自己不利的把戲，當即領軍退卻，在戰場上觀望起來。

宇文部首領宇文悉獨官得知中計後惱怒異常。他也不向盟軍們解釋（有些事情越解釋可能越說不清楚），只得盡起本部數萬士兵，連營三十多里，單獨加緊攻城。

恰巧慕容廆兒子慕容翰的軍隊從外地回援都城。慕容廆命令兒子回城協防，慕容翰見城內防衛力量足夠，認為不如留駐城外充作奇兵，等候時機內外夾攻。於是慕容翰軍游弋戰場之外。悉獨官感覺外圍的慕容翰是個禍患，決定分派數千騎兵突襲慕容翰。慕容翰的情報工作做得很好，事先得知了宇文部的偷襲計畫，當機立斷，派人冒充段氏鮮卑的使臣半路攔截悉獨官的騎兵，請求帶路，協助打擊共同的敵人。宇文部不長記性，又一次輕易地信以為真，隨同來人闖進了慕容大軍的埋伏圈。一戰下來，宇文部的騎兵全軍覆沒。慕容廆、慕容翰父子乘勝追擊，內外夾擊。世子慕容皝率領精銳部隊突襲悉獨官大營。宇文部潰不成軍，三十里連營一片火海。宇文鮮卑被擊垮後，晉朝殘餘勢力匆忙撤出遼東，鮮卑其餘各部紛紛向慕容部稱臣；高句麗之後兩次被慕容翰等人擊敗，從此對遼東事務敬而遠之。

慕容廆囊括整個遼東，派使到建康報捷。晉元帝順勢封他為平州刺史，遼東郡公。

晚年的慕容廆日子過得很瀟灑，主要在遼東操練兵馬，偶爾指點一下越來越混亂的天下局勢。據說他曾經寫信勸東晉名將陶侃 —— 大文豪陶淵明的爺爺率軍北伐，消滅匈奴人建立的趙國，表示鮮卑族願為北方接應。計畫沒有執行，陶侃和慕容廆先後去世。

任何事業的開創都離不開偉大人物的領導。如果偉大人物不只一個，就面臨著誰是領袖的選擇問題，畢竟領袖只能有一位。

對於迅速崛起的少數民族來說，艱苦的環境和複雜的鬥爭能夠錘煉許多領袖級人物。中國歷史上的少數民族在崛起之處總是人才濟濟，於是也就面臨著領袖之爭。近的像在關外的滿清在努爾哈赤和皇太極時都上演過最高權力的爭奪戰；遠的如北宋金國的建立，人才輩出的完顏家族也有許多人覬覦領袖權位。同出一地的慕容鮮卑也不能「免俗」。上天眷顧慕容家族，賜予了他們精明強幹的頭腦。遺憾的是，慕容家族在立國後就爆發了骨肉猜忌的內訌。

慕容廆病逝後世子慕容皝繼位。慕容皝非常猜忌庶長兄慕容翰的功績和能力。慕容翰於是投奔了夙敵段氏慕容。段氏大喜，擁戴著慕容翰要去與慕容皝爭國。段氏鮮卑的軍隊很快湧入慕容部的土地。眼看慕容皝即將大敗，慕容翰不忍祖國滅亡，與段氏臨陣淚別，跑到宇文部裝瘋行乞流落街頭。段氏鮮卑轉勝為敗，慕容皝轉憂為喜。

那一邊，同是慕容廆之子的慕容仁和慕容昭看到慕容皝迫害慕容翰，心裡不能不有所「想法」。他倆也是闖蕩過刀槍劍雨的人，狠下心決定殺掉慕容皝，既為自保，也為獲取更高的權力。慕容皝察覺後，先下了手，將兩位同胞兄弟殺死。

經過這件事情後，慕容皝開始想念哥哥了。他派人將慕容翰接回了本國。慕容翰不計前嫌，為弟弟攻滅了宇文部鮮卑，並東敗高句麗。隨著哥哥功績聲望日增，慕容皝再次害怕慕容翰奪位。重燃的猜忌之情迅速膨脹，一次慕容翰受傷在家養病，慕容皝以慕容翰常在家中練劍圖謀造反為由，送去毒酒賜死。慕容翰流淚道：「今天我死，命當如此。但是中原還被逆賊占領，國家並不平靜，我常常以掃平天下，完成父王遺願來激勵自己，現在不能滿足心願了。命也奈何。」說完飲鴆身亡，令人扼腕。

　　因為資料的缺乏，我們不知道慕容皝之後的言行。根據中原王朝的記載，我們知道後趙看到慕容鮮卑崛起，曾經發起過對遼東的大舉進攻，沒有成功。慕容家在遼東的統治已經相當鞏固了。近年來，古代的龍城、現在的遼寧朝陽地區考古挖掘出了慕容鮮卑時期的城池遺址。簡樸但規模不凡的遺址跨越了千年，依然顯露出一個王朝的模糊背影。也許這就是文藝作品中的慕容復、慕容燕等人日思夜想的「故國」。

　　慕容皝死後，子慕容俊繼立。三四九年進攻後趙，奪得幽州，遷都於薊（今北京）。這個發源於遼東的割據政權從此越過長城，開始進軍中原。三年後慕容部擊滅冉魏，占有河北，慕容俊正式稱帝，定都鄴城，國號燕。這就是前燕。慕容家族得以在第三代人手中登上了皇位。

　　這時，父輩骨肉猜忌的情況又再次重演。慕容皝的兒子們都能力出眾，尤其以慕容俊、慕容恪、慕容霸為最。慕容皝特別喜愛屢立軍功的慕容霸，令太子慕容俊非常嫉妒。慕容俊登基後，勒令慕容霸改名慕容垂。「垂」是個非常不吉利的名字，遠遠不如「霸」字。可慕容霸沒辦法，只好垂下腦袋聽命。

　　慕容垂改名後，被認為是個很容易欺負的人。

　　慕容俊的老婆吐谷渾皇后以嫉妒強悍著稱。慕容垂的結髮妻子段氏清廉自守，與丈夫恩愛異常。但是吐谷渾皇后妒忌地尋機將段氏治死，並逼慕容垂迎娶自己的妹妹長安君。慕容垂卻喜歡上了段氏的妹妹。惱怒的吐谷渾皇后竟對慕容垂動了殺機。慕容垂不得不委曲求全，韜光養晦，不談政治，更不去招惹皇帝和皇后。

　　三六〇年，慕容俊病死，十一歲的太子慕容暐繼位，慕容俊臨死前將他託付給慕容恪。新皇登基後，慕容恪以太宰身分輔政。慕容恪也算是個梟雄。在他主政期間，燕國不僅穩固了華北政權，還一度攻占了東晉的河南、淮北等地，使國家疆域達到極盛。大名鼎鼎的東晉桓溫在西

元三六九年率五萬晉軍北伐，要來復仇，燕軍連敗失地。慕容垂臨危授命，領兵迎戰。他派弟弟慕容德去劫斷晉軍糧道迫使桓溫後撤。慕容垂率軍追擊，在襄邑大敗晉軍。據說慕容垂在戰鬥中採用了最早的「拐子馬」和「鐵浮圖」的戰術。好在桓溫北伐只是為自己立威，無心再戰，逃回江南內鬥去了。慕容垂逼退桓溫，幾乎成了國家再造功臣。

誰想，慕容垂回到家中卻得到了心愛的段氏妹妹被吐谷渾太后殺死的噩耗。

慕容垂品味到了功高震主的危險。好心人還悄悄告訴慕容垂，歹心的吐谷渾太后有將他治死的陰謀。慕容垂只能淡淡一笑，守在家裡過起更加謹小慎微的日子。好在他功勳卓著，吐谷渾一時難以在肉體上消滅他。

三六七年，慕容恪走到了生命盡頭，臨死前對少主說：「王叔慕容垂才能勝我十倍，我死後他可做大司馬，號令全國軍隊。如果那樣，我國必能一統天下。」少主慕容暐聽了慕容恪的話，卻沒遵守，而是任命親信兄弟慕容沖做了大司馬，掌握兵馬 —— 可見私人關係在政壇上的重要性。慕容恪的遺言不僅沒有改變慕容垂的境況，反而還給他帶來了新的危害。新上臺的實權貴族將慕容垂看作是潛在的權力威脅，欲除之而後快。一幫人整天想著謀害慕容垂。

慕容垂不得不效仿伯伯慕容翰，帶著孩子向西逃亡，最後投靠了燕國的敵人前秦。

這樣的人生經歷已經非常傳奇了。也許有人認為慕容垂的一生也大致如此了。可謂是「天將降大任於斯人也，必先苦其心志，勞其筋骨，餓其體膚，空乏其身。」這還只算是慕容垂傳奇人生的前期。

慕容垂投奔的前秦，在苻堅大帝統治下，國勢蒸蒸日上。三七〇年，前秦苻堅命王猛率大軍攻燕，攻破鄴城，俘虜慕容暐，滅亡了前

燕。之後前秦再滅前涼，一統北中國。慕容垂參與了這些統一戰爭，與親屬在他國首都重逢，不知道作何感想。

符堅為政最大的紕漏就是對待敵人過於寬鬆。也許是為了減輕統一過程中的抵抗，符堅厚待投降和被俘的各個割據政權統治者。包括慕容暐在內的失敗敵人都在長安擔任了新職，過著錦衣玉食的舒適生活。為了緩和與慕容家族的關係，符堅迎娶了慕容暐的妹妹清河公主。慕容公主入後宮後，生活得也非常好，史稱「寵冠後庭」。主動投靠而非俘虜的人才慕容垂，不僅讓前秦王朝授予自己冠軍將軍的軍職，還被允許掌握了軍隊。客觀的說，慕容皇族雖然亡國了，但生活境況相當不錯。大批鮮卑族人被遷移到關中安置。

在統一北方後，符堅不顧反對，發動了對東晉的征伐。慕容垂率本部兵馬三萬人隨軍南征。南北軍隊在淝水相遇。淝水一戰，秦軍慘敗，暫時統一的北方又限於分裂。原先被前秦消滅的各個割據政權的皇族紛紛揭竿而起，圖謀恢復自家王朝。受到厚待的慕容家族原本就念念不忘復國，自然加入了華北重燃的狼煙——後人時常據此批判慕容家族忘恩負義，滿肚子的狼子野心。

復興鮮卑王朝的曙光照耀在了慕容垂的身上。

因為慕容垂的軍隊在淝水之戰中保存實力，是戰後前秦國內唯一完整的部隊。

誰想這時光桿皇帝符堅跑到了慕容垂軍中避難。這給慕容垂出了一道難題。是把握這個千載難逢的機會，殺了符堅取而代之；還是禮送出境，光明正大地一決雌雄呢？當時聚攏在慕容垂周圍的一幫前燕舊臣都勸慕容垂立大功者不顧小節，乘機取代前秦。

慕容垂的回答光明磊落，充滿帝王氣度。他回顧了自己落難前燕時，無所置身，符堅接待款待，授權給兵的恩德。前秦實權人物王猛曾

力勸苻堅殺掉慕容垂（因為王猛第六感就覺得慕容垂有帝王之相，是前秦的大敵），苻堅仍然以國士之禮厚待他。「此恩何可忘也！」慕容垂慷慨陳詞說服眾人，將軍隊指揮權交給苻堅，一路護駕他返回長安。

在歷史上，苻堅和慕容垂兩人英雄相惜，都對待對方仁至義盡。

看到苻堅安全進入長安後，慕容垂在亂中獨身東出河南，另外開創一片天地。他聚攏鮮卑舊部，招兵買馬，部隊一下子發展到二十萬。三八四年，慕容垂在河南滎陽稱燕王，宣告鮮卑族復國成功。兩年後，他自立為帝，定都河北中山。鮮卑垂建立的王朝史稱「後燕」。這時，愛情失意、生活坎坷、歷經磨難的慕容垂已經是六十歲的老人了。

鮮卑祖先的創業激情支撐著他忍辱負重，臥薪嘗膽。在他兩鬢斑白之時，終於建號稱帝，卻孤獨地發現已經是四顧無人，高處不勝寒。之前的族內政敵也好，戰場兇手也好，都已經煙消雲散了。慕容垂依靠忍耐和奮鬥，「笑」到了最後。

可以說，慕容垂是鮮卑史上最悲壯的民族英雄。

慕容垂的後燕王朝相繼消滅了翟魏、西燕等割據政權，基本上恢復了前燕版圖。

慕容垂所消滅的西燕政權正是他那狠心的兄長慕容俊的兒子們建立的。

前燕滅亡後，身為皇帝的慕容暐和弟弟慕容沖、慕容泓被帶往長安，在前秦任職。這三兄弟也滿懷先輩創業復國的激情，伺機而動。前秦兵敗後，慕容泓迅速從長安逃到弟弟慕容沖那，扯起了反旗。兄弟倆與前秦殘部在關中展開血戰。當時關中的鮮卑人都思念復國，支持這兩兄弟。應該說慕容泓和慕容沖的復國起點比慕容垂要高得多，可惜他們再次在復國途中繼續將內鬥的傳統發揚光大。慕容泓不久就被部下殺死，慕容沖是幕後黑手。之後，慕容沖整合關中的鮮卑勢力，建立了西

燕王朝。留在長安的前皇帝慕容暐也暗地配合，以兒子結婚為名，請苻堅赴宴，準備在席間將他幹掉。不料當日天降暴雨，計謀暴露。苻堅聞訊極為傷感，下令屠殺慕容暐和城中所有鮮卑人以懲罰慕容家族的忘恩負義。

城外，慕容沖率軍猛攻長安。苻堅不敵，留下太子苻宏守長安，自己率部逃往五將山，結果被後秦姚萇所殺。苻宏最後棄城而逃投降東晉。慕容沖殺進長安，進行屠城作為報復。占領關中後，慕容沖計劃以長安為都城，長期經營。但鮮卑部眾都希望遷回河北、遼東老家，反對留居關中。慕容沖旋即在兵變中被殺。西燕帝國的四十萬軍民大舉東歸。途中，內亂頻仍，慕容永最終奪取政權。因為慕容垂已在東方建立了後燕帝國，慕容永不敢再往東走，就轉向北邊，占據了山西南部一帶。

第二年，慕容垂以勢不兩立之勢對西燕發動進攻。三九四年，西燕都城長子城被攻破，慕容永被殺，西燕滅亡。西燕融入了後燕。

慕容鮮卑經過這麼多的變故，原本有限的實力逐漸不能支撐一個統治整個中國北部的龐大帝國。後燕帝國隨即遭遇到了同種同源的遼西鮮卑拓跋部的挑戰。

拓跋鮮卑占據後燕的西北方向，對慕容垂形成壓迫態勢。

暮年的老英雄慕容垂肯定也意識到了形勢的嚴峻。「大燕國」的實力在歷次爭鬥中嚴重透支了，只能兵出險招，寄希望於取得一場對拓跋部的主力決戰的勝利。慕容垂希望在自己的有生之年重創拓拔部落，也希望即將即位的太子慕容寶能夠一戰立威。西元三九五年，他以慕容寶為元帥，率大兵攻魏。拓拔部的傑出領袖拓跋珪（這一時期鮮卑民族還真是英雄輩出）佯敗，誘敵深入。十一月，拓拔大軍在參合坡偷襲燕軍，燕軍大敗，慕容寶僅以身免。被俘的四五萬燕軍全部被活埋。

次年初春，已是七十一歲的慕容垂進行了人生的最後一戰。他御駕

親征，徵調殘餘的燕國軍隊，組成西征復仇的重兵。燕軍旗開得勝，慕容垂陣斬拓拔勇將拓跋虔。拓跋部避其主力，堅壁清野，不與燕軍作戰。慕容垂最後擄掠拓拔部三萬餘戶東歸。後燕大軍過參合坡時，見去年燕兵屍骨累累，全軍哭聲震天。此時此地聚合著慕容部最後的鮮血。

慕容垂氣恨難當，吐血而亡。

慕容垂的死讓人們看到了一位偉人對一個王朝的重要作用。

慕容垂死後，拓跋珪頻繁組織反攻，最後將後燕重鎮中山和鄴城包圍。繼位的慕容寶打不過，只好放棄了都城中山，打算逃回祖宗龍興的遼東龍城（今遼寧朝陽），退守祖宗故地。留守鄴城的是皇叔，慕容垂的弟弟慕容德。慕容德堅持了半年後，選擇了率領城中的四萬戶鮮卑人突圍南逃。

慕容德為什麼選擇南逃呢？因為當時拓拔部已經占領了河北各地，後燕被截為兩部分。慕容德率部逃出鄴城後，先是來到河南徙滑臺（今河南滑縣東），自稱燕王，史稱南燕。第二年，拓拔部緊隨而來，滑臺失守。慕容德又輾轉奪取了青兗兩州（今山東），入據廣固，在西元四〇〇年稱皇帝，建立了南燕帝國。這是第四個燕國。慕容德為什麼在逃難途中仍不忘建國立號呢？除了家族復國的渴望外，聚攏潰散的鮮卑民眾的人心士氣可能是更大的考慮。五年後，年老的慕容德也死在了異鄉，死前指定由逃難而來的侄子慕容超繼位。

慕容超的早前經歷就是一個普通百姓在亂世中隨波逐流、顛沛流離的經歷，流過浪、要過飯、做過下人。當他逃到南燕的時候，叔叔慕容德喜出望外。慕容家族經過這麼多的變故，嫡系的皇族不多了。慕容超順理成章地成為了新君主。可惜一個沒有經過血與火洗禮的慕容貴族並不是一個真正的貴族。來得過於容易的富貴讓慕容超迅速迷失了自己。他不修內政，喜好遊獵，還誅殺功臣，為了滿足享受、補足國家發展所

需，甚至增加賦役，很快使南燕陷入內憂外患交困的境地。四〇九年東晉劉裕率師北伐，次年二月就攻下廣固，慕容超被俘。後者很快就被斬首，象徵著南燕滅亡。

平心而論，慕容德叔侄能以區區逃難的四萬民戶，在異鄉延續燕朝國祚，也難能可貴。

那燕朝正宗的慕容寶有沒有返回遼東呢？

沒有。家族的內訌傳統讓慕容寶沒有能夠返回祖宗的龍興之地。在他返回祖居遼東的途中，長子慕容會發動叛亂。慕容寶誅殺了長子，不久卻被臣下殺死。另一個兒子慕容盛起兵報了殺父之仇，自立為後燕國主，返回舊都龍城。三年後慕容盛也被臣下殺死。後燕上下推舉慕容寶的幼弟慕容熙即位。這位慕容熙是個內政不修的慕容家敗類，行事荒唐。四〇七年，後燕國內發生了導致亡國的馮跋攻殺慕容熙事件。

馮跋是胡化的漢人，出生在河北。他的父親馮安曾任西燕的將軍。西燕滅亡後，馮跋隨家人東遷到後燕。慕容寶在位時，任命他為禁衛軍將領。馮跋和弟弟馮弘曾經因為小事得罪了慕容熙。慕容熙要殺馮跋兄弟兩人，馮跋兄弟只好逃到深山裡藏起來。後來，慕容熙的皇后死了，慕容熙為妻子舉辦了盛大的葬禮來表達自己的哀傷。馮跋兄弟聯絡了幾個人，趁著城中忙亂之際混入葬禮，成功刺殺了慕容熙。馮跋推出慕容家的養子，實際上是高句麗人的高雲為燕王，改元正始。這就是燕朝系列的最後一個國家：北燕。高雲也就是個傀儡，即位後任命馮跋為侍中、征北大將軍、開府儀同三司，封武邑公，把軍國大事全都託付給馮跋兄弟處理，自己樂得當個甩手掌櫃享福。誰想福沒享好，高雲自己被寵臣離班、桃仁砍了腦袋。馮跋一看局勢被鬧得烏煙瘴氣的，乾脆在平定叛亂後從幕後走向目前，在眾人的推舉下即天王位，改元太平。

馮氏的王朝繼續沿用「大燕」的旗號，但已經不是慕容家的故國了。

　　經過無數的血腥和殺戮，北燕畢竟回到了自己的發源地，回到了輝煌的起點。

　　北燕的疆域以遼東為主，在強盛時期曾經擁有河北東北部。馮跋是個不錯的君主，他的統治勤於政事，革除後燕苛政，獎勵農桑，輕薄徭役，因此國家安定。雖然當時外有拓拔部建立的強大的北魏相侵，北燕依然維持了二十二年的安定。除以州郡治民之外，北燕還以太子領大單于，置前後左右四輔，推行胡、漢分治政策。馮跋、馮弘都曾派遣使者到江南。當時的南朝稱北燕為「黃龍國」。

　　北燕太平二十二年，馮跋病重，命太子馮翼攝理國家大事。這時候的馮氏燕國也走到了內訌的邊緣。馮跋的宋夫人在馮跋病重期間，圖謀立自己的兒子為新君。宋夫人採取了實質性的行動，可能還調動了軍隊，反正是把動靜鬧得挺大的。皇弟馮弘不願意了，率領軍隊進入宮廷爭奪皇位。馮跋在驚懼中去世，馮弘即位。經過這麼一鬧，北燕最後的國運也消失了。強大的鄰國北魏連年進攻，採取掠徙北燕民戶的蠶食政策。北燕的地盤越來越小，馮弘不得不轉而依靠高句麗的保護。西元四三六年四月，北魏發動滅亡北燕之戰。五月，馮弘在高句麗軍隊保護下率龍城百姓東渡遼水，投奔高句麗。北魏占領龍城，北燕亡。

　　自西元三三七年起至四一〇年止，興起遼東的慕容鮮卑先後建立了五個燕國，縱橫疆場七十餘年。慕容家族利用魏晉南北朝的亂世，向入主中原邁出了堅實的腳步。鮮卑人湧入中原，成為對中國歷史產生巨大影響的少數民族之一。慕容氏是第一批問鼎中原的鮮卑統治者，為同一地區的後來者女真人和滿族人樹立了榜樣 —— 女真人建立了金國，滿族建立了清朝。

　　慕容家族許多做法被後代遼東少數民族的崛起所效仿。其中最可貴、最讓人難忘的無疑是整個家族對王朝國祚延續的執著堅持和頑強追

求。採納漢族政治傳統建立的王朝形式相當重要，有利於少數民族的組織和凝聚。然而，對於在數量和政治經驗上都缺乏優勢的少數民族來說，組織的力量和制度的力量固然重要，最重要的還是民族內心那份政治熱情，也就是俗話說的「那股勁」。慕容家族幾代人對王朝國祚的堅持，對復國的渴望，正是他們內心政治鬥爭熱情的表現，是少數民族血性的表現。

可惜的是，熱情的慕容家族過於堅持王朝的表面形式，而沒有從本質上吸收、實踐王朝政治內在的具體制度內容。比如皇位的傳承制度，比如對皇室成員的管理，比如對團結和爭鬥的理解。歷史上的少數民族之所以能夠取得對漢族鬥爭的勝利，很重要的原因就是他們能夠同仇敵愾、凝聚對外。內訌對先天力量單薄的少數民族的負面影響遠遠大於對漢族的影響。

不知道後期的北方少數民族有沒有感謝慕容家族提供的歷史智慧。

第三章　北魏：融入中原的陣痛

　　一個政權的政策方針必須與領土內的百姓心理和歷史文化保持一致，才能長治久安。拓跋鮮卑建立的北魏入主中原後，就面臨著相對落後的本民族政治文化與已經成為統治根基的中原政治文化脫節的問題。在孝文帝的主持下，拓跋鮮卑果斷地與本民族的政治文化告別，全面徹底地融入中原。快速、深入的融合在鮮卑民族內部引起了陣陣血雨腥風……

　　如果南方人見到大同，通常都會驚訝於此地惡劣的自然環境。

　　大同公路旁最多的是煤礦工人們；除了雲岡石窟景點附近有若干綠化，鄉間基本見不到成片的綠化；人們在大同每天都得換洗衣服，因為襯衫的領子一天之內就會由白變黑。大同現在的經濟支柱顯然是煤炭行業。但是在煤炭還不能成為一個行業的古代，自然環境欠佳的大同物產非常有限，因此也就很難發展成為一個人煙密集的大都市。可是在南北朝的時候，大同（當時叫做「平城」）卻成為了北朝第一朝北魏的首都。見慣了南京、杭州和西安等「古都」的人們很難將大同和一個偉大王朝的首都形象連繫在一起。

　　在平城立都的北魏是鮮卑族拓跋部所建立的政權。

　　鮮卑拓跋部，屬於遼西鮮卑，原來居住在現在的大興安嶺附近，是典型的遊牧民族。漠北地區的北匈奴西遷後，拓跋部趁機向西遷移，逐步占領消化了原來北匈奴的地盤。到拓跋力微擔任酋長時期，拓跋部又大規模南下，最後遷居到盛樂（今內蒙古和林格爾）一帶與曹魏、西晉發生往來。儘管拓跋部還處於部落聯盟的落後階段，但已經成為中國北方不可忽視的力量了。

　　五胡亂華時期，強大的拓跋部很自然就成為了各方爭取和利用的對象。拓跋部也利用西晉末年的亂世，四處出擊，博取功名利益。東晉咸康四年（西元三三八年），拓跋什翼犍成為「代王」，設官分職，頒布法律，制定國家機構，代國正式建立。初生的代國四處征戰，到處擄掠，日子過得很不錯。可惜它遇到了更強大的敵人前秦。西元三七六年，前秦大帝苻堅趁代國內訌征服了代國。前秦的輝煌沒有維持多久就在淝水之戰後土崩瓦解。三八六年初，拓跋珪重新聚攏力量重建國家，改國號為魏，自稱魏王。北魏王朝正式建立，拓跋珪就是北魏開國君主。之後，拓跋珪幾經鏖戰，將現在山西、河北大部分地區納入囊中。三九八年，拓跋珪定都平城，稱帝。經過拓跋鮮卑幾代人的經營，到拓跋燾時，北魏先後消滅了夏、北燕、北涼等割據勢力，基本統一了北方。南北對峙的局面正式形成。

　　北魏成為整個中國北方的王朝後，都城依然定在山西北部的平城。這裡是拓跋鮮卑祖宗耕耘之地，靠近本民族熟悉的草原。平城當地越來越滿足不了一個日益強大的帝國的都城的經濟需求，北魏王朝不得不定期從中原各地徵調物資和人口來支撐首都平城的正常運轉。各式各樣的政策法規從山西北部的山城平城發出，指揮著北方各地的政務和經濟運轉。鮮卑貴族們依然保持著勤奮好強的精神，政治也算清明，但北方各地的漢族起義越來越多。

　　坐江山不容易，守江山更難。作為從蒙古高原南下的遊牧民族，拓跋鮮卑的北魏遇到了政治發展的瓶頸。漢族人已經成為了王朝人口的多數，成為了王朝政治的根基，但鮮卑人顯然和他們缺乏溝通，也沒有得到他們的堅定支持。偏居平城的鮮卑貴族們深深明白守江山的艱難。他們想改變，但不知道改變從何開始。

　　西元四七一年，北魏皇帝拓跋弘將皇位禪讓給了五歲的兒子拓跋宏。

　　這原本是北魏王朝的一樁宮廷醜事，卻開啟了一場偉大改革的序幕。

　　北魏皇太后馮氏一直在幕後掌握政權，將拓跋弘置於虛君的位置。拓跋弘不滿，殺死了馮太后的情夫，想以此來打擊政敵。結果，馮太后強迫他退位，還將他軟禁起來。不久，拓跋弘就在軟禁地「暴亡」了。新即位的拓跋宏年幼無知，無法處理政事，朝中大事小事均由太皇太后馮氏執掌。馮氏雖然是鮮卑人的太后，卻出身漢族人家。她提拔了許多漢族人進入朝廷，對新皇帝拓跋宏也進行了正規的儒學教育。在政治上，馮太后並不因循守舊，而是大膽進行了改革。

　　當然了，馮太后改革的出發點是為了鞏固太后的權力，削弱潛在的政敵。要想打擊政敵，人事和吏治整頓往往是最好的突破口。馮太后就從整頓吏治入手，規定地方官只要治績突出，任滿一年就升遷一級；而治績不好的即使就任不久也要受到處罰。過去，拓跋鮮卑的賦稅制度混亂，地方上州郡縣各級官府爭相徵收租調。現在朝廷嚴令只能由縣級政權徵收，削弱州郡的財權。如此一來，朝廷（其實就是馮太后）對地方官的控制就加強了，地方反抗中央的資本也大為削弱了。馮太后的人事改革也有許多清明的地方。比如北魏一改鮮卑民族的掠奪本質，在朝廷執行俸祿制。鮮卑貴族原來是沒有「薪水」的，要用錢的時候就到地方財政上拿，或者向部下索取；現在馮太后申明任何官員在俸祿以外貪贓滿一匹絹布者，處死。考慮到許多官員都拖家帶口的，俸祿可能不夠，朝廷又規定地方官可以按官職高低領取一定數量的俸田，耕種收穫，補貼家用。俸田不准買賣，官員離職時要移交給下任。後來其他政權覺得「俸田制」不錯，紛紛效仿。馮太后也算是為中國政治史提供了一項原創制度。

　　有一項改革可能在馮太后心目並不是重點，卻對中國歷史產生了深遠的影響。那就是「均田制」。身為漢人的馮太后對農業結構的基本理

解是地主與雇農的結構。長期的戰亂造成了大批無地農民，也讓北魏朝廷掌握了大量無主的土地。朝廷於是頒布均田令，根據百姓家庭的不同情況，授予不同數量的國有土地。授田有露田、桑田之別。其中露田種植穀物，不准買賣，得田百姓七十歲時交還國家；桑田種植桑、榆、棗等，不須交還國家，允許百姓自由買賣。均田制的推行對於「不習農桑」的鮮卑經濟來說是一大進步。它的本質是國有經濟，以國家掌握的土地和人口為基礎。因此北魏又和地方豪強和宗主展開了對人口的爭奪。馮太后在國內推行鄰里黨的鄉官組織，抑制地方豪強蔭庇戶口。與均田制相應，朝廷調整了租調制，規定以一夫一婦為徵收單位，每年交納帛一匹、粟二石。均田制和租調制相結合產生的成功，以至於它日後飄洋過海，為日本等國所效仿。這些後事大大出乎了當初改革者的預料之外。

這些改革帶有突出的漢族色彩，都是以拓跋宏的名義頒布施行的。但是年幼的拓跋宏只是一個傀儡而已。他受到馮太后的嚴格教育和嚴密監視，終日戰戰兢兢，生怕惹怒太皇太后，招來被廢的厄運乃至殺身之禍。拓跋宏就是在大權旁落、擔驚受怕的環境中日益長大。如果說他有什麼突出之處，就是他成功地和馮太后處理好了關係，並且養成了沉穩老練的性格，深諳政治。而改革的倡議者和主持人馮太后雖然缺乏高尚的目標和響亮的口號，卻在南北朝歷史上刻上了深深的痕跡。

只是馮太后此人，精於權謀卻疏於政治，長於戰術卻短於策略。她僅僅揭開了一次偉大改革的幕角，沒有能力讓它成為一場輝煌的大戲。

西元四九〇年，馮太后終於死了。拓跋宏將老人家風光大葬，然後從權力舞臺的幕後走到了臺前。

年輕的拓跋宏接受的政治遺產非常複雜。祖母啟動的改革取得了一些成效，卻沒有解決帝國的深層次問題：北魏王朝與政治根基的漢族民族依然存在隔閡。中原各地零星的反對鮮卑的造反事件層出不窮。一道

道鎮壓的使命不斷從平城發往各地。拓跋宏對祖母的改革是持完全肯定態度的。這不僅僅出於對政策方針本身的認同，更是因為馮太后留下了一整套政治團隊。拓跋丕、穆泰、陸睿等馮太后的老臣把持著朝政，依然分割著皇權。拓跋宏透過對馮太后的高度尊崇，全面繼承祖母的政策來壓制這部分人的潛在政治威脅。

但是帶有漢族色彩的改革引起了鮮卑民族內部的不滿。鮮卑貴族在馬上得的天下，王朝建立後也始終保持著遊牧民族的本性。他們居住在祖宗經營多少代人的首都平城，自豪而且自信。他們感謝祖先留下的富貴生活，也願意為捍衛這樣的生活方式而奮鬥。馮太后透過自己的權威和高超的政治手腕推行了許多改革，這些內容卻絲毫沒有觸及鮮卑民族的精神層面。拓跋鮮卑依然保持著保守的面貌。當年酋長拓跋力微的兒子在晉朝當質子後返回晉北，用彈弓打鳥。這個很尋常的行為竟然引起了部落貴族的恐慌。因為在拓跋鮮卑的歷史上，弓都是用來發射箭，再用箭來射鳥的，從來沒有人用弓發射彈子。於是，惶恐的貴族們認為酋長兒子已經被南方漢族人的風俗習氣「汙染」了，擔心他日後繼承了大位後，會改變鮮卑舊俗，進而對部落貴族們不利。大家討論的結果是建議拓跋力微殺死兒子，再挑選本分樸實的人當繼承人。直到拓跋宏出生前的十幾年，北魏王朝還發生了一樁「文字獄」。漢族大臣崔浩在著作《國記》中忠實地記錄了拓跋鮮卑的早期歷史，並且刻在了石頭上。鮮卑貴族們認為崔浩是在「暴揚國惡」，竟將崔浩處死。這些保守的鮮卑貴族對已經開始的改革的不滿情緒是顯而易見的，現在「女強人」馮太后死了，這種情緒可能會尋找途徑爆發出來。

從小接受正規儒家教育的拓跋宏顯然不是舊式貴族的同路人。他認定只有繼續馮太后開啟的改革、仿效中原先進的政治文化，才能破解鮮卑族落後保守的面貌，才能突破王朝發展的瓶頸。

　　拓跋宏需要做的是尋找在舊貴族包圍中突圍而出的方法，一種既可以鞏固和擴大皇權又能夠推進改革的兩全其美的方法。拓跋宏想到了一個好方法：遷都。平城是拓跋鮮卑的老根據地，為北魏王朝的創建立下了汗馬功勞。這裡埋葬著本民族的列祖列宗。但且不說平城氣候惡劣、環境惡化、經濟薄弱，也不說平城遠離中原腹心地區，不利於王朝對中原地區的控制，就只說平城籠罩著的濃厚的遊牧民族氣息和保守的思想就讓拓跋宏接受不了。平城的氣氛與拓跋宏的思想不符，也不利於王朝的長遠發展。當時北方逐漸崛起的柔然不斷進犯北魏雲中地區，直接威脅到平城的安危。拓跋宏覺得如果再繼續和柔然這樣後期的遊牧民族糾纏下去，北魏朝廷就永遠擺脫不了遊牧民族這個圈子了。現在的北魏王朝已經不是遊牧王朝了，需要一次飛躍。那就遷都吧！

　　至於遷都到什麼地方呢？拓跋宏認為「國家興自北土，徙居平城，雖富有四海，文軌未一。此間用武之地，非可文治，移風易俗，信為甚難。崤函帝宅，河洛王裡，因茲大舉，光宅中原。」他計劃遷都到中原腹心的洛陽去。

　　洛陽是之前東周、曹魏和西晉王朝的首都，處於中原漢族人口和經濟的中心，具有深厚的漢民族政治文化智慧的累積。遷都洛陽，可以解決物資保障問題、接受漢族政治遺產的滋養、爭取漢族主體的支持。而平城的那些舊貴族們，就讓他們就和遊牧後輩柔然人去糾纏較量吧！拓跋宏認定自己為北魏王朝找到了一條正確的發展方向。

　　有學者從年輕的拓跋宏的心理出發，認為由於馮太后「臨朝專政，……太后多智略，猜忍，能行大事，生殺賞罰，決之俄頃，多不關高祖者。是以威福兼作，震動內外」，導致了拓跋宏和心理和現實上始終處在馮太后的政治壓迫之下。「平城諸多鮮卑元老重臣無時無刻不想把孝文帝（拓跋宏）控制在自己的掌心。而且，馮太后已經固有的政治業

績在平城已經達到顛峰，不可能再有更大更多的發展，孝文帝（拓跋宏）在平城很難施展抱負。」

太和十七年（西元四九三年），拓跋宏突然嚷嚷著要南伐宋朝，統一全國。

皇帝的行動很快，在明堂上當眾命令太常卿王諶親自去作龜卜，看看南伐是否吉利。

王諶是九卿之一的太常卿，本不應該由他親自去鑽烏龜殼做占卜。這些事情本應該讓下面的僕吏去做。拓跋宏下詔要王諶親自去做，頓時讓群臣感覺到了皇帝對南伐一事的重視。其實在詔書下達之前，拓跋宏就偷偷把王諶叫到一邊面授機宜了。沒多久，王諶就呈上來一個大利於出兵的「革」兆。商朝湯武當年伐夏前占卜就得到了一個「革」卦。

鮮卑人迷信占卜。拓跋宏見此，高興地宣布：「這是湯武革命，順天應人的吉卦。我們要擇日興兵，南伐宋朝。」群臣知道皇帝要來真的了。可討伐南方統一全國是大事，關係王朝興衰，不是倉促能夠準備好，更不能兒戲。但是占卜的結果又是有利於出兵的吉卦。大臣們一下子呆了，都低頭不敢說話。

任城王拓跋澄仗著自己是拓跋宏的叔叔，出來說：「易經說『革』是更改的意思。將欲應天順人，變革君臣的地位，所以湯武得到『革』卦是吉卦。但是陛下擁有天下，有好幾代了。現再占卜出征，只能說是『伐叛』，不能說是『革命』。因此，占卜得到『革』卦，並非君人之卦，並不吉利。」有幾個群臣見有人挑頭反對南伐，在拓跋澄話落，紛紛點頭表示同意。

拓跋宏厲聲反駁說：「象云『大人虎變』，何言不吉也！」拓跋澄也和侄子「槓」上了，說：「陛下龍興已久，怎麼能和虎變相提並論！」拓跋宏想不到遇到這麼大的阻力，氣得臉都變了顏色：「社稷是我的社稷，

任城王難道想破壞士氣，阻礙國家南伐嘛！」拓跋澄也不示弱：「社稷的確是陛下的社稷，但臣是社稷的臣子，既然參預政事以備皇上垂問，就不能不竭盡所能，暢所欲言。」拓跋宏早就下定了遷都洛陽的心思，現在提南伐只是找個藉口而已。想不到南伐剛提出來，就遭到了拓跋澄的堅決阻擊，心裡一下子就煩躁不安起來。拓跋宏畢竟是拓跋宏，很快就從不快情緒中解脫出來，意識到：「我和拓跋澄只是都將內心的想法表達出來而已。拓跋澄也不見得就是個老頑固。」拓跋澄反對南伐，是為國著想。既然為國著想，就不會反對遷都。當日退朝，皇帝車駕回宮後，拓跋宏就召見了拓跋澄。

拓跋澄還沒走上臺階，拓跋宏就遠遠地對他說：「我們再不談什麼革卦了，剛才在明堂之上，我是怕眾人爭相發言，阻我大計，所以屬色震懾群臣。我現在叫你來，是希望你能了解我的真意。」接著，他把名為南伐、實為遷都的計畫單獨告訴了拓跋澄：「今日之行，誠知不易。但國家興自北土，徙居平城，雖富有四海，文軌未一，此間用武之地，非可文治，移風易俗，信為甚難。崤函帝宅，河洛王裡，因茲大舉，光宅中原，任城意以為何如？」拓跋澄原本是擔心年輕的拓跋宏一時興起，衝動地討伐南宋傷害了國家元氣。現在他終於知道了拓跋宏深謀遠慮，為國家發展著想的真實意圖，立即表示支持：「伊洛中區，均天下所據，陛下制御華夏，輯平九服，蒼生聞此，應當大慶。」拓跋澄也認為洛陽地處中心，遷都洛陽有利於對全國加強統治，可以達到「制御華夏，輯平九服」的效果，是件大好事。

有了叔叔的支持，拓跋宏的心放寬了一些。但他還是心存擔憂：「北人戀本，突然聽到朝廷要遷都，不能不驚擾。」拓跋澄堅定地說：「遷都大事，本來就是非常之事，當非常人所知，只要陛下聖心獨斷，其他人亦何能為也。」拓跋宏受到鼓舞，高興地說：「如果遷都能成，任城王就

是我的張良啊。」

拓跋宏決心甩開群臣，開始「南伐」的準備。他先加封拓跋澄的官職，賦予重權，籌備「南伐」，自己和漢族出身的尚書李沖等人祕密部署。拓跋宏讓李沖負責選拔勇士南征，命令北魏全國戒嚴，軍隊總動員，正式宣布南伐，還命令與南朝接界的揚州、徐州徵發民夫，招募兵丁。夏末，拓跋宏拜觀了馮太后的永固陵後告別平城，率領大批大臣、將領和三十萬大軍浩浩蕩蕩往南去了。

地下的馮太后不知道，自己的孫子從此將她孤零零一個人留在了寒冷的晉北。

平城也想不到，這座城市從此再也沒能成為任何一個王朝的首都。

拓跋宏率領著大軍，風塵僕僕地趕到了南征途中的洛陽。

大軍到達洛陽前後，河南一帶陰雨連綿，讓長途跋涉、全副武裝的將士們苦不堪言。拓跋宏於是下令全軍在洛陽休息待命。

洛陽還下著雨，拓跋宏卻興致勃勃地帶著群臣冒雨參觀了城內殘存的漢家宮殿。洛陽在西晉末年的戰亂中失去了往日的恢宏景象，但是曹魏和西晉各代皇帝對這座城市的長期經營為它留下了眾多的遺蹟，滿目都是荒涼的殿址，一副斷坦殘壁、雜草叢生的景象。拓跋宏觸目生情，對左右大臣說：「西晉不修功德，致使宗廟社稷毀於一旦，宮殿荒廢至此，朕實在感到痛心。」說完，拓跋宏潸然淚下，情不自禁地吟誦起了《詩經·黍離》來：「彼黍離離，彼稷之苗。行邁靡靡，中心搖搖。知我者，謂我心憂。不知我者，謂我何求。」他熟知歷史，擔心北魏王朝也重蹈西晉的覆轍。連繫實際，他也深知其他王朝是在洛陽走到了末日，而北魏王朝只有留在洛陽才能遠離末日。

為了留在洛陽，拓跋宏披甲上馬，又要拔劍出城，下令全軍繼續南進。當時，連綿的秋雨已經下了一個月，河南地區道路泥濘，士兵前行

困難、士氣低落。隨行的大臣和將領們原本就對草率的南伐缺乏信心，剛剛在洛陽過了一段苦不堪言的日子，現在又遇到皇帝督促上路，紛紛出來勸阻拓跋宏。群臣攔著拓跋宏的馬，尚書李沖（他其實是個暗樁）指出此次南伐本來就沒有取得朝野的一致意見，現在皇上又緊緊催促進攻，懇請他收回成命。李沖的話得到了許多大臣的認同，但拓跋宏緊握韁繩，毅然決然地要繼續南伐。安定王拓跋休等人最後都哭著勸諫皇帝不要南伐了。拓跋宏這才裝出無可奈何的樣子，嚴肅地說：「此次朝廷興師動眾，如果半途而廢，豈不是貽笑大方。既然停止南伐，不如就將國都遷到洛陽。」大臣們聽了，面面相覷。皇帝同意停止南伐了，但是提出了遷都的新要求。誰都不敢搶先發表意見。拓跋宏緊接著說：「諸位不要猶豫了。同意遷都的站到左邊，不同意的站在右邊。」在內心裡，多數文武官員是不贊成遷都的。但是眼前的雨水和危險的南伐是最緊迫的問題，遷都可以停止南伐，因此多數官員只好表示擁護遷都，往左邊站了。安定王拓跋休等少數人站到了右邊，反對遷都。少數服從多數，南安王拓跋楨代表多數大臣說：「今陛下苟輟南伐之謀，遷都洛邑。此臣等之願，蒼生之幸也！」

拓跋宏成功的演技環環相扣，到現在算是取得了階段性的成績。

洛陽城殘破，拓跋宏就先駐蹕在西北角的金墉城。

遷都一事在程序上確定後，拓跋宏向拓跋澄下了一道詔書：「遷移之旨，必須訪眾。當遣任城馳驛向代，問彼百司，論擇可否。」末了，他還意味深長地說：「近日論『革』，今真所謂革也，王其勉之。」在拓跋宏的心中，所謂的「革」卦完全應驗在了遷都洛陽這件事情上。它完全可以和商湯伐夏相提並論。

拓跋澄回到平城後，宣布了遷都的決定。留守平城的文武大臣聞言無不驚駭失色。他們一點心理準備都沒有。好在拓跋澄援引今古，耐心

地一個一個人說服，才沒有在平城引發出大騷亂來。貴族大臣們雖然不願意遷都，但一下子呆在那裡，不知道怎麼辦了。

第二年（太和十八年，西元四九四年）年初，拓跋宏親自回平城安排遷都事宜。他在太極殿正式宣布遷都。留守平城的鮮卑元勛顯貴藉機向拓跋宏發難，反對遷都，掀起了一場激烈的辯論：

燕州刺史穆熊搶先發問：「國家北有柔然的危險，南有南齊政權沒有臣服，西有吐谷渾的騷擾，東有高句麗的隱患，四方不定，尚待統一。在這個時候遷都，時機不對。況且征討四方，需要大量戎馬，平城有馬而洛陽沒有馬，遷都怎能取勝呢？」拓跋宏反駁說：「北方出產馬匹，朝廷只要在北方設立牧場，何必擔心無馬？平城在恆山之北，九州之外，非帝王之都，所以要遷都中原。」尚書于果又反對說：「臣也承認代地（平城屬於代地）比不過伊洛（洛陽在此地），但本朝自先帝以來世代久居平城，百姓已經在此安居樂業。一旦南遷，眾人未必樂意。」宗室拓跋丕最後反對說：「去年，陛下親率六軍南征，到了洛陽後派任城王回平城宣旨，命臣等討論遷都大計。臣等初奉恩旨，心中惶惑。遷都大事，應當訊問卜筮，審定是否大吉，然後定奪。」拓跋宏耐心地回答道：「我們對事情沒有把握的時候才去占卜，現在我們非常清楚對錯，為什麼還要去占卜呢？帝王以四海為家，或南或北，哪能困居在一個地方！我們的遠祖們世代居住在塞外的荒漠，平文皇帝開始南下草原，昭成皇帝營建盛樂新城，道武皇帝才遷都平城，朕為什麼就不能遷都洛陽呢？」至此，拓跋宏從細節、心理和理論上全盤駁斥了反對遷都的言論。保守大臣們爭辯不過，啞口無言。有的人乾脆痛哭流涕，表示誓死不離開平城。拓跋宏強行下詔遷都洛陽。平城的國家機構南遷的事情算是定了下來。

拓跋宏於是祭拜太廟，告訴列祖列宗後代要遷都河南的事情，再把

祖廟的神主牌位遷往洛陽。平城的王宮大臣及後宮都遷往洛陽，許多百姓也扶老攜幼開始前往洛陽。整個遷都行動直到第二年的下半年才大致完成。

浩大的北魏遷都工作從謀劃到最終完成一共持續了三年之久。

遷都洛陽為拓跋宏大刀闊斧地深入改革提供了契機。

與祖母馮太后一樣，拓跋宏的深入改革也是先從政府人事開始的。

拓跋宏到洛陽不久，南方的大士族王肅從江南逃奔北方，來到鄴城。王肅是東晉大丞相王導的後代，博學多通，才華出眾。他尤其精通政治，給北方王朝帶來了完備的漢族政治思想和制度。拓跋宏聽說王肅在鄴城，親自召見。王肅辭義敏捷，對答如流，態度不卑不亢，對國家大事和發展引經據典，侃侃而談，非常切合拓跋宏的思路。拓跋宏細心地與王肅交談多日，有時談至深夜也不覺得疲憊。拓跋宏向漢族靠攏的政治和社會改革，正需要王肅這樣的人才。拓跋宏放心地對王肅委以重任，親切地呼他為「王生」。之後北魏王朝的禮樂改革，移風易俗和制度制定，多數是由王肅主持的。在改革的旗幟下，大量有真才實學的漢人得到了重用。而對於反對改革或者思想保守的貴族大臣，拓跋宏透過人事調整，逐步清理出了政治核心。拓跋宏任命反對遷都的馮太后親信拓跋丕留守平城，實際上剝奪了他的實權；又把原本顯赫的陸睿由鎮北大將軍調整為尚書令、定州刺史。

政治上的改革相對簡單，社會改革的難度要大得多。遷都洛陽後，大批鮮卑人南下中原，來到漢族核心地區。這些鮮卑人編髮左衽，男子穿袴褶，女子穿夾領小袖，與漢族人顯得格格不入。多數的鮮卑人不會說漢語，就是在朝堂之上，鮮卑族和漢族的官員之間也不能直接交流。為此，朝廷和社會上都出現了專門針對鮮卑人的漢語翻譯。習俗與語言的衝突還是其次的，最大的問題是大量鮮卑人來到洛陽地區，居無定

所，又不擅農業，缺乏糧食。許多人南遷後生活困難。在各式各樣的問題面前，南遷的鮮卑人難免人心戀舊，對遷都頗有微詞。

拓跋宏很快就將改革觸角延伸到了社會風俗和思想領域。他下令官民禁穿胡服，服裝一律依漢制。此令一出，引起了鮮卑人的巨大反彈。對於一個民族來說，政治雖然是上層建設，但畢竟不是一個民族內在的特徵。而服裝以及語言、風俗等是與民族心理緊密相連，是各民族相互認同和區別的主要特徵。接到命令的多數鮮卑人都沒有執行改換服裝，依然我行我素。留守平城的太傅拓跋丕就公然拒絕換裝。

太和十九年（西元二四五年）三月十九日，太師 —— 京兆公馮熙 —— 在平城病故。馮熙是馮太后的哥哥，又是拓跋宏的岳父，按禮拓跋宏要參加他的葬禮。於是拓跋丕聯合陸睿等人上書，請求拓跋宏回平城參加馮熙的葬禮。當時，朝廷剛剛搬遷到洛陽，百廢待興，如果皇帝公開返回平城參加葬禮，無疑給反對遷都的人增加了「口實」，也從側面表現了遷都帶來的不便。拓跋宏一眼就看出了拓跋丕等人的心思，斥責他們「陷君不義」，下詔將拓跋丕降為并州刺史，調離平城，其他官員相應降職處理。至於馮熙的葬禮，拓跋宏下令將他的靈柩迎至洛陽安葬。

不久，拓跋宏的一個堂兄在洛陽病故了，產生了一個新的問題。拓跋宏的堂嫂子早死，已經葬在平城，那麼這位堂兄是否要葬回平城呢？按禮說，拓跋宏應該讓人家夫妻團聚，但拓跋宏卻藉機規定從平城地區遷移到洛陽的人死後全部葬在洛陽城北的邙山；如果丈夫已死而且葬在代地的，妻子死後可以歸葬；如果妻子已死而且葬在代地的，丈夫死在洛陽後不准回代地與妻子合葬。拓跋宏還乾脆將所有南遷官民的籍貫都改為河南洛陽。類似的改革很多，比如讓鮮卑人學習漢語。拓跋宏首先在朝堂上做起，規定三十歲以下的官員在朝堂上不講漢語的，一律免官；三十歲以上的官員不強求，但也要慢慢學；又比如下令鮮卑人將複姓改

為音近的單音漢姓。拓跋宏率先將皇族拓跋氏改為元氏，因此拓跋宏就改名叫做元宏。相應的，獨孤氏改為劉氏，步大孤氏改為陸氏。

　　語言和姓氏等是一個民族的鮮明特徵，在一個民族的心理有著根深蒂固的影響力。拓跋宏要求在短時間內告別以往的民族特徵，盡量磨平民族差異，遭到了強大的阻力。整場改革行動更多的是依靠拓跋宏的皇帝權威去強力推行。一次，拓跋宏出去巡視的時候看到許多鮮卑婦女還穿著胡服，回來後就責備相關官員沒有落實改革措施，進行了處罰。為了讓皇族發揮表率作用，拓跋宏下令北方四個世家大族的代表人物（范陽盧敏、清河崔宗伯、滎陽鄭羲、太原王瓊）將女兒送進後宮。尚書李沖出身隴西大族，與各個高門大族聯姻，與漢族大家的關係錯綜複雜。拓跋宏就娶了他的女兒為妃。拓跋宏的六個弟弟已經娶妻，也在哥哥的要求下再婚，分別與隴西李氏、范陽盧氏、滎陽鄭氏和代郡穆氏聯姻。

　　遷都和漢化改革，是拓跋宏眼中的國家正確發展道路。為此，他不顧反對，不近人情而又孤獨地前行著。

　　不客氣的說，拓跋宏的改革是對鮮卑族政治和文化的全面否定。

　　這樣的改革必然遭到本民族保守勢力的反對。拓跋宏推行的力度越大，意願越堅決，反對派設置的阻力也就越大。

　　拓跋宏對改革反對勢力的態度只有一個：強力鎮壓。

　　拓跋宏很早就立了長子元恂為皇太子。太和十七年（西元四九三年），拓跋宏動身去洛陽「南伐」前夕立十二歲的元恂為太子。之後，元恂跟隨父親來到了洛陽。拓跋宏出外征巡時，元恂都留守都城，主執廟祀。起初，拓跋宏父子的關係正常和睦。

　　元恂年紀輕輕，卻長得很胖。一到夏天，元恂就渾身流汗，很不舒服。遷都到洛陽後，元恂對河南相對悶熱的氣候很不適應，老是想念平城的涼爽氣候。對於一個十多歲的孩子來說，他的這種思想是純真的，

不帶任何政治因素的。

西元四九六年，拓跋宏巡幸嵩山，留元恂在洛陽主持政務。

出巡途中，拓跋宏接到了皇后的緊急報告，說元恂要逃回平城去，還親手殺死了苦苦勸他留在洛陽的中庶子高道悅。領軍元儼為了防止變亂，趕緊關閉宮門，才阻止了太子的出逃。接到報告的拓跋宏馬上中止了出巡，匆匆返回洛陽。

經過初步審訊，元恂出逃的經過非常清楚，自己也供認不諱。因此元恂被捕入獄。拓跋宏將兒子的出逃上升到了政治事故的高度。這也難怪，拓跋宏長期在改革和反改革的漩渦之中掙扎鬥爭。他獨自推動改革的車輪向前進，每一個進步都要付出巨大的努力。拓跋宏感到累了。元恂逃到哪裡避暑不好，偏偏要選擇平城。平城是拓跋宏要捨棄的鮮卑民族落後保守的象徵。元恂要逃回平城，難道不是公開和自己唱對臺戲，反對改革嗎？這樣的太子還怎麼能託付大任？

拓跋宏迅速廢黜了元恂的太子位，當眾斥罵他的罪過，還親自杖責兒子。後來打累了，又令咸陽王元禧等人替他杖責了元恂百餘下。元恂還是一個十五歲的孩子，一頓打下來，遍體鱗傷，足足一個月趴在床上難以動身。拓跋宏還惡狠狠地說：「此小兒今日不滅，乃是國家之大禍。」之後，廢太子元恂被軟禁在河陽，由兵丁看守，每日只靠粗食過活。

殘酷的政治鬥爭讓拓跋宏喪失了正常的父子親情。

真正反對遷都和改革的代表人物是元丕、穆泰、陸睿等人。

穆泰出身鮮卑貴族世家。祖父穆崇對拓跋珪有救命之恩，任太尉，封安邑公；父親穆真是馮太后的姐夫。穆泰本人又娶了章武長公主，既是功臣之後，又是皇親國戚，先後擔任尚書右僕射、定州刺史、征北將軍等職。穆泰對拓跋宏還有「救命之恩」。最初的時候，大權獨攬的馮太

后曾將拓跋宏幽禁，計劃廢黜。穆泰勸諫馮太后不要隨意廢立皇帝，保全了拓跋宏的皇位。拓跋宏親政後，對穆泰很感激。君臣兩人關係一度非常親近。但是拓跋宏推動遷都和漢化改革後，穆泰毅然站在了反對立場上——因為他畢竟是一個頑固的老貴族。

太子元恂要逃回平城的那個夏天，穆泰正在定州刺史的任上。穆泰對逐漸深入的改革難以接受，藉口不適應定州的氣候奏請轉任恆州（治所就是平城）刺史。當時的恆州刺史是思想同樣保守的陸睿。拓跋宏於是決定讓穆泰、陸睿二人對調一下職位。

穆泰在回平城的路上，不滿和失落的情緒讓他做出了割據平城叛亂的決定。等他到恆州時，陸睿還未起程。穆泰就煽動陸睿共同起兵。兩人一拍即合，並聯絡了安樂侯元隆，撫冥鎮將、魯郡侯元業，驍騎將軍元超，陽平侯賀頭，射聲校尉元樂平，前彭城鎮將元拔，代郡太守元珍，鎮北將軍、樂陵王元思譽等人參與。（其中元隆、元超、元業三人是元丕的兒子。）這簡直是一次保守勢力的大集合，大檢閱。他們祕密推舉朔州刺史、陽平王元頤為新君主，要與拓跋宏分庭抗禮。

元頤本人對起事缺乏信心。這邊來推舉他的人剛走，他就派人快馬向拓跋宏告密。拓跋宏迅速派任城王元澄率領大軍討伐。元澄先派治書侍御李煥潛入平城了解情況。李煥在平城展開了成功的攻心統戰工作，各個擊破叛亂分子，很快瓦解了叛軍的士氣。穆泰自度必敗，一不做二不休，親自帶上百多號人圍攻李煥的住處。結果沒有打下來，穆泰只好單槍匹馬逃跑，被擒。元澄的大軍迅速進城，將叛亂分子一一抓獲。

事後，拓跋宏御駕親臨平城，審問罪犯，穆泰等多人被斬首。陸睿是老臣。馮太后曾賜他鐵券金書，答應許他不死。拓跋宏沒有將陸睿斬首，而是賜死。平城發生兵變時，元丕已經八十歲了，並不在城內，更沒有參與兵變。但他的兒子曾將密謀告訴過父親，元丕沒有發表意見。

事後，元丕被認為「心頗然之」，應該連坐受死。但拓跋宏念他在馮太后當年要廢黜自己時曾和穆泰一起固諫，加上元丕也有免死詔書，因此只是被削爵為民。樂陵王元思譽、穆熊等也被削爵為民。

平城的未遂兵變，讓拓跋宏沉重打擊了反對勢力，也讓他加深了對反對勢力的警惕和仇視。

平城的兵變平息後不到四個月，拓跋宏下達了對廢太子元恂的處決令。

廢太子元恂在河陽每日忍饑挨餓，對自己的行為很後悔。他每天的行動主要是禮佛誦經，還經常書寫學佛心得。太和二十一年（西元四九七年）四月，中尉李彪告發元恂與左右侍從謀逆。拓跋宏隨即派中書侍郎邢巒與咸陽王元禧用「椒酒」賜死元恂。

元恂死後，粗棺常服，被葬於河陽城。

元恂死後的第二年，御史臺令龍文觀違法當死。可能是為了開脫自己，龍文觀在審訊的事後交待了許多問題。他曾經接觸過廢太子元恂，說元恂被拘押時，寫了很多書信。龍文觀不知道元恂所寫內容，供認中尉李彪和侍御史賈尚很清楚。為了查明此事，廷尉收審賈尚。當時李彪已免官回歸老家，廷尉奏請拓跋宏將李彪收赴洛陽。拓跋宏非但不准、赦免了李彪，還指示龍文觀交代的這條線索「到此為止」，不再追查。賈尚隨即被無罪釋放，回家後就得了「暴病」，沒幾天就死了。

這是一件令人疑惑重重的無頭案。元恂到底寫了些什麼內容？拓跋宏為什麼不讓追查下去？拓跋宏明顯偏袒李彪，而對元恂的死漠不關心。最大的可能性是元恂寫了一些對李彪不利的文字，導致了後者的誣告。而拓跋宏剛剛經過平城兵變的「考驗」，多疑煩躁。他本來就對廢太子不放心，剛好利用李彪的誣告置兒子於死地。事後，拓跋宏也知道其中有貓膩，但他的維權的目的已經達到了。

元恂的鮮血是無辜的，是一場孤獨而又艱難的改革的犧牲品。

從某種意義上來說，拓跋宏才是北魏王朝的開國君主。

北魏王朝出自代國，不是拓跋宏創造的。但拓跋宏賦予了它成其為一個王朝的基本內容：政治、文化和廣泛的認同。拓跋宏的先輩們利用西晉末年的亂世建立了割據政權。像它這樣的少數民族政權在五胡亂華時期很多，多到隨起隨滅、不可確數的地步。儘管北魏實力稍強，但也沒有真正得到中原百姓的認同。而拓跋宏實現了北魏從一個北方蠻夷政權到全國政權的飛躍。他的遷都和改革讓北魏融入了中原。

南朝陳慶之出使北魏後曾向南方人感嘆說：「自晉、宋以來，號洛陽為荒土，此中謂長江以北，盡是夷狄。昨至洛陽，始知衣冠士族，並在中原。禮儀富盛，人物殷阜，目所不識，口不能傳。」可見在南方人的心目中，北魏也不再是割據的蠻夷政權了。

這要歸功於拓跋宏。他領導了中國歷史上漢化程度最深的改革。正因為程度之深，導致了民族內部的強烈反對。「在拓跋宏之前，十六國的君主中也不乏漢化程度很深者，如漢的劉聰、劉曜，前燕的慕容伽鬼、慕容光，前秦的苻堅，後燕的慕容垂等，他們本人都有很高的漢文化素養，但都沒有能夠解開本民族的情結，打破民族間界線，不得不實行民族之間、文化之間的雙重標準。相比之下，拓跋宏的高明之處是不言而喻的。正因為如此，拓跋宏儘管犧牲了自己兒子，不得不殺了一批企圖叛亂的宗室重臣，但付出的代價並不是很大，他的改革取得了影響深遠的成功。」

改革成功後的拓跋宏以天下共主自居，不斷發動對南朝的征伐。西元四九九年四月二十六日，拓跋宏逝世於南征途中，年僅三十三歲。歷史上稱他為孝文帝，他領導的這場改革被稱為「孝文帝改革」。孝文帝改革真正奠定了北魏王朝的統治根基。

第四章　元：為疏忽付出代價

　　蒙古民族對自身的文化特別自信。他們建立的元朝與鮮卑人的北魏不同，與女真人的金朝不同，與滿族人的清朝也不同。元朝拒絕漢化，蜻蜓點水般地採用了漢族的若干表象，也不像清朝那樣大搞文字獄，模糊民族界限。元朝說：我就是異族王朝，我就不漢化，我就不關注儒家文化，又能把我怎麼樣？結果，一個取得精美絕倫軍事輝煌的王朝入主中原不到百年就土崩瓦解了。

　　十二世紀，有一支鐵騎橫掃了蒙古高原、黃河流域、中亞、波斯高原、阿拉伯帝國、俄羅斯，縱橫東歐，飲馬多瑙河和尼羅河。它就是蒙古騎兵。

　　幾百年來，人們一直在討論在數量和裝備上都處於劣勢的蒙古人是如何攻城略地，縱橫歐亞大陸數千里的。探究蒙古的軍事輝煌是認識這個民族、認識他們建立的元王朝的一個窗口。

　　中世紀西方的軍隊以重裝備和嚴密的組織聞名於世。步兵盾陣和重裝騎兵的隊形極其嚴密、方陣極其雄壯。步、騎、弓箭、投槍諸兵種密切協同的軍隊甲冑鮮明。騎士們身著厚厚的鎖子甲，只露出一雙鳳眼，以抵擋刀槍和弓箭的殺傷；手握長槍和長劍，聚攏在一起，在嘹亮的號角聲中一齊平舉長矛，以嚴整的方陣猛撲向前。《魔戒》等西方大片中長矛如林、盔甲耀天的軍隊就是這樣的軍隊。與西方軍陣相比，蒙古鐵騎絲毫不像正規軍。他們騎著沒有任何裝甲的矮小的蒙古馬，柔軟的絲綢內衣外套著簡單的牛皮，只攜帶簡單的弓箭、短斧或單勾槍，有些甚至揮舞著簡陋的木棍。只有少數幾人穿戴著鎧甲，行進在蒙古騎兵的前面，沒有耀眼的旗幟，也沒有嘹亮的號角。

　　戰鬥開始的時候，西方軍陣緩慢而有力地向前推進。一旁有指揮官大聲提醒將士們在行進中保持嚴整的隊列。隊列始終被西方軍事界視為部隊的生命所在。軍陣後方有弓弩手和標槍手開始放箭、投擲標槍。而蒙古軍隊發射的弓箭在方陣的重甲上乒乓作響，對西方騎兵毫無殺傷。輕快的蒙古騎兵也知道西方軍陣的厲害，始終避免和軍陣的正面遭遇，只是分化為五人左右的橫隊，在極為寬廣的正面不斷騷擾敵人的進攻。在西方人看來，大批的蒙古遊騎在四處作毫無意義的運動。騎兵方陣繼續推進，損傷極小，只是一波又一波的猛烈衝擊不斷降慢了方陣的前進速度。四周的蒙古騎兵越來越多，騷擾越來越密。騎士們越來越難以保持協調，有些方陣開始出現隊列分錯的痕跡。突然，四周的蒙古騎兵呼嘯起來，瘋狂地向方陣突擊。

　　決戰突發而至，蒙古人一般都傾巢出動，連護衛王族的怯薛軍團也不例外，騎兵手執近戰武器「穿鑿而入，砍將奪旗」。過於講究隊形和正面的殺傷力與防護力幾乎限制死了西方騎兵的戰術機動能力。蒙古人避開方陣四周的矛陣，用強弓射殺馬匹，用短斧砍劈和勾槍拖人下馬。一個又一個騎兵方陣出現了缺口，開始潰退，就好像一頭頭大象陷入了狼群的圍攻。笨重的騎兵摔倒在地上，動彈不得，被長矛扎死，被馬匹踐踏而死……頃刻間，勝負易位，蒙古人取得了絕對勝利！直到殺死除了戰友之外的所有在場者，蒙古人才撤出戰場。沒有倖存者，沒有人知道蒙古人的真正實力，只有恐怖的傳說伴隨著一條條淌滿鮮血的河流擴散到西方。

　　歷史上，蒙古帝國對外征戰的總兵力從未超過二十萬，直接用於單個戰役的兵力從未超過十萬，卻打敗了三四百萬軍隊，消滅了數以十計、歷史悠久的敵國。機動性是蒙古人獲勝的法寶。長途突襲、迂迴作戰、集中主力等戰術開始出現於軍事學界。蒙古騎兵往往攜帶一面皮製

盾牌、一支長矛、數囊羽箭就去闖蕩天涯。他們每人牽引著三四匹耐力極強的蒙古馬，隨時更換，以保持一天數百里的行軍速度；餓了就喝馬奶，或者殺掠附近的居民點。蒙古軍隊鄙視防禦戰，極少攻城。蒙古鐵騎對固守的據點呼嘯而過，將攻城的任務交給配備滑輪絞車、毒箭和火炮的受蒙古奴役的其他軍隊。這些蒙古勇士從三四歲始就被交給專門的軍事教練，接受嚴格的騎馬射箭訓練，是世界上資質、紀律最高的職業軍人；軍隊只按十進位制簡單組建，即十人隊、百人隊、千人隊和萬人隊；千人隊以下將領由下屬軍官士兵選舉產生，官兵之間的指揮只用簡單的小旗或響箭。指揮官被賦予了寬泛的自主權，不受繁瑣的指揮。西元一二二四年，蒙古名將哲別和速不台領軍兩萬遊蕩在南俄草原偵察。他們主動捕捉戰機，在哈爾卡河全殲了基輔大公米基斯拉夫的八萬大軍！

蒙古騎兵的機動戰術和軍事思想是陳腐、笨重的西亞和歐洲軍隊的剋星。與其說蒙古鐵騎的輝煌是將士勇猛奮戰的結果，還不如說它是蒙古人軍事思想的成功。

蒙古人的機動軍事思想是從本民族的生存環境中總結和提煉出來的。

蒙古民族起源於寒冷的大興安嶺北段，居望建河（今額爾古納河）之東，是惡劣之地的遊牧民族。他們以畜牧為生，逐水草遷徙，居無定所，在極其惡劣的自然環境中，用最原始的方式求生存。惡劣的環境造就了蒙古人高大魁梧的身材，也讓他們和嚴密的組織、笨重的裝備顯得格格不入。他們所追求的是那些能讓他們在最短的時間內獲取食物和勝利的本領。唐代末年，蒙古民族逐漸遷移到斡難河（今蒙古鄂楞河）上游不兒罕山（今蒙古肯特山）地區，開始出現在歷史典籍之中。

飽漢不知餓漢饑的心理，生活安定富足、文化發展較早的亞洲和歐洲民族是不會明白在饑寒交迫中遲遲登上歷史舞臺的蒙古人的心理的。

這就像李小龍的「截拳道」剛出現時的情況類似。當時人們似乎已經將招式完備的傳統武術等同於健身防身之術了，而李小龍的出現告訴人們實現戰鬥的目的是最重要的，招式並不重要。截拳道也認為速度和打擊的力度才是最重要的。蒙古人也從艱難困苦的環境了解到了速度和力度是克敵制勝的法寶。

眾多的蒙古部落中有一支後來成為了元朝的祖先。在這些先民中，有一個叫做阿蘭果火的女子，嫁給了脫奔咩哩犍為妻。丈夫死後，阿蘭成為寡婦。一天夜裡，她在帳中睡覺，夢見天窗中射入一道白光。白光落地後化為一個金色神人，向阿蘭的臥榻走來。阿蘭從夢中驚醒，驚奇地發現自己竟然有了身孕，隨即產下一個兒子。她為兒子取名為孛端義兒。寡婦突然生子，而且生下來的這個孛端義兒狀貌奇異，自然產生了許多風言風語。孛端義兒終日沉默寡言，更被家人看作是智商不正常的弱智。只有母親阿蘭果火對別人說：「我的兒子並不是白痴，他的後世子孫肯定會大富大貴的。」

但當祖護自己的阿蘭果火死後，孛端義兒的日子就很難過了。家人分財產，自然沒有給孛端義兒留下一份。少年孛端義兒毅然獨自乘著匹青白馬，離家闖蕩。孛端義兒來到一個叫做八里屯阿懶的地方住了下來。他的生活情況很糟糕。《元史》說他當時是「食飲無所得」，也就是吃了上頓沒有下頓的意思。一天，孛端義兒看到蒼鷹從天下俯衝下來抓捕野獸，艱難而又勇猛地求生存。孛端義兒靈機一動，造了機關抓了老鷹，再馴化老鷹替自己抓野獸。老鷹被馴化後，經常停在孛端義兒的臂上。孛端義兒稱它為「臂鷹」，用來抓兔禽作為膳食，生活雖然艱苦但也其樂融融。

幾個月後，一個有數十家人口的部落逐水草而動，來到了當地。孛端義兒就造了茅屋和他們結伴而居。雙方相互資助，孛端義兒的生活條

件大為改觀。一日，他二哥（他母親阿蘭果火和丈夫生的）可能良心發現，要召喚弟弟回家，說弟弟你回家吧，回家凍不著餓不著。孛端義兒跟著哥哥回家了，中途停住了腳步，對哥哥說：「統急裡忽魯的部落無所附屬，如果帶兵相向，完全可以征服他們。」二哥很支持孛端義兒的計畫，回家招募了壯士，交給孛端義兒。孛端義兒率領這些壯士，成功征服了那個小部落，自立門戶。

孛端義兒成為了這個新部落的始祖。若干年後，成吉思汗就出生在這個小部落中。他是孛端義兒的十世孫。

成吉思汗，姓勃兒只斤，原名鐵木真。西元一一六二年，部落的首領也速該之前征伐塔塔兒部，俘獲了塔塔爾部的酋長鐵木真。得勝歸來的也速該看到了新生的兒子，就為他取名鐵木真來紀念勝利。

鐵木真出生的時候，所在的部落還是個小部落，在各部紛爭不斷的蒙古高原上毫不起眼，處境岌岌可危。鐵木真年紀很小的時候父親就在部落爭鬥中死了，部眾四散而逃。在蒙古人看來，生存是第一位的。首領死了，首領的兒子還是個兒童，在弱肉強食的環境中，在生存與死亡之間，部眾不需要什麼道德判斷和心理準備就做出了自然的選擇。這也提前教給了鐵木真草原上永恆而殘酷的鐵律。在部落四散之後，其他部落看鐵木真勢弱，還合謀來欺負他們少兒寡母。鐵木真過早地在鐵和血的風口浪尖上求生存。他做過俘虜、逃過難，吃過老鼠喝過雪。一次，敵人對他說：「事勢至今日，必不可已，唯有竭力戰鬥。我勝則並彼，彼勝則並我耳。多言何為？」敵人的話讓他明白了什麼才是草原的生存方式。為了求生存不能光靠蠻力，也要靠頭腦。鐵木真的聰明之處就在於他懂得，要想使對方歸順自己，武力不是最好的方式也不是唯一的方式。他提出了「以戰止殺」的口號，提出戰爭只是手段，制止殺戮統一蒙古各部才是目的。這是鐵木真招降納附的法寶，也是他與其他部落貴

族相區別之處。鐵木真的部落不僅靠越來越強大的軍事力量吞併其他部落，還將鐵木真的法律和制度推廣到自己征服的地方。在諸部爭戰中，來自乞顏部的鐵木真勢力逐漸壯大，完成了蒙古高原的統一。西元一二○六年，蒙古各部奉鐵木真為大汗，尊號成吉思汗，意思是所有蒙古人的大汗。

　　長期征戰的成功，也讓成吉思汗對本民族的戰力和制度產生了極強的自信心。

　　女真民族建立的金朝長期奴役蒙古。一次，金國使者來向鐵木真下詔書。鐵木真問使者：「新君為誰？」使者回答：「是衛王。」鐵木真聽了，吐了口唾沫說：「我還以為中原皇帝是天上人才能做的，想不到衛王那樣的庸懦之輩都作了皇帝！我為什麼要拜他！」說完，鐵木真就乘馬而去。中原皇帝在鐵木真眼中都是個不入流的角色。我們可以看出他心中那份對自身能力的自信和對本民族尊嚴、文化的捍衛。鐵木真乾脆直接與金朝絕交，很早就領兵南伐進攻金朝了。

　　如果說蒙古各部的成功統一賦予了成吉思汗和他的民族強烈的自信心，那麼接下來令人眩目的征伐勝利則讓這種自信變成了自負。

　　當整個蒙古都統一了以後，蒙古民族的下一步該怎麼辦呢？幾百年血液裡傳承和積澱下來的那股血性澎湃翻滾發揮了關鍵作用。可以讓一般人滿意的勝利在成吉思汗家族面前只是無數次勝利中極其平凡的一次。蒙古貴族和整個民族已經習慣了在惡劣環境中狩獵的生活，不可能安心停留下來耕耘草原 —— 草原也不適合安定的農耕生活。

　　成吉思汗在建國以後就向鄰境發動了掠奪戰爭。

　　蒙古統一前後，蒙古大軍就三次攻入西夏，迫使西夏稱臣納貢，之後全力攻金，引起了整個中國政局的震動。從西元一二一一年春到一二二九年，成吉思汗在金朝疆域內縱橫馳騁，一會進圍中都（北京），

一會奇兵襲取東京（遼陽），「調動」金朝各路軍隊東奔西跑。女真大軍的主力和士氣都被耗費掉了，金朝的兩河、山東的大部分地區都落入了蒙古手中。西夏和金朝之所以沒有被馬上消滅，是因為成吉思汗從一二一九年開始大規模西征，已經不再把西夏和金朝當作主要對手了。一二二六年回國後，成吉思汗在當年秋天發動了對西夏的最後戰爭。蒙古大軍連下甘州（今甘肅張掖）、涼州（今甘肅武威）、肅州（今甘肅酒泉），並在靈州（今甘肅靈武）消滅西夏主力。西夏首都中興府成為了蒙古軍的囊中之物。一二二六年七月，在西夏國主投降前，成吉思汗病死於六盤山南麓的清水縣，死在了征戰軍中。蒙古人祕不發喪，等西夏國主投降後，才公布了大汗的死訊。

成吉思汗臨終之時仍然不忘國家的征戰偉業。他對當時的局勢有清醒的認知：「金精兵在潼關，南據連山，北限大河，難以遽破。若假道於宋，宋、金世仇，必能許我，則下兵唐、鄧，直搗大梁。金急，必徵兵潼關。然以數萬之眾，千里赴援，人馬疲弊，雖至弗能戰，破之必矣。」成吉思汗死前，還給後代留下了「繞開金朝重兵把守的潼關，借道南宋，直搗開封」的計畫。成吉思汗在位二十二年，深沉遠略，用兵如神，滅國四十，雖然死了，但他的英雄氣魄和那一份自信自豪卻被後世延續。

成吉思汗及其繼承者們以驃悍的武功征服了歐亞地區，以疾風驟雨的形式確立了以蒙古為中心橫跨歐亞大陸的龐大帝國。

西元一二一九年，西域強國花剌子模襲殺蒙古商隊及使者。蒙古鐵騎遠征的第一個拳頭就落到了這個臃腫虛弱的帝國身上。成吉思汗親率二十萬大軍西征，蒙軍長驅直入中亞。不到一年時間，花剌子模都城撒馬爾罕淪陷。成吉思汗揮軍追擊花剌子模殘部，深入印度河流域。另一部蒙古軍隊窮追花剌子模王室，西越高加索，於一二二三年大敗欽察和

俄羅斯的聯軍，深入俄羅斯腹地。同年在迦勒迦河與突厥和俄羅斯聯軍決戰，大敗之，將俄羅斯諸王公殺戮殆盡後班師凱旋。

當中亞和俄羅斯的戰況傳到歐洲的時候，並沒有引起後者太大的注意。蒙古人的輕騎突進戰術並不是他們首創的。羅馬共和國鼎盛時期，執政官克拉蘇率領四萬大軍征伐波斯，結果在卡萊戰役中全軍覆滅，他的對手就是使用輕騎兵戰術的波斯帕提亞帝國。同樣使用輕騎兵戰術的草原民族匈奴幾乎征服了整個歐洲。歐洲各國一直缺乏對遊牧戰術的了解。傲慢與疏忽使歐洲人付出了慘重的代價。

西元一二三四年，繼承成吉思汗地位的元太宗窩闊臺又帶人西徵了。這一次蒙古軍隊分兵攻打波斯和欽察、不里阿耳等部，很快征服了波斯，大鬧俄羅斯。梁贊、莫斯科、基輔等名城都成了蒙古大軍的戰利品。一二四○年，蒙古軍隊到達波蘭和匈牙利地區。之前有大量軍民逃往中歐，被匈牙利收留。一二四一年蒙古皇族拔都致信匈牙利國王貝拉，要求他不得接納蒙古的敵人，否則兵戎相見。貝拉斷然拒絕。大戰迫在眉睫。貝拉明白匈牙利軍隊完全不足以抵擋蒙古軍隊攻入中歐，便派遣使者持血劍前往中歐各國，以上帝與歐洲的名義，懇請王公貴族們前來支援。匈牙利周邊波蘭、波西米亞、奧地利等國，以及聖殿騎士團和條頓騎士團，都紛紛出兵響應。就這樣，蒙古與歐洲大對決的戰場選在了匈牙利！

二月，拔都為統帥，名將速不台實際指揮的四萬蒙古大軍離開南俄草原，殺向匈牙利。右翼蒙古軍在瓦爾斯塔特遭遇波蘭聯軍主力，拉開了這一次中歐大戰的序幕。此戰波蘭聯軍陣亡兩萬五千人，蒙古人從陣亡的歐洲人頭上割下的耳朵足足裝了九大麻袋。波希米亞國王溫塞斯拉得知瓦爾斯塔特戰役的結局，立刻撤軍回國，躲進城堡裡據守。掃蕩波蘭後，拜答爾率右翼兵團南下，希望與拔都大軍會師。遺憾的是，這支

軍隊沒有趕上決戰。四月，蒙、匈雙方主力遭遇。匈牙利聯軍超過七萬。蒙古中軍會合左翼後，共五萬人。十日，拔都效仿成吉思汗登上高臺，企求蒙古人信仰的「長生天」騰格里的保佑，禱告了一天一夜。

一二四一年四月十一日清晨，號角四起。蒙古大軍向匈牙利軍隊發動突然襲擊。貝拉率七萬大軍在莫希平原面向南方列陣，以逸待勞。拔都率領兩萬騎兵迂迴到西面攻擊匈牙利陣營的右側；速不台率領三萬騎兵大幅度迂迴，前往匈牙利大軍的北面。匈牙利軍隊右側遭受持續攻擊。貝拉判明形勢後，命令匈牙利陣營以右翼為軸心，整體向右旋轉，企圖包抄拔都的兩萬騎兵。這一機動戰術是正確的，但是匈牙利騎兵方陣從來沒有接受過在高速運動中保持隊形的訓練，在移動過程中相互擁擠，陣形大亂。就在匈牙利人亂成一團的時候，速不台的三萬騎兵到達了北面攻擊位置，抓住有利戰機猛攻。匈牙利陣營頓時土崩瓦解，四散奔逃。貝拉率領殘軍撤退到紹約河畔的營壘裡負隅頑抗。

蒙古大軍隨軍招募了大量漢族工匠，攜帶著許多相當精巧的床弩和投石器等攻城器械，拆卸分裝在馬背上運輸。他們用床弩向匈牙利人的大營發射火箭，用投石器將大量石頭、盛滿滾油的瓦罐、煙花爆竹等等拋擲到匈牙利人的頭上。從來沒有見過這種場面的匈牙利人驚恐萬狀。速不台故意在包圍圈的西面角留出缺口，誘擊匈牙利軍隊。當絕望的匈牙利騎兵發現這個缺口後，率先從缺口突圍。一開始，敗軍毫髮無損地逃脫了。失去理智的匈牙利人於是爭先恐後奪路而逃。當匈牙利人都擁擠到缺口時，蒙古騎兵主力從兩側夾擊潰兵。密集的箭雨籠罩了天空，中箭落馬的匈牙利士兵被蒙古人用長矛和馬刀一一了結。莫希平原之戰，七萬匈牙利大軍只有不足一萬人生還。匈牙利國王貝拉在衛隊拚死保護下逃亡他鄉。

波蘭和匈牙利的潰敗震驚了整個歐洲。當時蒙古的密探已經深入德

意志帝國和維也納蒐集情報。聖殿騎士團大首領寫信給法國國王路易，提醒說中歐已經沒有任何軍事力量可以阻擋蒙古鐵騎直抵法國了。法國人聯合奧地利人在多瑙河流域合軍迎擊蒙古大軍。路易國王出兵前向王太后告別說，此次東征不是他們將蒙古人送進地獄，就是蒙古人把他們送進天堂。

路易和奧地利大公腓得烈忐忑不安地在多瑙河西岸嚴陣以待，但蒙古人始終沒有來。

蒙古軍隊在匈牙利滯留了整整一年，忙於撲滅各地星星點點的抵抗力量，並攻掠了亞得里亞海東岸及南歐各地。年底，窩闊臺大汗的死訊傳到軍中，拔都率軍從巴爾幹撤回伏爾加河流域，建立了欽察汗國。

十二年後，拖雷之子旭烈兀率軍第三次遠征，矛頭指向西亞。一二五三年十月，旭烈兀率兵進入伊朗西部，進抵兩河流域。蒙古軍攜帶大批石弩和火器，橫穿中亞，到波斯碣石城，目標首先指向了今天伊朗境內的木剌夷國，告諭西亞諸王協同消滅木剌夷。一二五六年，蒙古大軍渡過阿姆河，到達木剌夷境內。蒙古先鋒怯的不花一上來就給予敵軍沉重打擊，打得木剌夷首領魯克那丁被迫投降。一二五七年初，魯克那丁被蒙古軍隊殺死，他的族人也都被處死，木剌夷被完全平定。

三月，蒙古人繼續西征，指向阿巴斯王朝首都巴格達。當時阿巴斯王朝管轄著整個伊斯蘭教世界，是兩河流域的強國。該年冬，旭烈兀等率軍三路圍攻巴格達。蒙古軍隊用炮石攻打巴格達城，城門被炮火擊毀。翌年二月，謨思塔辛率眾投降。蒙古軍隊大掠巴格達七天，謨思塔辛被處死，阿巴斯王朝滅亡。之後，蒙古兵進敘利亞，占領大馬士革，勢力深入到西南亞。一二六○年春，旭烈兀在敘利亞得知蒙哥死訊，留先鋒怯的不花繼續西進，自率大軍東歸。怯的不花軍的存在威脅著整個伊斯蘭世界的存亡。埃及蘇丹以伊斯蘭「聖戰」為號召，召集伊斯蘭世

界殘存各國軍力和北非各國軍隊與怯的不花軍決戰。留守的蒙古軍倉促應戰，加上急躁冒進，遭遇伊斯蘭軍重圍。怯的不花陣亡，蒙古殘軍下馬步戰至全軍覆沒。蒙古的擴張至此達到頂點。

在蒙古大軍耀眼的軍事輝煌面前，偏安東南的南宋小朝廷就像是一隻待宰的羔羊。

西元一二二九年蒙古貴族遵照成吉思汗遺命推舉窩闊臺為大汗。窩闊臺不僅繼承了汗位，更繼承了鐵木真家族的血性。他即位後就親征金王朝。一二三四年初，金哀宗自殺，金亡。一二三五年，蒙古軍隊出攻南宋荊襄和四川地區，對南宋的戰爭從此開始。和以往的敵人一樣，南宋軍隊在蒙古凌厲的進攻面前節節敗退。但沒有人會想到，滅亡南宋的戰爭持續了四十五年之久，讓蒙古人付出了慘痛的代價。

當時的蒙古大汗蒙哥率領號稱十萬的大軍入侵四川，計劃在鄂州與忽必烈等人的部隊會師再直下臨安。他們制定了詳細的軍事計畫，以為會像往常一樣迅速征服南宋。蒙古大軍的進攻非常順利，不到一年時間就幾乎占領了整個四川。但在一二五八年年底，沿嘉陵江而下的蒙古大軍被滯留在了合州的治所釣魚城。

釣魚城是蒙古大軍遇到的無數城池之一。不同的是，守衛它的是合州知州王堅、副將張珏以及四川各州縣躲避到城中的數以萬計的軍民。

蒙哥並不把釣魚城放在眼裡，在一二五九年率先發動了進攻，但遭到了南宋軍民的頑強抵抗。激烈的攻防戰很快就成為了膠著戰。戰鬥僵持到四月後，川東連降二十天大雨，讓戰事一度停頓下來。二十二日，天一放晴，蒙古軍隊又發動第二波猛烈進攻。猛攻、偷襲，蒙古人一度攻入了釣魚城的外城。釣魚城軍民組織敢死隊，夜襲蒙古軍營，又將蒙古軍隊趕出了外城。雙方的陣地就這樣失而復得、得而復失。蒙古軍隊很不適應這樣的作戰方法，相反，弱勢的南宋軍民抱定必死決心，用血

肉之軀堅決捍衛家園。進入五月後，夏季的四川熱得像火爐一樣，蒙古軍隊水土不服，爆發了疾病。到此為此，蒙古大軍已經在釣魚城下四個月了，毫無進展，軍隊的士氣開始消沉。釣魚城的軍民則受到殘酷戰鬥的錘煉，鬥志高昂，不時利用夜幕掩護開城突擊，騷擾蒙軍。蒙古人一到晚上就規規矩矩的，不敢越雷池一步。

蒙哥心中煩躁，又想不出好方法來，只好督促部隊加強進攻。釣魚城一直被圍了半年，可南宋守軍依然鬥志昂揚，城池巍然不動。更可氣的是，城裡還動不動「戲弄」一下城外的蒙古人。有一天，南宋守軍故意將重十五公斤的兩尾鮮魚、上百張蒸麵餅和一封書信拋出城外。信中說釣魚城數年前就開始囤積物資，準備戰爭了，現在城內物資充裕，即使再守十年也不會讓蒙軍攻下城池。蒙哥率領的數萬大軍，雖然補給充足，但已經軍無戰心，萎靡不振了。戰爭拖延得越久，蒙古人對炎熱溼潤的氣候就越不適應。當年川東偏偏又遇到一個酷暑時節，蒙古軍營中暑熱、瘧癘、霍亂等疾病流行。蒙古大軍已經成為了一支「疲軍」。

七月二十七日，蒙哥突然暴斃城下。

蒙哥的死是歷史上的一個懸案。南宋的官方說法和合州地方志都說蒙哥是被守軍打死的。心急的蒙哥在七月赤膊上陣，親自帶人到城下進攻。王堅率軍用猛烈的炮火反擊。蒙哥在作戰中負傷，熬到二十七日死在軍中。《元史》的說法是蒙哥因為水土不服，早在六月就患上了病，拖到七月才死的。多年後，馬可波羅來元朝遊歷的時候，還從元朝的朝野上下聽到有關蒙哥被釣魚城守軍打死的傳聞。可見人們普遍認為蒙哥是被南宋打死的。還有一種說法是這樣的：蒙哥負傷後，率領軍隊撤退。撤退途中，蒙哥死在金劍山溫湯峽（今重慶北溫泉）。不管怎麼樣，蒙哥死於釣魚城戰役是無疑的。

釣魚城的失敗是蒙古征戰世界過程中的重大失敗。除了蒙哥陣亡

外，隨行的許多蒙古貴族和將領都死在了城下。釣魚城對蒙古人更大的打擊在於之前戰無不勝的蒙古鐵騎在一座小小的山區城池下褪去了「必勝」的光芒。蒙古人應該從中提取教訓，反省一貫的方針政策。南宋不是中亞和東歐的那些政權，而是一個有著成熟政治制度和國民思想的泱泱古國。蒙古人用對付其他國家的「一般方法」試圖來征服南宋，這個邏輯起點就是錯誤的。他們應該明白，蒙古民族之前取勝的經驗，那些曾經屢試不爽的「法寶」並不一定是萬能的。

蒙哥死前留下遺言：「日後攻下釣魚城，當盡屠城中之民。」

可見蒙哥和蒙古統治階層不僅對釣魚城的失敗不能釋懷，而且也沒有從中吸取教訓進行反思。

蒙古統一中國的事業由蒙哥的弟弟忽必烈完成了。

忽必烈之前曾總領漠南漢地軍國庶事，對原金朝的制度和漢化有所了解；還統兵南征大理、南宋，參與過蒙古西征的謀劃。西元一二五三年，忽必烈滅亡了大理，完成了對南宋的策略包圍。一二五九年，忽必烈按照蒙哥的部署，渡過淮河南下，進圍鄂州。在鄂州城下，忽必烈得知了蒙哥大汗陣亡的消息。

忽必烈陷入了兩難境地，一方面他極想返回北方與其他顯貴爭奪大汗之位，但又怕南宋趁機追擊，打敗自己。這時候，對手賈似道主動幫他解決了這個難題。賈似道祕密派人向忽必烈乞和，擅自同意宋朝向蒙古稱臣，降為藩屬；宋蒙兩國以長江為界，南宋把長江以北的土地全都割讓給蒙古；最後，南宋每年向蒙古進貢銀幣二十萬兩，綢緞二十萬匹。面對如此優厚的和談條件，忽必烈高高興興地返回北方爭權去了。

忽必烈還是遲到了一步。留鎮漠北的弟弟阿里不哥乘機控制了漠南，被部分貴族搶先擁立為大汗了。忽必烈則在其他貴族的支持下成為新大汗。從此，忽必烈與阿里不哥持續四年的汗位之爭正式開始。

一二六〇年夏，忽必烈率軍征討阿里不哥，取得激戰的勝利。阿里不哥先是敗逃到自己的封地謙謙州（今葉尼塞河上游），後來又流竄到察合臺。最後，阿里不哥眾叛親離，走投無路，只得向忽比烈投降。忽必烈成為真正的大汗。忽必烈在鞏固權位後，迅速集合重兵南下，發動對南宋的最後一戰。

一二六八年，蒙古大軍圍困隔漢水相望的襄、樊重鎮。襄樊軍民拒守孤城達六年，最後城破投降。次年六月，忽必烈命伯顏督諸軍，分兩路大舉南進，南宋諸帥皆不戰而降。那個以優厚條件「請」忽必烈撤退的賈似道當時已經當了宰相，被迫督諸路精兵，集合南宋最後的主力抵禦蒙古軍隊。可惜，賈似道一點長進都沒有，仍然企圖奉幣稱臣議和。伯顏斷然拒絕。結果發生了一場大戰，南宋敗得一塌糊塗，喪失了抵抗的能力。臨安的南宋幼帝奉表投降，南宋滅亡。一二七一年十一月，忽必烈昭告天下，正式定國號為「大元」。第二年，改都城中都（今北京）為大都。元朝正式建立。

蒙古人的成功和元朝的建立至此在表面上結束了，王朝衰亡的厄運種子也已經孕育生長開來了。

元朝建立後，忽必烈將蒙古的矛頭對準了海外。元朝初期，對鄰近諸國發動了一系列戰爭。日本、安南、緬國、爪哇都在征伐名單之上。可惜，所向披靡的蒙古軍刀似乎「鈍」掉了。雖然蒙古民族的血液還在沸騰，但是他們的擴張受到了阻擋。阻擋蒙古的敵人不是洶湧大海和惡劣的天氣，黯淡軍鋒的主要因素是人，而不是物。

簡單的說，元朝統一了中國，但並不了解沒入歷史的南宋和占人口多數的漢族的心理。

中國的政治和文化發展到唐宋，已經達到了繁榮的頂端。制度完備，文化燦爛，老百姓的生活也相當自在。政治上的制度歷經修正，已

經覆蓋了任何可能的政治內容；思想上由南宋的朱子理學對先前的思想文化進行了完善的歸納總結，注重內斂和個人修為，號召存天理、滅人欲。南宋雖然滅亡了，但這些政治和文化智慧卻是永恆的。之前入主中原的少數民族不少，都尊重並吸收了這些遺產。

元朝的情況不一樣。輝煌眩目的勝利不斷強化了他們對本民族制度和文化的自信心。

成吉思汗的祖先們世世代代以遊牧、捕獵為生。弱肉強食的掠奪就是他們的生存方式。蒙古人在其中耳濡目染，他們在軍事上的才能可想而知是驚人的，要遠遠強大於遵紀守法，精耕細作的漢族人。但是他們在文化上的落後也是驚人的。在占領中原之前，蒙古根本沒有法律、賦稅的概念，掠奪就是法律。元朝建立後，蒙古採用了部分漢族的政治制度，但並沒有從骨子裡接受漢文化。比如蒙古人基本都不會漢話，不識漢字，基層官吏如此，貴族顯貴也如此。元朝的皇帝們也幾乎不會漢話和漢字。忽必烈雖有一定程度的漢語能力，但仍不能完全脫離翻譯。元朝之後最後兩個皇帝——文宗和順帝，因為在中原時間久了，才能擺脫翻譯與漢人進行交流。

最致命的錯誤是，元朝實行民族歧視政策。成吉思汗時期，蒙古就在《大札撒》中規定：殺蒙古人償命，殺中亞人罰黃金四十巴裡失（一巴裡失大概折合二兩銀幣），而殺死漢人只要繳納一頭毛驢的價錢就可以了。漢人和蒙古人、中亞人相比，是三等公民；其中北方（原金朝統治地區）的漢人的地位又比南方（原南宋統治地區）的漢人的地位要高。這裡要插述一下，所謂的《大札撒》是成吉思汗的語錄，記錄了幾乎所有成吉思汗頒布的制度和法令，從官員禮節到死刑標準不一而足。每代蒙古大汗即位或處理重大問題，都必須誦讀《大札撒》條文，以表示遵行祖制。蒙古人沒有正式的成文法律，《大札撒》就相當於元朝的「法

律全集」。漢族人的三等公民地位是在法律上被承認的。

歷史經驗反覆證明：歧視一個民族就不可能統治好這個民族。

元朝的許多制度在漢族人看來，是荒唐無理的，打從心底接受不了。

忽必烈奪取汗位後，多少採取了部分漢族的政治外殼，包括改國號、建元、遷都等等。作為統一王朝，忽必烈需要這麼做，使元朝作為中國歷代王朝的延續。在中央，元朝建立起中書省、六部、御史臺、宣撫司、翰林兼國史院等帶有明顯漢族色彩的政治機構。但忽必烈立孫子鐵穆耳為皇儲的時候，卻授給他「皇太子寶」。元朝還殘存著「兄終弟及」的繼承方式，皇帝也往往冊立自己的弟弟為「皇太子」。這在漢族制度中是荒唐的事。蒙古人簡單地將皇太子等同於繼承人，讓我們看到了他們對漢族制度的「學習成果」。

在地方上，元朝保留了路、府、州、縣，卻設置了達魯花赤，還在軍事上設置了萬戶、千戶、百戶、總管、總把等。各地官吏多數由蒙古人擔任，少數由中亞人或畏兀兒人擔任。蒙古人的官職大多數是世襲的，即無論年紀和能力，各州縣的長官都由同一家的蒙古人擔任。這就等同於恢復了封建采邑制度，轄境內的漢族人等同於了這個蒙古家族的農奴。這樣的制度，漢族早在戰國時期就已經廢除了。

在蒙古貴族看來，漢族人就是被征服者，是本民族的「戰利品」。既然漢族人是戰利品，那麼附加在上面的制度、文化和心理等內容自然不需要給予充分的關注。元朝常常將大片的土地連同土地上的人口賞賜給皇親國戚，多者上萬戶，少者百戶或者數十戶。頃刻之間，農民們不僅失去了對土地的所有權，而且連人身自由也失去了，成為了陌生的蒙古貴族的農奴。這一切是法律，是不可更改的，而且沒有任何預兆。對於那些僥倖保持自由之身的百姓，元朝政府嚴格限制了他們的自由。漢族人被禁止打獵、習武、持有兵器和自由集會，還被限制遷徙和從事商

業。在基層，元朝推行保甲制度。如果沒有「甲長」的擔保，居民的任何權益都得不到保障——當然甲長總是由蒙古人擔任；即使進入了保甲制度，如果任何一個蒙古人想隨意侵占漢族人的農田和房屋（蒙古人習慣畜牧，往往侵占漢族的農田來種草養馬），受害人也無處申訴。

元朝從建立之初就腐敗橫行。腐敗不是因為元朝政府的財政制度混亂，而是因為元朝根本就沒有財政制度。

在草原上，部落的公共開支就是簡單的索取和消耗的關係。王朝建立後，蒙古人仍然將國家財政賦稅簡化為簡單的索取。成吉思汗曾規定了「酒課驗實息十取一，雜稅三十取一」的簡單稅法。即使如此簡單得不能再簡單的稅法也沒有被他的後代執行。蒙古最初採取的是「包商制」，就是政府將賦稅承包給專門的稅商。第二任大汗窩闊臺就曾打算把帝國的賦稅以一百四十萬兩銀幣的價格包給巨商，因為大臣的反對而作罷。可是當有巨商將價格提高到二百二十萬兩後，窩闊臺不顧反對立即把國家賦稅承包了出去。元朝建立後，蒙古皇帝們對財政的理解還只是簡單的索取剝削，根本不知道鼓勵農業生產、促進流通等概念。辛勤勞作的漢族人是最好的徵稅對象。如果元朝要對外征戰的時候，皇帝就會簡單地下令：徵收所有漢族人的馬匹。皇帝們根本沒有意識到這種命令有什麼不妥之處。

蒙古人的專權和制度的簡陋打開了元朝貪汙腐敗的大門。元朝官場的腐敗現象是空前絕後、絕無僅有的。《竇娥冤》中有個情節：竇娥去打官司的時候，審判的父母官要對來打官司的人下跪。這是真實的歷史情節。因為元朝官場對每個來打官司的人都索取巨額賄賂，原告和被告反過來是主持公道的父母官的「衣食父母」。蒙古大汗鐵穆耳曾想整頓吏治。結果初步一查，就抓出了一萬八千四百七十三名貪官，鐵穆耳不知如何應對，只好大事化小小事化無，不再去反腐倡廉了。最後發展到腐

敗疊床架屋、公然暢行。每道手續都由若干官員管理，每個官員都要從中撈取好處。自然，每個蒙古官員都是百萬富翁。

漢族人並不像蒙古統治者想像中那麼容易奴役。

西元一二七九年，南宋和蒙古軍隊在崖山爆發了最後一戰。殘餘的南宋軍民再次讓蒙古人見識了漢族人的血性和頑強，可惜同樣沒有引起蒙古人的注意。

當南宋殘軍全軍覆沒的時候，宰相陸秀夫滿懷悲傷之情，先把自己的妻子兒子趕下海去，然後對末帝趙昺說：「事已至此，陛下當為國捐軀。先帝已經受到了蒙古的極大侮辱，陛下不可再辱！」他叫人服侍趙昺身穿龍袍，胸掛玉璽，然後抱著小皇帝跳海自盡。在場官兵、婦女也紛紛隨之跳海。戰鬥結束後，崖山四周海面上到處漂浮著死屍，難以計數。崖山之戰前後，文天祥作為俘虜被押在元朝戰船上「觀戰」。一天夜裡，蒙古艦隊經過珠江口外的零丁洋時，張弘範要文天祥寫信勸降張世傑。文天祥拿著紙筆，面對夜幕下的零丁洋，寫下了千古名篇〈過零丁洋〉：「辛苦遭逢起一經，干戈寥落四周星。山河破碎風飄絮，身世浮沉雨打萍。皇恐灘頭說皇恐，零丁洋裡嘆零丁。人生自古誰無死，留取丹心照汗青。」這位狀元出身的宰相拒絕了上至忽必烈，下至已經投降的同僚的勸降，在大都慷慨就義。

即使在元朝統治最為平穩的十三世紀末，南方地區的起義也沒有停止過。蒙古軍隊只會簡單地用武力鎮壓，沒有深想起義背後的原因和深入的對策。結果鎮壓越多，起義也如星星之火燎原一般，越來越多。

一三四四年，黃河在河南決堤，河水氾濫所及，饑民遍野。元朝政府徵調漢族人興修水利，修補黃河。結果，這次「官方集會」為「紅巾軍起義」準備了舞臺。當時距離元朝的建立，不過短短七十年時間。

元朝的建立和危機告訴我們，簡單的武力征服對於王朝命運來說是

次要的，尋找到正確的統治方法是主要的。蒙古人在十三世紀締造了一個空前龐大帝國，展現了高超的政治才能，但他們的政治才能是落後，思想文化更為落後。蒙古人的成功更多的是草原民族本性的宣洩。這種成功強化了他們的自豪與自信，堵塞了他們及時反省和漢化的機會。「立國的失誤」讓占王朝人口多數的漢族人遭受了沉重的迫害，也讓元朝付出了短命的代價。

第五章　清：成功的滿族王朝

　　中國歷史上的最後一個王朝清朝是由少數民族滿族建立的。少數民族建立的王朝很多，清王朝可算是其中最成功的一個。清朝的統治時間最長，保持了相當穩定的一個統治時期，還營造了中國古代社會的最後一個盛世：康乾盛世。儘管我們對清朝後期的歷史充滿爭議，但爭議本身恰恰說明這個少數民族對當代的深刻影響。

　　探究滿族成功統治中國二百多年原因的目光要投向王朝初建的道路。

　　滿族是女真人的後代。當年金朝建立後，女真人紛紛南遷中原去過好日子。部分落後閉塞的同胞依然留在白山黑水之間。這些人在世外桃源般的白山黑水間自由成長，相互爭鬥，一直在明朝的時候才重新引起中國歷史的注意。

　　明朝將白山黑水之間的土地統稱為滿洲。明朝政府對生活其中的女真和其他少數民族採取安撫懷柔、分而治之的政策，目的是讓他們成為中原王朝的藩屬而不是敵人。洪武年間，明朝在滿洲一帶設立遠東指揮使司控制女真部的各個部落。當時的女真人群龍無首，散居在松花江以東，黑龍江下游以西，瀕臨日本海，南到朝鮮半島的廣大地區。依照分布區域，女真族分為三大集團：建州女真、海西女真和野人女真。其中位置最南，與漢族交流最密切的是建州女真。明朝政府在正統年間專門設立了建州左衛、建州右衛與建州衛，任命女真酋長統治建州女真，這就是「建州三衛」。

　　日後的清王朝就是從建州女真的一個部落發展起來。建州女真有一個叫做野俄朵里的部落，酋長叫做愛新覺羅‧孟特穆。孟特穆在明朝初年，依附明朝，擔任了明朝的建州衛左都督。野俄朵里力量弱小，遭到

北方部族的欺凌，孟特穆也被殺了，部落被迫南遷，輾轉來到了赫圖阿拉（今遼寧省新賓縣）一帶定居下來。孟特穆的四世孫覺昌安做了酋長後出任了建州左衛的都指揮使，和明朝的關係不錯。覺昌安知道自己的部落人少勢弱，就依附親家、同屬於建州女真的王杲部落，不參與部落間的恩怨仇殺，反而常帶著部眾進入撫順等漢族地區貿易，用土產、特產換取麻布、糧食，還能不時領取朝廷犒賞的食鹽、布匹什麼的。覺昌安的小日子過得那是相當的不錯。愛新覺羅家的人丁也很興旺。覺昌安一共生了五個兒子，其中的第四子叫做塔克世。塔克世迎娶了喜塔喇·厄墨氣，生了三個兒子。其中長子取名為愛新覺羅·努爾哈赤。

小努爾哈赤快樂成長，一大家子人的生活其樂融融。

歷史的發展總是有波折的，不會總是波瀾不驚、平穩如直線。

幼年的努爾哈赤遭遇了喪母之痛。額娘去世後，父親塔克世為他找了一個繼母。狠心的繼母老是虐待努爾哈赤，不堪忍受的努爾哈赤憤怒地離家出走，離開赫圖阿拉，開始在女真各部闖蕩生活。當時，他只有十歲。他在白山黑水間挖過人蔘、運過山貨，翻山越嶺、風餐露宿，過早地承擔了生活的壓力。早年的艱辛將努爾哈赤磨練成了一個身材魁梧、意志堅強、奮勇爭先的少年。

努爾哈赤長大的同時，建州女真不斷發生內訌，部落戰爭不斷。強大的明朝利用女真部落戰爭漁利，不僅不制止還經常挑動各部的爭鬥。女真各部沒有將戰爭上升到走向統一和崛起的途徑的高度，相反在內訌中不斷衰落。萬曆二年（西元一五七四年）十月，明朝的遼東總兵李成梁攻破建州女真王杲部落的山寨，血洗部落。努爾哈赤幾天前剛好來到此地，在戰爭中成為了俘虜。他拉著胞弟舒爾哈齊一同跪在李成梁的馬前，痛哭流涕，乞求一死。李成梁看中了努爾哈赤魁梧的身材，又聽說他是都指揮使覺昌安的孫子，就沒有殺害努爾哈赤，而是把他作為私人

奴役帶回了遼東。

　　所謂將領的私人奴役，其實和奴隸並沒有太大的區別。努爾哈赤既要在李成梁家給李家人當牛做馬幹粗活，作戰的時候又要作為李成梁的親兵衝鋒陷陣。而且努爾哈赤做的一切得不到任何報償。即便如此，這段遼東的生存經歷是努爾哈赤一生中最重要的記憶。從相對荒蠻的白山黑水來到人煙密集、文化昌盛的遼東，努爾哈赤有充分的機會廣泛接觸漢人和漢文化。奴役的生活沒有讓努爾哈赤學會講流利的漢語和書寫漢字的能力，它能夠給這個女真青年的，更多的是底層百姓的文化生活和素養。這一切就已經足夠了。

　　努爾哈赤如饑似渴地吸收先進文化的營養，尤其是對《三國演義》和《水滸傳》的故事感興趣。在這些漢族苦力和奴婢們口耳相傳的故事中，努爾哈赤熟悉了一個個漢族英雄，比如關羽、張飛和李逵，還學到了漢人們的權術智謀和策略戰術。終其一生，努爾哈赤都對《三國演義》鍾愛備至，還極力推薦給同胞們學習。這直接導致了滿清王朝建立後，滿清官府和整個貴族階層對《三國演義》的推崇，也間接使得關羽在清朝地位上升到「武聖」的高度。

　　歷史上有不少少數民族的開國領袖吸收了漢族的先進文化和政治智慧，但沒有第二個人像努爾哈赤一樣如此完全徹底地在漢族環境中生活數年之久。這對年輕的努爾哈赤認知世界，日後改造本民族的政治和文化實現不同民族的銜接產生了不可磨滅的影響。

　　幾年後，努爾哈赤被李成梁掃地出門，逃回了老家。

　　努爾哈赤很有可能在李家犯了什麼錯，甚至可能做了什麼犯法的事情，不得不畏罪潛逃。但是滿清史學家為了粉飾自己的開國君主，稱當時李成梁得到消息說北方帝星升起，到處捕殺日後的「真龍天子」。而努爾哈赤身上恰恰有北斗七星的圖案，引起了李成梁的猜忌。努爾哈赤為

了自保，連夜逃出了遼東城，李成梁忙派兵追趕。幸好努爾哈赤最後跑進了河邊的蘆葦叢中隱蔽了起來。追兵不知所措，一時找不到努爾哈赤藏在什麼地方。努爾哈赤以為危險已過，加上精疲力竭，就躺在蘆葦叢中睡著了。天亮後醒來，努爾哈赤發現身上溼漉漉的，四周的蘆葦全被燒成了灰燼。再一看，跟隨自己逃跑的一條小黃狗死在了身邊。原來夜裡，追兵點燃了蘆葦叢，企圖燒死睡夢中的努爾哈赤。小黃狗怎麼也叫不醒努爾哈赤，就冒險一趟一趟地跑到河裡，浸溼全身再跑回來把水灑在努爾哈赤身上。最後，黃狗救了努爾哈赤一命，自己卻力竭而死。死裡逃生的努爾哈赤對小黃狗滿懷感激，立下誓言：「凡我子孫，永遠不吃狗肉，不穿狗皮！」由此整個清代，滿清貴族都不沾狗肉，不穿狗皮。這些傳說真假摻雜，可以作為努爾哈赤早年坎坷經歷的佐證。

從遼東逃回後，努爾哈赤幾乎成為了半個漢族人。

回到故鄉的努爾哈赤憑著開闊的眼界和出眾的才能，很快嶄露頭角。

萬曆十一年（西元一五八三年），王杲之子阿台聚攏部落，屢次劫掠明朝邊境，要為父親報仇。李成梁再次統兵進攻，覺昌安和塔克世以明軍嚮導的身分前去勸降阿台。那邊人還在勸降，這邊圖倫寨主尼堪外蘭則勸誘李成梁發動了偷襲，放火燒寨，將王杲一族子孫屠殺殆盡。覺昌安被活活燒死，塔克世在亂軍中被殺。明軍事後解釋說是「誤殺」。

噩耗傳來，努爾哈赤悲痛欲絕。明朝官府把父祖的屍體交給努爾哈赤，還封努爾哈赤為都督僉事繼承祖業。但努爾哈赤內心的仇恨和傷痛始終難以平復。明軍得罪不起，努爾哈赤就歸罪尼堪外蘭，要求嚴加懲治。明朝官員非但拒絕，還扶持尼堪外蘭為「滿洲國主」。尼堪外蘭則乘機逼親族和其他部落歸附自己，「於是國人信之，皆歸尼堪外蘭」。對於努爾哈赤，尼堪外蘭要求小夥子要麼歸附，要麼自己提兵相見。

滿懷著家族仇恨和民族恥辱的努爾哈赤暴跳如雷，發誓要與尼堪外

蘭決一死戰。他召集本部落男丁就要出征。但是野俄朵里部原本就是一個小部落，剛剛死了領袖，人心渙散。而尼堪外蘭勢力旺盛，還得到了明朝支持，這場戰爭的實力差別過於懸殊。部落居民幾乎沒有人願意應徵出戰。到了出征的那一刻，努爾哈赤身邊只有可憐的三十人。血氣方剛的他緊咬牙關，從家中搜出父祖遺甲十三副，率領三十名士卒走上了起兵之路。

三十人、十四副甲冑就是努爾哈赤最初的資本。從明萬曆十一年以十三副遺甲興師開始，努爾哈赤取圖倫，下巴爾達，斬尼堪外蘭，敗九部聯軍三萬，十年之內統一了建州女真部落；接著又用了二十六年滅亡哈達，吞併輝發，消滅烏拉，降服葉赫，攻取東海女真。按照他自己的話來說，就是：「吾自幼於千百軍中，孤身突入，弓矢相交，兵刃相接，不知幾經鏖戰。」東到大海，北起嫩江，西至蒙古高原，南至鴨綠江的廣闊土地都被努爾哈赤征服了。女真各部也在戰火中合而為一。

制度建設的早遲好壞是考察一個組織成熟度和前途的試金石。

努爾哈赤在征戰過程中，沒有簡單地將事業定位為飄忽不定的遊牧組織，而不止於東北的割據政權。他將自己的事業放在了少年時建立的世界觀的整體考量之中，認為現在所做的只是統一天下的第一步。女真民族的長足發展離不開一個完備可靠的政治組織。努爾哈赤適時創造出了八旗制度，以因應女真民族發展的需求。

女真社會中原先就存在部落居民平時耕獵，戰時徵為兵士的牛錄制。努爾哈赤從這個臨時性的生產和軍事組織的政治價值。遼東的生活經歷讓他覺得漢族人的相對強大，不是體質的強壯或者軍事實力的強盛，而在於漢人有一個延續千年的、超級穩定的社會組織，還有一套中央集權的君主制度相配合。而女真民族事業的發展，就缺少漢人那樣健全的制度。努爾哈赤調動全副政治智慧，決定將牛錄制改良並固定化。

他規定三百人為一牛錄，每牛錄設一牛錄額真（漢語為：值領），五牛錄設一甲喇額真（參領），每五甲喇構成一個固山（旗）。旗的首領為固山額真（都統）。西元一六〇一年，努爾哈赤正式建立黃、白、紅、藍四旗，一六一五年，又增設鑲黃、鑲白、鑲紅、鑲藍四旗，合稱滿洲八旗。八旗的都統由努爾哈赤任免。因為出任都統的都是努爾哈赤的子侄，這些都統又被稱為「固山貝勒」。「八旗制度」正是誕生。 這是一個具有軍事、政治、經濟和民政職能的特有組織，打破了原先部落的框架，把所有的女真人融在了八旗的整體中。在其中，人們原來的地域差異、制度差異、習俗差異，甚至是民族差異都被迅速削平。大家享有平均分配土地和戰利品的權利，一起作戰耕種。利益的一致性和差異削平的結果是一個在經濟生活、語言文化和心理狀態等方面基本一致的新的民族在白山黑水間迅速產生。這就是現代滿族的前身。

西元一六一六年，努爾哈赤在赫圖阿拉稱汗，沿用五百年前金國的國號，建立後金。兩年後，努爾哈赤公布名為「七大恨」的討明檄文，開始與明朝爭奪天下。在發表「七大恨」誓師的第二天，努爾哈赤就親率步騎兩萬攻打明軍，連克撫順、撫安堡、花包沖、三岔兒堡、鴉鶻關、清河，並擊潰明朝援軍，又遷都瀋陽，進一步靠近中國歷史的核心區。

當然，具體領域的政治成就與政治制度建設的成就相比較都是蒼白無力的。因為作為高層政治的制度是永恆的。從這個角度來說，將散落的女真各部用八旗制度凝聚起來是努爾哈赤一生最大的政治成就。

西元一六二六年夏，努爾哈赤在與炮傷鬥爭多時後逝世。《清史稿》評價這位建國踐祚的偉大君主八個字：「天錫智勇，神武絕倫。」

努爾哈赤留給繼承人一份相當不錯的遺產。且不說強大的八旗鐵騎，也不說日漸擴張的疆域，單單女真民族高度的漢化程度就能為日後入主中原掃除許多障礙。女真崛起的過程伴隨著漢化程度的不斷加深。

在與漢族的密切交流中，女真社會生產力顯著提高，經濟繁榮。女真人從事農耕定居生活，種穀紡線，飲食用度與漢族沒有太大的區別了。

挑起努爾哈赤留下擔子的人是皇太極。

皇太極繼位本身就是女真政治的一大進步。努爾哈赤留下了帶有部落民主遺蹟的四大貝勒主政制度。大貝勒代善、二貝勒阿敏、三貝勒莽古爾泰和四貝勒皇太極一起主持政局，不利於中央集權和君權專制。皇太極論資歷、論軍功，都不是最優秀的，但在學習漢人的政治權謀方面卻是最優秀的。父親死後，皇太極分別挑出了其他三位貝勒的家庭矛盾、歷史問題和桃色新聞，將他們分別排除在皇位繼承人之外。努爾哈赤的大福晉阿巴亥說先皇留下了遺詔，要傳位給最得寵的多爾袞。皇太極抓住阿巴亥還沒有將消息公開宣布的有利條件，連繫幾個貝勒說先汗有遺言命令大福晉殉葬。在皇太極的威逼下，阿巴亥被迫自縊而死（一說被用弓弦勒死），努爾哈赤的遺詔也就成為了歷史，多爾袞失去依靠與皇位無緣。皇太極成為了新君主。即位後，皇太極逐步清洗了阿敏和莽古爾泰的勢力，威逼代善臣服，建立了與漢族王朝無異的君主專制制度，不能不說是少數民族政治的一大進步。

皇太極不僅把漢族的政治權謀學得好，在後金政權漢化的道路上也走得比父親要遠。他以明朝制度為榜樣逐步建立國家統治機構，先是建立了由滿漢文人組成的文館，翻譯漢字書籍，記錄後金政事，為大規模移植中原王朝的政治做準備；之後又設立吏、戶、禮、兵、刑、工六部，分掌國家行政事務；先前的文館擴充為內國史院、內祕書院、內弘文院，統稱「內三院」，負責撰擬詔令、編纂史書、掌管和起草對外文書與敕諭、講經注史、頒布制度等，成為了內閣的前身。稍後，後金還建立了都察院和理藩院。努爾哈赤時期，女真民族發展過快，還來不及掃除「抗拒者被戮，俘取者為奴」的奴隸制殘餘。皇太極就雷厲風行地清

楚這些殘餘。透過政權改革，後金的權力更加集中到皇太極的手中，乍一看和中原王朝的政治架構也沒有兩樣了。

皇太極深知要想入主中原，人和人心是最重要的因素。

制度要落實到人的頭上去運作，王朝離不開人心的向背。皇太極是為後金建立了完備的制度，但這些硬梆梆的制度需要有人在其中出謀劃策。入主中原更是離不開漢人的認同。擺在皇太極面前更大的問題是如何招攬漢族人才為己所用，如何取得漢族的支持。之前少數民族建立的王朝都是在入主中原之後才意識到這個問題，而後金割據一隅的時候就想到了人和人心的重要性。這也許也是清朝成功的原因之一。

皇太極從平等對待漢族，選拔漢人進入政權開始獲取人心。皇太極重用范文程就是一段佳話。范文程是在戰亂中被女真人俘獲的漢族秀才。皇太極在亂軍之中提拔他為隨身章京，參與軍政大計。每逢商議大事，皇太極習慣問：「范章京知道嗎？」范文程也將平生所學合盤托出，從漢人的角度替後金思考問題，以報答知遇之恩。皇太極對范文程十分信任，凡是范文程認可的政策一般都直接批准。范文程以漢人之身，在後金做到了內祕院大學士，很好地發揮了榜樣作用。天聰三年（西元一六二九年），後金首次移植科舉制度，科舉取士。兩百名漢族文人高中，不僅擺脫了奴婢或平民地位，還被量才錄用進入後金政權。對於明朝的降將，後金都賜以莊田奴僕，並委以官職；對於前來投靠的百姓，後金也編入八旗，並不歧視迫害。

明朝重臣、負責對後金作戰的洪承疇投入後金陣營是一件里程碑式的事件，也發生在皇太極後期。

洪承疇是明朝末代皇帝崇禎的肱股之臣。他靠鎮壓中原的農民起義發家，對起義軍痛下殺手，曾經剿滅了闖王高迎祥，因為殺人如麻被稱為「洪瘋子」。其實洪瘋子是科場高手，一代名儒，滿腹經綸，寫的一手

好文章，一度主持朝政，深為崇禎倚重。後來洪承疇在松山戰役中被後金俘虜。皇太極聞訊後，一心要爭取洪承疇歸順，命令以禮護送洪承疇到瀋陽。

洪承疇被俘後是一心求死，拒絕了後金滿漢文武官員的輪流勸降，肆意漫罵後金。後金將領幾次發怒拔刀威脅，洪承疇主動把脖子伸到刀下，寧死不屈。皇太極得知洪承疇好色，每日調選美女陪伴，也沒效果。最後，洪承疇開始絕食，堅持要做烈士。皇太極只好派大學士范文程前去勸降，作最後的努力。洪承疇一見到范文程就大聲咆哮，罵聲不絕。范文程卻絲毫不說勸降的話，進屋就和他暢談古今，品評文字。談話之間，屋梁上落下一塊燕泥正好掉在洪承疇的衣服上。洪承疇很自然地從手將泥彈去。范文程看在眼裡，回去對皇太極說，洪承疇肯定不想死，他愛惜衣裳到如此地步，更何況是身家性命呢。皇太極覺得范文程的判斷有道理，對洪承疇更加關照和禮遇了。據說，皇太極曾經派最寵愛的莊妃博爾濟吉特氏去為洪承疇溫酒，陪他聊天。

終於有一天，皇太極在太廟再次召見洪承疇，洪承疇立而不跪。皇太極見洪承疇衣服單薄，當即脫下身上的貂裘披在洪承疇的身上，對他說北方天寒，先生難道不冷嗎？這一句話讓洪承疇感嘆良久，被皇太極的魅力所折服，隨即剃髮易服投降了。皇太極招降洪承疇成功後，高興地說：「我獲得了一進軍中原的嚮導了，真是天大的喜事！」洪承疇投降後，受到了重用，成為清朝入關後的首位漢人宰相。

洪承疇是明朝能臣，在明朝政壇上地位和威望很高，受到同僚和部下的推崇愛戴。松山兵敗後，舉朝都以為洪承疇必死無疑。崇禎皇帝為此輟朝三日，用王侯規格給他辦了國葬，還親自致祭，親自寫了〈悼洪經略文〉昭告天下。突然噩耗傳來：洪承疇降清了！舉國目瞪口呆，國葬停止，明朝群臣的心理也受到了重創，思想信念動搖了。

皇太極的努力極大改善了後金政權在漢人心中的形象。在後金與明朝的戰爭中，許多明朝將領倒戈投降，都發生在後金形象的改善之後。祖大壽、孔有德、耿仲明、尚可喜等明軍將領投降後在後金的日子過得都不錯。隨著越來越多的漢人的歸附，皇太極逐步建立了漢軍八旗，大大增強了軍事力量。漢軍八旗在日後的統一戰爭中發揮了先鋒和主力的作用。

天聰十年（西元一六三六年）四月，皇太極在獲得元朝傳國玉璽後，在瀋陽稱帝，改國號為「清」，定族名為「滿洲」。滿清王朝正式建立了！

具備了幾乎所有入主中原的條件後，清朝的統一道路只剩下一個障礙了：明朝的抵抗。

明朝雖然積貧積弱，內憂外患，但不可能主動讓出天下。清朝要想入主中原，要消滅明朝的抵抗，首先要消滅關外的明軍。最先發動主力決戰的是關外的明軍。在思想觀念上，明朝始終將清朝看作是叛亂的藩屬和割據關外的蠻夷之邦，斷不會接受「以夷變夏」的結果。客觀上，雖然明軍在遼東損兵折將，但絕對實力依然遠遠超過後金。努爾哈赤稱帝，與明朝皇帝平起平坐後，明王朝就決定在遼東發動一場主力決戰，主動出擊，將後金扼殺在搖籃裡。

西元一六一九年二月，明朝屯集大軍二十五萬於遼東，以楊鎬為遼東經略，秣兵厲馬。楊鎬制定了一個兵分四路，分進合擊，直搗赫圖阿拉的作戰方案。具體部署是：總兵杜松帥主力，出撫順關，從西南進攻；總兵馬林會合葉赫女真部，出靖安堡向北攻擊；總兵李如柏經清河堡、鴉鶻關，從南面進攻；總兵劉廷會合朝鮮兵，出寬甸向東攻擊；總兵秉忠部作為機動；總兵李光榮率軍駐廣寧保障後方交通。各軍定於三月初二會攻赫圖阿拉。

就在明軍吵吵嚷嚷之間，努爾哈赤得知了這個規模龐大的作戰計畫。

努爾哈赤所能集結的只有六萬八旗軍，處於絕對劣勢。但他清醒的判斷東、南、北三個方向道路險遠，明軍行軍速度緩慢，於是決定集中兵力，先擊破孤立冒進的明朝西路主力。

果然三路明軍行動遲緩，而西路的主將杜松貪功冒進，搶險到達薩爾滸。杜松以主力在薩爾滸紮營駐守，自率萬人猛攻吉林崖。努爾哈赤派遣大貝勒代善率兩旗兵力增援吉林崖，截擊杜松，使杜松兩部不能互援；自己親率六旗兵力進攻薩爾滸的杜松軍主力。薩爾滸一戰成為兩個帝國的命運轉折點。努爾哈赤親自上陣，集中兵力擊潰了杜松大營，之後迅速回師與代善會合進攻吉林崖的明軍。杜松陣亡，明軍主力全軍覆沒。

北路的馬林在聽到杜松被殲的消息後，在尚間崖一帶觀望不前，坐等滅亡。第二天，努爾哈赤就率領得勝之軍猛攻尚間崖。馬林僅以身免。消滅北路明軍後，後金軍馬不停蹄，向東迎擊東路劉廷部明軍。劉廷治軍嚴整，東路軍炮車火器齊備，裝備精良，但還沒有得到西路、北路明軍被消滅的消息。努爾哈赤派人冒充明軍，持著杜松令箭，詐稱杜松已逼近赫圖阿拉，要劉廷速進，與杜松會師攻城。劉廷於是下令拋棄火器，輕裝急進，在阿不達里岡陷入後金軍的重重包圍，全軍覆滅。劉廷陣亡。代善隨之集合八旗兵，攻打富察一帶的朝鮮軍。朝鮮軍隊進退失措，鬥志渙散，全軍投降了。朝鮮之後從明朝的藩屬轉成了後金的藩屬。

楊鎬得知三路大軍慘敗後，慌忙急檄南路李如柏軍撤兵。李如柏倉忙回師途中，為小股後金哨探所騷擾，明軍驚恐逃奔，自相踩踏，死傷千餘人。而坐鎮瀋陽的楊鎬手握機動部隊，竟然坐觀成敗。

薩爾滸一戰，後金軍以劣勢的兵力，在五天之內，連破三路明軍，

殲滅明軍十多萬人，繳獲大量軍用物資，由弱轉強。明軍遭此敗績，在遼東完全陷入了被動，被迫採取守勢。

當時的明朝皇帝是崇禎帝。這是一位喊出「君非亡國之君，臣實亡國之臣」的皇帝。

崇禎皇帝承擔了明朝腐敗和衰落的所有惡果，是個可憐的皇帝。可憐人必有可恨之處。崇禎皇帝就是個長在深宮、不知國情、多疑善變、舉止失措的末代君主，從個人資質和威望上與努爾哈赤、皇太極父子相比有天壤之別。明朝在遼東連連損兵折將，丟城失地，幾乎精疲力竭。崇禎帝不得不將明朝在遼東的防線退到山海關一線。但是崇禎帝又是一位想中興明朝的理想家，抱定破釜沉舟的決心，為再退就要退入關內的明軍籌劃收復東北。他數易主帥（其中就包括冤殺了袁崇煥），在全國徵收專項稅，依然沒能解決遼東問題。皇太極還三次率兵攻入長城防線，在京畿、冀魯地區大顯身手，嚴重消耗了明朝的實力。遼東問題成為崇禎帝能否實現中興夢想的關鍵。

崇禎的天下早已衰竭，民亂已起，朝廷還要疲於應付內亂。結果卻如抱薪救火，關內也弄得焦頭爛額。逐漸的，朝廷對遼東前線的支持，無論是兵馬還是糧餉，都是心有餘而力不足。明朝軍隊不得不以山海關為核心，依靠長城天險，勉力維持住不讓後金軍攻入關內。

駐守山海關的最後大將是吳三桂。明王朝將抵禦清朝的希望都寄託在他的身上了。

吳三桂，籍貫揚州高郵，出身於遼東將門。父親吳襄武狀元出身，吳氏家族和舅氏祖家，在遼東經營數代，根基深厚。在與後金長期的殘酷戰爭中，吳氏家族憑藉軍功，凝聚實力，終成明末軍閥。明朝的最後幾年，山海關外明軍主力只有吳三桂部在勉力支撐。他所率領的關寧鐵騎更是一支戰鬥力不弱於清軍的勁旅。吳三桂不受家族成員紛紛降清的

影響，拒絕滿清的勸降，憑險拒清入關，使得滿清連續幾年無法在軍事上有所突破。

清朝入主中原的腳步在山海關下停滯了。

定都北京的明朝依借吳三桂之力，沒有亡於滿清。但卻被關內的農民起義軍滅亡了。

西元一六四四年新年後，西安的大順軍在李自成親率下渡過黃河後直奔北京。一路上，除了在山西遇到過頑抗，兵不血刃接管了整個黃河流域和部分長江流域的大片疆土。旬月之間，起義軍抵達北京城外的顯要居庸關。守關官兵不戰而降。突變的天下形勢驟然明朗。崇禎慌忙令山海關沿線明軍撤入關內勤王。吳三桂將遼東所有官兵、百姓撤進山海關，逐步南移至昌黎、灤州、樂亭、開平一帶。援軍未到，北京失陷。崇禎在景山上吊了。

天下局勢大變之時，皇太極不幸逝世了。經過一番權力場的暗箱操作，皇太極幼子福臨繼位，改年號順治。皇叔多爾袞掌握了清朝的實權。多爾袞是滿清王朝肇建的第三個重要人物。如果說父親努爾哈赤和哥哥皇太極完成了滿族的統一，為統一奠定了基礎，那麼才華出眾、雄心勃勃的多爾袞用自己的手鏟上了王朝奠基石上的最後一把土。

多爾袞沒有浪費哪怕最微小的一點機遇。李自成農民軍將明朝攪得天翻地覆的時候，多爾袞乘機收取了關外地區，並趁亂大舉伐明。他最初的思路是清晰的，那就是四個字：「趁火打劫」。四月初，傳來了大順軍攻克北京、明廷覆亡的消息。多爾袞決定「擴大趁火打劫的規模」，關鍵是要在大順軍立住腳跟之前，迅速出兵。滿清畢竟是新立的王國，實力有限。多爾袞將國內男丁七十以下，十歲以上全部強迫從軍，幾天後就匆忙「統領滿洲、蒙古兵三之二及漢軍恭順等三王、續順公兵，聲炮起行。」

有後來人說，當時滿清就立志要滅亡大順朝，統一中國了。不是這樣的。此時的滿清和明朝相比，依然是蛇和大象的比例。滿清的統治者有統一中國的大志，但是多爾袞的統一進程起碼應該定在若干年之後。在一六四四年上半年，滿清貴族根本不相信這一次倉促的起兵能夠一戰定乾坤。洪承疇就建議清軍避開山海關，趁其他地方明軍渙散，在薊州、密雲之間「挖」開長城，進入關內。多爾袞起初也是朝這個方向進軍的。

當清軍繞到山海關的時候，他們簡直不相信自己的眼睛：山海關的大門是敞開的！

自毀長城的是吳三桂。《明史》載「初，三桂奉詔入援，至山海關，京師陷，猶豫不進。自成劫其父襄，作書招之，三桂欲降。至灤州，聞愛姬陳沅被劉宗敏掠去，憤甚，疾歸山海，襲破賊將。」

吳三桂的降清，有一個反覆的過程。先是看到大勢已去，他投降了新朝：大順。這是絕大多數明朝官員的做法。當時在北京的明朝官員有近四萬人。城破之時，慷慨赴死的只有三十餘人。絕大多數人抱著在新朝做新官的態度迎接了起義軍。儘管之後起義軍在京城內鎮壓官紳，依然有明朝舊官自我安慰說，當初洪武皇帝（朱元璋）剛得到天下的時候，也是這樣做的。吳三桂接到李自成的勸降信後，對山海關的軍民說了句「我要去朝見新主子」，就帶著兵馬拔營前往北京，爭取去做開國元勛了。但是起義軍的做法太過，激反了已經上路的吳三桂。農民軍先是扣押了吳襄，再是搶走了吳三桂最寵愛的妾室陳圓圓。吳氏家族的利益受到了極大損害。吳三桂在途中接到消息後，憤怒折回山海關，為崇禎皇帝披麻戴孝，發誓與農民軍決一死戰了。也有可能是吳三桂看到南方明朝勢力完好，又想連接關外的滿清軍隊，所以他又中途變卦了。

吳三桂知道山海關的兵馬不足以與李自成的大軍對抗，想到了向滿

清求援。吳三桂「遣人東乞王師」。（注意，他是在向滿清借兵，而不是投降。）北京到李自成在獲悉吳三桂叛變的消息後，一面以吳襄的名義寫信規勸吳三桂；一面作好武力解決的準備，出兵平叛。李自成清楚山海關是阻礙滿清入關的關鍵所在。失去了山海關，明天的天下誰主沉浮就難以預料了。李自成向山海關進發的大軍中，裹脅著明朝太子朱慈烺、永王、定王、晉王、秦王和吳襄。在封建倫理上，依然以明臣自居的吳三桂很難抗拒這樣的陣勢。大順軍向吳三桂部發動了猛烈進攻。吳部幾乎被壓縮在長城一條線上，局勢危如累卵。就在這時，出使滿清的使節回來報告：滿清拒絕了借兵，而是要求吳三桂先接受清朝平西王的封號才出兵。

精明的多爾袞才不會借兵給吳三桂打李自成呢。吳三桂的國恨家仇和多爾袞，和滿清沒有關係。多爾袞開出的條件是：吳三桂獻出山海關，幫助滿清入關，多爾袞這才會和他一起對付李自成。

吳三桂心理必然經歷了一番掙扎，但是歷史留給他選擇的餘地很小，時間非常有限。

我們再把時間倒回。滿清這邊，多爾袞意外遇上了吳三桂的使者，看到了昔日對手的求援書信。信中，吳三桂坦言要復興明朝，請滿清出兵相助。他說：「三桂自率所部，合兵以抵都門，滅流寇於宮廷，示大義於中國。則我朝之報北朝豈唯財帛，將裂地以酬，不敢食言。」事成之後，明朝報答滿清的除了財富，更不惜割讓土地。多爾袞當即就明白了吳三桂的處境。他非常清楚，現在吳三桂是站在低處求自己。「裂土酬謝？」這是一個非常吸引人的條件。但多爾袞提出了更高的要求，他還要吞併吳三桂手中的山海關明軍，占領盡可能多的土地。

多爾袞一邊在腦海中盤算：除了要山海關，還要求什麼地方呢？京城，直隸，山東？他馬上下令清軍改變進軍路線，直趨山海關，並給

吳三桂回了一封信：「伯雖向守遼東，與我為敵，今亦勿因前故尚復懷疑。……今伯若率眾來歸，必封以故土，晉為藩王，一則國仇得報，一則身家可保，世世子孫長享富貴，如山河之永也。」意思是說，你吳三桂是不是害怕長期與我們滿清為敵，而不敢投降啊？不用怕，只要你投降，不僅可以保全你的性命，而且給你封王稱藩，子孫世世代代享受榮華富貴。

途中，多爾袞再次接到吳三桂的告急文書。吳三桂什麼都沒說，只是請求多爾袞「速整虎旅，直入山海」。在吳三桂和大順軍之間，多爾袞喜歡吳三桂。為了避免大順軍占領山海關，與滿清為敵，多爾袞下令全軍以二百里速度急行軍。當晚清軍到達距山海關外十里。

多爾袞已經能夠看到山海關上的烽火，甚至能隱約聽到大順軍和吳三桂部的廝殺聲。現在，他慢悠悠地下令全軍紮營休息，並派人告訴吳三桂：本王到了。

正在力戰苦撐的吳三桂忙帶領親信到多爾袞面前稱臣迎降，從此成為了清朝的平西王。

關內，李自成的大順軍與吳三桂的關寧鐵騎酣戰正急，逐漸取得了優勢。突然，清軍鐵騎馳入，萬馬奔躍，矢石如雨，大順軍慌忙迎戰。兩派三方戰成一團，大順軍漸漸不敵。觀戰的李自成沒有預料到吳三桂這麼快就與清軍合兵，知道形勢不可挽救，驅馬後撤。大順軍隨之潰回北京。清軍也受到沉重打擊，追擊後縮回山海關休整。

奇怪的是，北京的大順政權因山海關戰敗而頃刻間由盛轉衰。先是北京人心惶恐，再是李自成匆忙稱帝，全軍退回陝西。後來人有的說是起義軍經不起都市豪華生活的誘惑，日趨驕奢淫逸，導致軍心渙散，實力衰微；也有人說華北長期戰亂，而大順軍遊蕩成性，缺乏根據地和物質儲備，支撐不起一個新的王朝；更有人考證出當時的北京城正在流行

鼠疫，消耗了大順軍的實力，逼走了李自成。反正，客觀結果又幫了滿清一個大忙。

與大順軍一樣，多爾袞也幾乎兵不血刃就占領了北京。李自成沒有使用上的明朝降官，又紛紛投降滿清王朝，幫忙多爾袞迅速建立起了統治。

多爾袞準確地將入關前清朝已經相關完備的政治制度和明朝遺留在北京的制度、典籍檔案和官員相結合，以最小的代價，迅速建立起來全國性的政權。多爾袞對漢族百姓和前明官員採取了「官仍其職，民復其業，錄其賢能，恤其無告」的政策。原明朝各衙門官員，俱照舊錄用。滿族人在長期的漢化過程中與漢族人的差異已經非常小了，清朝的政治制度也非常符合漢族的思想觀念和政治習慣，因此現在銜接起來非常容易。當然了，在是否剃髮問題上，漢族和滿族發生了不大不小的糾紛。但在入關之初，清朝一度放鬆了髮型的要求。

入關之初，滿清對自己的實力究竟能夠控制到多大的地盤沒有十足的把握，下詔把清方準備接管的地方暫限於河北、河南、江淮，即長江以北，並示意「不忘明室」的南方漢族官紳可以「輔立賢藩」，「共保江左」。當時的華北多數地方都出現了全力真空的狀態。這就好像一個老人轟然倒下，而年輕人進入他那龐大的房屋時，一時間竟然不知道自己是新主人還是過客。不過，滿清這個年輕人很快就知道，現在我是天下的新主人了。

沒多久，滿清貴族和前明官員就一起跪迎順治皇帝福臨遷入北京紫禁城了。

滿清從建國到入主中原的故事就此結束了。

清朝的成功卻不僅限於建國和入關的成功，還包括清朝前期取得各種重要進步。入關的清朝接手的是民生凋敝、社會動盪的晚明的爛攤

子。清朝致力於恢復生產，使社會經濟逐漸恢復。到康雍乾統治時期，中國傳統社會到達了經濟繁榮的巔峰。這不可謂不是清朝的成功。在經濟成功後，清朝的科技和文化也走向了繁榮。清朝前期產生了王夫之、黃宗羲、顧炎武、石濤、戴震、曹雪芹、吳敬梓、孔尚任等在文化史上閃光的名字和考據學派；產生《四庫全書》、《紅樓夢》等文化關鍵詞。更需一提的是，清朝作為少數民族建立的王朝，在道德文化和政治制度上能夠最終得到各民族的支持，奠定了現代中國的版圖，可謂是另一大成功之處。

少數民族王朝的建國要付出中原王朝更大的艱辛，能夠成功的關鍵就在於文化和政治智慧的交融是否成功。清王朝的成功，應該歸因為建國道路上的學習借鑑的精神，歸功於開國元勛們的遠見卓識。

後記

感謝讀者購買、閱讀本書。

這是一本聚焦中國王朝「開國史」的通俗讀物。中國歷史上「改朝換代」的悲喜大劇頻繁上演，各路英雄連番逐鹿中原，精彩紛呈，是歷史最吸引人的內容。我從小便對開國史和開國元勳們感興趣，喜歡閱讀相關的通俗演義，更記住了許多小故事和小細節。儘管這些王朝肇建的故事千差萬別，但部分王朝在建立過程中具有若干的共同特點。比如我們很容易就能在歷史上找到許多由農民起義建立的新王朝。那麼中國王朝在建立過程中，還有其他的類型嗎？屬於同一類型的王朝在建立時有哪些共同特點，為什麼會出現這樣的特點？這些就是本書試圖回答的問題。

在書中我用四種顏色（金、赤、烏、綠）來區分了四種不同建立類型的王朝。它們分別是：透過陰謀詭計建立的新王朝、在農民起義的烈火中誕生的新王朝、透過王朝戰爭和割據混戰誕生的新王朝，以及由北方遊牧民族入主中原建立的新王朝。因為一想到政治陰謀詭計，就會很自然地想到深宮高牆和金黃色的琉璃瓦，想到耀眼的權杖和金燦燦的龍袍，所以第一類王朝是「金」色的；一想到農民起義，會很自然地聯想到起義的熊熊烈火和民怨沸騰的場面，所以我覺得第二類王朝是「赤」色的；一想到王朝戰爭和割據混戰，人們可能會想到天空中密布的烏雲下，金戈鐵馬，群雄逐鹿，打得昏天黑地的場面，所以這第三類王朝是「烏」色的；而北方遊牧民族起源於草原，帶著草原文明入主中原，因為草原是綠色的，所以這第四類王朝暫且被稱為「綠」色王朝。當然了，我們很難確切地將各個王朝都歸入書中四類中的某一類別中去。應該

後記

說，書中的四類分法是一個非常簡單的劃分，因為中國歷史上的王朝建立故事豐富多彩，很難被完整地歸入具體的類別中。比如唐王朝，我們就很難具體說明它的建立到底應該歸屬到哪一類之中。李淵既是操弄陰謀詭計的高手，又是藉著隋末農民起義的浪潮代隋自立的。

所以，我覺得每個人的心中都有一套王朝建立分類標準，都有一幕幕王朝開國的悲喜劇。

我並不是歷史學科班出身，而且本選題選取的王朝肇建的內容涵蓋中國通史一半的內容，寫作難度很大。全書在史料的選擇和觀點的闡述上難免存在錯誤，敬請各位讀者手下留情。

謝謝大家！

張程

皇族的血與權，建國的歷史：

宮廷體制鬥爭 × 草根平民崛起 × 亂世金戈鐵馬 × 外族入主中原……從歷朝興建之初，探知衰亡的必然！

作　　者：張程
發 行 人：黃振庭
出 版 者：崧燁文化事業有限公司
發 行 者：崧燁文化事業有限公司
E-mail：sonbookservice@gmail.com
粉 絲 頁：https://www.facebook.com/
　　　　　sonbookss/
網　　址：https://sonbook.net/
地　　址：台北市中正區重慶南路一段六十一號八
　　　　　樓 815 室
Rm. 815, 8F., No.61, Sec. 1, Chongqing S. Rd.,
Zhongzheng Dist., Taipei City 100, Taiwan
電　　話：(02)2370-3310
傳　　真：(02)2388-1990
印　　刷：京峯數位服務有限公司
律師顧問：廣華律師事務所 張珮琦律師

定　　價：450 元
發行日期：2024 年 02 月第一版
◎本書以 POD 印製
Design Assets from Freepik.com

國家圖書館出版品預行編目資料

皇族的血與權，建國的歷史：宮廷
體制鬥爭 × 草根平民崛起 × 亂世
金戈鐵馬 × 外族入主中原……從
歷朝興建之初，探知衰亡的必然！
/ 張程 著 . -- 第一版 . -- 臺北市：崧
燁文化事業有限公司 , 2024.02
面；　公分
POD 版
ISBN 978-626-357-964-4(平裝)
1.CST: 中國史 2.CST: 通俗史話
610.9　　113000092

電子書購買

臉書

爽讀 APP